MOLIÈRE
SA FEMME ET SA FILLE

PAR

Arsène Houssaye

ANCIEN DIRECTEUR DE LA *COMÉDIE-FRANÇAISE*

PARIS

PUBLIÉ PAR DENTU, AU PALAIS-ROYAL

MDCCCLXXX

Molière
Sa Femme et sa Fille

PAR

Arsène Houssaye

ANCIEN DIRECTEUR DE LA COMÉDIE-FRANÇAISE

PARIS

PUBLIÉ PAR DENTU, AU PALAIS-ROYAL

MDCCCLXXX

MOLIÈRE

SA FEMME ET SA FILLE

N°

Exemplaire de M

CACHET DE MOLIÈRE

IMPRIMÉ PAR FRANÇOIS DEBONS
En 1880
à 500 exemplaires au cachet de Molière et numérotés

N° 1	Sur peau de vélin	1.200 francs
N°ˢ 2 et 3	Sur taffetas aurore	1.000 francs
N°ˢ 4 à 20	Sur papier de Japon	500 francs
N°ˢ 21 à 25	Sur papier de Chine	500 francs
N°ˢ 26 à 100	Sur papier Whatman	250 francs
N°ˢ 101 à 500	Sur papier de Hollande au lys	100 francs

Triple suite de gravures pour les N°ˢ 1 à 100

Molière

SA FEMME ET SA FILLE

PAR

Arsène Houssaye

ANCIEN DIRECTEUR DE LA *COMÉDIE-FRANÇAISE*

PARIS
PUBLIÉ PAR DENTU, AU PALAIS-ROYAL
MDCCCLXXX

A

LA COMÉDIE-FRANÇAISE

CE LIVRE EST DÉDIÉ

ARSÈNE HOUSSAYE

Préface

IL y a deux choses dans l'histoire : l'histoire et l'historien. Trop souvent l'historien masque l'histoire par sa rhétorique ; souvent aussi il la défigure par sa sottise. Il y a encore l'esprit de parti qui altère la vérité. Il est donc bien difficile de trouver l'histoire dans sa lumière primitive, dans sa nudité éclatante, comme si elle sortait elle-même du puits, triomphant des ténèbres, des légendes et des traditions. Eudore Soulié m'a donné cette vive émotion de voir l'histoire face à face, sans le prisme des poètes, sans l'auréole des rhétoriciens, mais dans la splendeur de la vérité. C'est lui, en effet, qui a retrouvé des pages toutes vivantes de la vie de Molière, en déchiffrant, dans les études de notaires, beaucoup d'actes qui le montrent dans la vie intime. Par exemple, grâce à l'inventaire après la mort de la mère de Molière, on voit dans quel intérieur il fut élevé. On se sent en intimité presque familiale avec cette noble Marie Cressé qui apprenait à lire à son fils dans la Bible et dans les Hommes illustres de Plutarque. Grâce à l'inventaire après la mort de Molière, on entre chez lui, on le voit à sa table de travail si c'est le matin, à sa table hospitalière si c'est à l'heure du dîner. On reconnaît ses livres ; on sourit à sa faïence et à sa vaisselle, on se promène par toute la maison. Voici la cuisine, où brillent les grandes fontaines de cuivre rouge et les grands chaudrons de cuivre jaune, les plats d'étain, les bassinoires, jusqu'à la fameuse seringue, qui est un des éclats de rire de Pourceaugnac et du Malade imaginaire. Et avant d'aller plus loin, n'oublions pas que c'est encore l'inventaire qui nous apprend que ce pauvre malade, point du tout imaginaire, qui s'appelait Molière, a eu foi aux apothicaires, car nous trouvons dans les déclarations de sa femme qu'il est dû, « par la communauté et succession dudit défunt : aux sieurs Frapin et Dupré, apothicaires, 166 livres 14 sous d'une part, et 20 livres 10 sous d'autre, » sans compter 71 livres 5 sous au sieur Carol, qui est peut-être aussi un apothicaire, quoiqu'il ne soit point qualifié ici. N'est-ce pas un beau denier? près de 1.000 francs d'aujourd'hui! On comprend pourquoi Molière faisait la comédie des seringues; on comprend moins comment les apothicaires faisaient un tel crédit au comédien qui les mettait en scène avec armes et bagages. Remarquez que Molière n'avait point assez d'un apothicaire : fallait-il qu'ils fussent deux pour cette œuvre délicate dont la duchesse de Bourgogne, selon Saint-Simon, se tirait à elle seule devant le grand roi?

Dans les créanciers de Molière on ne trouve pas un seul médecin; se contentait-il des apothicaires?

Chaque pas qu'on fait donne une émotion; au-dessus de la cuisine, voici un entre-sol pour les deux servantes et la fille de Molière. On a gardé le berceau du dernier enfant qui n'a vécu que quelques jours : — « un berceau de bois de noyer, deux petits matelas remplis de crin, couverts de toile à carreaux, un gros oreiller et un petit, une couverture de serge blanche, le tout prisé ensemble 15 livres. » Là s'endormit pour toujours un des rêves de Molière, — avoir un fils!

Si nous montons « dans l'une des chambres de l'appartement de ladite demoiselle veuve », nous franchissons le seuil de Molière. C'est là qu'il a vécu, c'est là qu'il est mort. Le lit de Molière, dont les matelas étaient « bordés de satin à fleurs sur fond bleu », est prisé 2.000 livres. Rien ne manquait à ce beau lit, — si ce n'est l'amour de sa femme!

Quand j'étais directeur du Théâtre-Français, cette autre maison de Molière, où son souvenir est vivant comme ses œuvres, je me sentais presque près de lui. Un soir qu'on donnait le Misanthrope, je tombai dans cette illusion qu'il me sembla cette fois voir Molière lui-même, quoique Geffroy, qui jouait si amèrement Alceste, n'eût point le masque du grand Molière; quoique Mme Madeleine Brohan, qui jouait Célimène, n'eût point la physionomie cruellement voluptueuse de Mme Molière. Ce fut la première fois que j'entrai de plain-pied, je veux dire de plain-cœur, dans la vie intime de Molière. Ils étaient là tous les deux : Lui et Elle. Lui, ce cœur blessé; Elle, ce sourire implacable.

La toile était tombée après les cinq actes et je voulais voir encore; c'est que j'avais été plus loin que les autres spectateurs, j'avais pénétré le grand homme à travers sa comédie; quoique je n'eusse pas des larmes d'occasion, je me sentis des larmes. Quand je rentrai dans mon cabinet, je saluai comme un ami un portrait de Molière que j'avais depuis longtemps et qui ne m'a jamais quitté. Je l'interrogeai du regard, je lui parlai comme s'il dût m'entendre. Une vive curiosité m'agitait. Je passai dans la salle du comité de lecture où je restai plus de trois heures à feuilleter tous les livres qui parlent de Molière, mais aucun de ces livres ne me conta le roman de sa vie. Il n'y a là que le Molière officiel, le Molière de la Comédie. Je rentrai chez moi vers trois heures du matin, désespérant de trouver jamais le Molière de chez soi.

PRÉFACE

Et pourtant quelle victoire de deviner cette énigme qui s'appelle Mlle Molière! Le grand homme a du moins ouvert son cœur, il n'a pas rougi de montrer ses blessures. Dans sa rude franchise, il n'a pas joué au Don Juan. Il estimait trop l'homme pour vouloir être plus qu'un homme. Il voulait boire, comme le premier venu, sa part du calice.

Mais Mlle Molière! Cette demi-déesse qui se croyait humiliée d'être la femme de Molière, qui ne voyait en lui que le comédien, Scapin, Sganarelle, Orgon; cette femme née sur le chariot du Roman comique qui semblait descendre de Versailles, elle n'a jamais dit son secret, elle n'a jamais arraché son masque, elle n'a jamais débarbouillé sa figure, ni fait entendre les battements de son cœur. Elle était trop vaine pour ne pas cacher sa vie bourgeoise, sa vie d'épouse et de mère. Si elle parlait d'elle aux comédiens, c'était pour se montrer avec les gentilshommes de la Cour.

Et pourtant qui sait! Il n'est pas de femme qu'on ne surprenne à son insu dans ses passions les plus cachées. En cherchant bien dans les gazettes du temps, dans les lettres imprimées et dans les lettres autographes; en étudiant les portraits, les dessins et les gravures; en écoutant les échos de la tradition, pourquoi n'arriverait-on pas à écrire enfin l'histoire de cette femme, tout en rejetant les inventions romanesques des chroniques scandaleuses?

Son meilleur historien, c'est encore Molière, parce que c'est lui qui l'a le mieux connue, quoique ce soit lui qui l'ait le mieux aimée.

Oui, Molière, çà et là historien de Molière, est aussi historien de Mlle Molière; mais pourtant ce ne sont encore que des hiéroglyphes. Qui donc a bien la science de les déchiffrer dans ses comédies?

Voilà pourquoi l'historien s'aventure d'abord dans le chemin des ténèbres, mais n'est-ce pas toujours le point de départ de tous ceux qui recherchent la vérité? Je ne me suis pas contenté des livres, non plus que de la tradition. J'ai beaucoup interrogé la peinture qui est « historienne » au premier titre, non-seulement parce qu'elle donne les modes et les attitudes d'un temps, mais parce qu'elle donne aussi les expressions les plus intimes : « Montre-moi ta figure, je te dirai qui tu es. »

On trouvera en ce livre beaucoup de portraits de Molière, de sa femme et de sa fille. Dans mon premier livre les Comédiennes de Molière, j'ai dit comment, par une bonne fortune inespérée, il m'était venu cinq cents dessins aux trois crayons, à la sanguine, à la mine de plomb, portant la date certaine du temps de Louis XIV et de la Régence, toute la troupe de Molière, tout l'Opéra de Lulli, tout le Théâtre-Français, toute la Comédie italienne.

Une autre bonne fortune m'a donné huit portraits venant de la succession de la fille de Molière.

C'est dans le petit Musée Molière que connaissent bien les moliéristes, c'est à Versailles, c'est au Louvre, c'est à la Comédie-Française, c'est un peu partout que je me suis évertué à pénétrer le cœur par les figures, là où le livre se taisait ou se trompait.

Il est vraiment étrange que le silence se soit fait sur la tombe de Molière, à ce point que les amis se sont tus comme les ennemis. Ni éloges, ni critiques. Un premier voile d'oubli est jeté sur cette chère mémoire. Au théâtre, on le jouera moins, parce qu'il ne se jouera plus lui-même. Les généraux d'Alexandre se partagent son empire, mais en tentant d'autres conquêtes. Voici de nouveaux venus qui s'aventurent dans la maison de Molière. Ce ne sont pas seulement les acteurs et les actrices du Théâtre du Marais, ce sont les auteurs familiers de l'Hôtel de Bourgogne. Tous ces affamés de bruit feraient croire volontiers que la comédie de Molière n'est pas la comédie universelle; que c'est à peine un pas en avant dans l'étude des mœurs, dans la peinture des caractères à travers la forêt des ridicules. Il faudra tout un siècle pour remettre Molière à sa place. Ses contemporains ne voient pas que ce grand homme, couché dans le tombeau, est plus vivant que jamais. On ne dit pas le grand Molière, on dit le fameux Molière, jusqu'au jour où l'on dira Molière, comme on dit le soleil. Quand l'homme est trop haut, l'épithète ne peut monter à sa taille.

C'est ce délaissement douloureux d'une gloire sans pareille qui a brouillé l'histoire de Molière. Pas un seul historiographe ne s'est présenté, pas un seul Plutarque pour cet homme illustre. On a laissé peu à peu la légende envahir l'histoire. Les camarades de Molière meurent tout en se dispersant, sans marquer les traits de cette noble existence. La Grange lui-même, qui a tout vu, n'a rien dit ou presque rien dit. Dans ce Registre où la recette joue le grand rôle, le comédien seul apparaît comme ses camarades; mais pas un mot sur le poète, pas un mot sur l'homme. C'est en vain que Mlle Molière lui confie, quand il va publier ses œuvres, le trésor de son mari, ses pièces ébauchées, sa correspondance, ces mille et un cris de la plume qui révèlent un cœur et un esprit. La Grange laisse à un inconnu le devoir de parler de son maître et de son ami. Et que fait-il de tout le trésor?

Molière dut s'agiter douloureusement dans son tombeau. Car jusque-là qu'avait-on dit de lui? On l'avait frappé dans la mort en calomniant sa femme. Ce n'était plus seulement une coquette qui a ses heures d'égarement, mais qui se cache sous son éventail; c'était la pire des Messalines. Maintenant voilà sa femme qui s'oublie elle-même, qui brise son éventail et qui se donne corps et âme, comme elle ne s'est jamais donnée à Molière, à un confident de tragédie. Elle passera par l'église pour y laisser le nom de Molière et y prendre celui de Guérin! Ce n'est pas tout : calomnie sur calomnie. Voici le pamphlet contre la Fameuse Comédienne, où Molière lui-même est accusé d'avoir traîné Baron après lui, comme d'Assoucy traînait ses pages! Dans l'horreur de la vie comme dans l'horreur de la mort, n'entr'ouvrit-il pas son cercueil pour voir sa femme jalouse de sa fille, cloîtrer en plein épanouissement cette jolie Madeleine qui avait, Voltaire l'a dit, tout l'esprit de son père! Si bien que Madeleine se fera enlever par un organiste plus ou moins gentillâtre pour reconquérir sa liberté, c'est-à-dire pour retomber d'une prison dans une autre!

Pendant toute la fin du siècle, pas un grand mot sur Molière. Pas une grande voix qui s'élève pour protester contre l'oubli, contre le silence, contre l'injustice. A peine quelques lettres de Boileau, des lettres mortes; à peine un souvenir de Racine; pas un mot de Corneille, pas un mot de La Fontaine. On ne trouve La Bruyère que parmi les critiques, comme Bossuet, comme Bourdaloue. Ne semble-t-il pas vraiment que l'histrion ait entraîné le poète avec lui!

Comment Madeleine n'a-t-elle pas opposé à toutes les critiques et à toutes les calomnies quelque rapide histoire de ce père tant aimé? Mais qui sait si des lettres de Madeleine ne se retrouveront pas comme un témoignage de vérité? Cette femme, qui a vécu dans le souvenir de Molière, tantôt dans la solitude du couvent, tantôt dans les secousses d'un amour qui ne fut pas un rayonnement, tantôt dans les quiétudes rustiques à Argenteuil, a dû écrire tout comme une autre, mais mieux qu'une autre. Les femmes écrivent beaucoup. Mais, hélas! pour les femmes, on ne peut pas dire : Ce qui est écrit est écrit. Autant en emporte le vent, à moins qu'elles ne s'appellent Mme de Sévigné. Et encore! combien de lettres perdues! Je retournerai pourtant encore une dernière fois à Argenteuil, à Corneil et à

PRÉFACE

Saint-Germain, à la découverte des autographes de celle qui fut Mlle Molière et qui devint Mme de Montaland.

En cette page d'histoire intime ai-je marqué la vérité par l'âme lumineuse de Molière? J'ai voulu peindre Molière chez lui. Tout en écoutant l'écho, déjà trop lointain, des nouvelles du jour qui font la tradition, je me suis mis en garde contre les « reportages », petits vers et petites proses des gribouilleurs de papier pour les imprimeurs d'Amsterdam, de Francfort ou de Paris, quand le censeur royal daignait donner son bon à tirer. Combien faut-il de sots pour faire un public? demandait Beaumarchais sifflé. Combien en faut-il pour violer l'histoire, cette forte Muse qui finit toujours par avoir raison des sottises comme des calomnies? Après avoir reconnu que Molière est le meilleur historien de Molière, j'ai accepté les pièces officielles recueillies aux archives, aux paroisses et chez les notaires, comme aussi les témoignages irrécusables des contemporains, mais c'est presque tout. En effet, pourquoi accorder ici créance à un livre douteux et ne pas croire à un autre? Parce qu'un imbécile date de deux siècles, vous le citez avec un coup de chapeau, s'il est de votre sentiment, mais vous donnez un coup de pied à cet homme d'esprit, s'il ne pense pas comme vous.

Après avoir tout nié, il faut pourtant se jeter résolûment dans les ténèbres pour retrouver le chemin de l'histoire; il y a des lettres de Boileau, des vers de La Fontaine, des alinéas de Racine, des critiques de Visé, des préfaces de Molière, quelques pages arrachées çà et là aux contemporains, une ébauche de Molière à la plume par une comédienne, un portrait d'Armande Béjart par Molière lui-même. La Grange dans son Registre marque, tout en ne disant presque rien, quelques expressions de la vie de Molière; enfin, les archives des notaires, comme celles du Palais de Justice, comme les actes de baptêmes, de mariages et de décès, sont de vives lumières sur ces existences que les gens de plume ont voilées par les trames plus ou moins fines, plus ou moins grossières de leurs contradictions. C'est donc toujours les contemporains qu'il faut interroger, même Montfleury qui injurie Molière, même celui ou celle qui l'injurie dans la Fameuse Comédienne, même Grimarest, un brave homme qui a mal écouté aux portes. Dans le pamphlet contre Mme Molière, par-dessus toutes les infamies qui n'atteignent pas Molière, il s'élève çà et là quelques cris de vérité.

Il faut tout voir et tout lire ce qui date du XVIIe siècle; il faut même assister au procès étrange de la Thourelle et de Mlle Molière, comme au procès non moins étrange de Lulli où apparaît Armande Béjart.

Il faut aussi retrouver les poètes les plus oubliés de ce temps-là, comme les conteurs, comme les gazetiers, sans prendre au mot ni les uns ni les autres. Mais telle page nuageuse peut expliquer telle page plus embrumée de la vie de Molière.

La vie de Molière est un livre qui pourrait se résumer en deux chapitres. Le premier le prend au giron de sa mère, alors qu'elle lui apprend à lire dans les meilleurs livres; il s'achève en 1658, quand Molière ramène à Paris le chariot de son Roman comique, sous le rayonnement de sa jeune renommée dans le cortége de ses amis et de ses maîtresses. Le second chapitre le prend à la vraie création du théâtre de Molière, à la veille de son mariage avec Armande Béjart, pour le conduire dans cette rude bataille de la vie au théâtre, de la jalousie dans le mariage, de la persécution dans le génie, jusqu'à ce jour néfaste où il expire sur la scène, en plein combat, vrai soldat du devoir, jouant le Malade imaginaire, lui qui cachait sa maladie à tout le monde pour mourir en souriant.

PRÉFACE

Quelles que fussent ses peines et ses angoisses, ses désillusions et ses désespérances, quel homme, parmi ceux que Dieu a doués, ne voudrait refaire ce chemin aux stations douloureuses?

Mais les jours les plus sombres, égayés par les rayonnements de l'amour et du génie, n'ont-ils pas pour Molière, dans un coin du ciel orageux, cette aube déjà lumineuse de sa gloire immortelle? Comme Homère, comme Dante et comme Shakespeare, il est l'inimitable, il est l'irretrouvable. Il a donné sa marque victorieuse à l'humanité.

Par ce livre j'ouvre la route; chaque lecteur y pourra marcher selon son sentiment. Un livre doit être, le plus souvent, le coup de l'étrier pour les curieux littéraires; ils partent de là pour la bonne fortune des trouvailles.

Tout ce qui touche à Molière touche au cœur et à l'esprit de la France, parce que ce génie rapide et profond est le Français par excellence, plébéien et grand seigneur, imagination emportée et raison souveraine. Tout le monde se retrouve dans Molière. Qui n'a voulu rire de son beau rire et qui n'a pleuré ses larmes? S'il est le Français par excellence, il est aussi l'homme par excellence. C'est de lui surtout que Térence aurait dit : *Il n'est rien d'humain que n'ait senti son âme.*

M. DE POURCEAUGNAC

LIVRE I

MOLIÈRE

LE POËTE — LE PHILOSOPHE — LE COMÉDIEN

I

ELUI qui veut étudier l'homme doit étudier Molière. C'est un des plus beaux exemplaires de l'humanité. Voyons-le donc jouant son rôle dans la vie, à la fois poëte, philosophe et comédien.

Si Molière est né poëte, ce n'est pas la faute de son père ni de sa mère, qui n'avaient point cru chanter si haut *; car si le père était tapissier, la mère elle-même, fille d'un tapissier, ne songeait pas à faire l'école buissonnière dans la vie. Aussi ce père et cette mère se mirent-ils en fièvre pour obtenir que Molière devînt tapissier ordinaire du roi, lui qui devait être comédien ordinaire — il faudrait dire extraordinaire — de Louis XIV**. Et, la survivance obtenue,

---

* Toutefois, cette famille de Poquelin, venue d'Écosse pour défendre Charles VII contre les Anglais, avait ses armoiries. Les Poquelin portaient : d'argent à *la forêt* de sinople. Cette éternelle La Forêt, qui a servi Molière, ou plutôt les trois servantes, qu'il appela chacune à leur tour La Forêt, ne furent-elles pas ainsi baptisées à cause de la forêt de sinople ? Vieil usage héraldique.

** Un bisaïeul de Molière, Mazuel, était violon du roi. « Mon père était oiseau. » Par ses ascendants, Molière était donc déjà un peu de la Cour.

ne croyez pas qu'on fera de Jean-Baptiste un tapissier savant. Il ne va à l'école que pour savoir lire et écrire; à quatorze ans, c'est tout ce qu'il sait. Heureusement pour lui, je veux dire heureusement pour nous, il y avait dans la famille un homme qui aimait la comédie. Cet homme, c'était son grand-père maternel. Il mène Molière au spectacle; le spectacle, c'est déjà Rotrou et Corneille, sans compter Scudéry, Mairet et les autres qui sont là pour faire les entr'actes des chefs-d'œuvre. Molière se passionne pour la tragédie, pour la comédie, mais surtout pour Bellerose et Mondory, le grand comédien de l'Hôtel de Bourgogne et le grand comédien de l'Hôtel du Marais. C'est toute une révélation pour Molière. Il sent qu'il va devenir un homme, il veut que cet homme soit un comédien. « Ah! si j'allais au collège, dit-il à sa mère, moi aussi je serais poëte. » C'était le cri du Corrège en regardant un chef-d'œuvre. Peu à peu la mère de Molière s'aperçoit que son fils pâlit. Il laisse tomber l'aiguille dans ses rêveries, il jette çà et là des hémistiches dans ses distractions. Marie Cressé supplie maître Poquelin, qui est d'abord intraitable, mais qui finit par s'attendrir. On décide que Molière sera envoyé aux Jésuites, comme plus tard Voltaire.

L'écolier aurait bien voulu qu'on l'envoyât tout de suite à l'école de Bellerose et de Mondory. Mais il se résigna, dans son amour de l'étude, à l'école des Jésuites, où il eut la bonne fortune de trouver comme camarades de classe Armand de Bourbon, premier prince de Conti, Chapelle, fils d'un maître des comptes et déjà poète, Cyrano de Bergerac, un affolé de poésie. Parmi les maîtres, une autre bonne fortune, car bientôt Gassendi parlera à ses enfants comme Socrate parlait à ses disciples. Le soleil se lève pour Molière. Qui donc, en effet, était plus digne que Gassendi, ce sage parmi les sages, armé de raison et d'esprit, de présider à l'instruction de Molière? Ce fut le vrai maître. Celui-là revenait de l'antiquité par le grand chemin, les lèvres toutes mouillées encore des rosées de l'Olympe bues dans la coupe d'Épicure.

Molière passa cinq années dans les meilleures camaraderies et dans la meilleure philosophie. Cette fois il savait tout, quand son père, n'en pouvant déjà plus d'infirmités, le rappela pour exercer auprès du roi les fonctions de tapissier-valet de chambre. Cailhava a très-bien dit : « Cette charge, qui avait déplu à l'enfant avide d'instruction, ouvrit alors la mine la plus féconde à l'homme instruit, à l'homme que la nature destinait à la peindre dans ses diverses attitudes. » Le roi, en 1639, c'était Louis XIII. Malgré sa passion toujours persistante pour le théâtre, Molière obéit à son père. Il alla à la Cour par l'escalier de service, mais jurant bien qu'il passerait un jour par le grand escalier. Pour un affamé de spectacle, la Cour n'était-elle pas un théâtre qui, pour le philosophe, — Molière en était déjà un, — donnait tous les jours sa représentation? Il a déjà, dans sa famille, étudié les ridicules de l'humanité dans la vieille bourgeoisie parisienne. A la suite du roi, il n'est pas du spectacle, mais il est au spectacle. Il va à la Cour pour garder sa charge, mais il n'y demeure pas. On le trouvera plus sûrement au parterre du Théâtre du Marais ou de l'Hôtel de Bourgogne. Il ébauche des farces pour se faire la main. Tout à l'heure il fera des comédies. Il commence par en jouer avec ses camarades, d'abord sur les Fossés de Nesles, ensuite au quartier Saint-Paul, enfin dans le Jeu de Paume de la Croix-Rouge. Non-seulement il a un théâtre, mais aussi il a un presque public; son théâtre, il l'appelle l'Illustre Théâtre.

Mais Molière ne se fait pas d'illusion, ce titre d'Illustre Théâtre ne lui prouve pas encore que ce sera son théâtre. Il lui manque tout, car il n'a ni Corneille, ni Racine, ni Molière.

Désespérant d'avoir Corneille et Racine, il veut avoir Molière : il étudie chez les uns et chez les autres. Tous ceux qui font ou jouent la comédie sont ses maîtres. Le parterre est une autre école qui lui devient féconde. Il n'oublie pas d'aller applaudir les comédiens italiens quand ils passent par Paris. Scaramouche sera aussi son maître. La Comédie crée la Comédie.

II

Si Molière n'eût été que le premier gamin venu, il n'eût pas demandé à retourner à l'école. Mais le théâtre, cette autre école, lui avait déjà dévoilé la vie dans toutes ses perspectives lumineuses; il voulut y jouer un rôle qui fût digne de lui, car il se sentait déjà la fierté du cœur. Il ne lui avait fallu que cinq années du point de départ jusqu'à la philosophie, étude obstinée et féconde. L'écolier était devenu un homme. De même que Voltaire, cet autre enfant sublime de Paris, Molière eut pour maîtres les jésuites, ce qui prouve que les hommes ne sont pas refaits par les hommes. Du reste, les jésuites n'étaient pas des accapareurs d'âmes, car ils laissaient faire et ils laissaient dire. Ils ne s'offensaient pas de voir aller leurs écoliers aux leçons de Gassendi, ils riaient gaiement de l'esprit de Chapelle, ce camarade de Molière. Cependant le futur comédien, qui n'était pas né prince et qui n'avait pas la fortune de Chapelle, fut bien forcé de se soumettre à sa condition. Après sa philosophie, il lui fallut être assez philosophe pour suppléer son père dans sa charge de valet de chambre tapissier du roi. C'est ainsi qu'il suivit, pour son noviciat en 1641, le roi Louis XIII dans le voyage de Narbonne. Et ce fut une autre comédie. Je me trompe, ce fut la plus sanglante des tragédies : l'exécution de Cinq-Mars et de Thou. C'en fut assez pour Molière; sans doute, il était parti gaiement en ce voyage de cour, s'imaginant, lui qui s'amusait de tout, qu'il allait assister à une comédie toute nouvelle pour lui; mais avec Louis XIII il n'y avait jamais le mot pour rire. Molière revint donc à Paris, désabusé des joies royales. Fut-ce pour ne plus être forcé de subir sa charge de valet de chambre du roi qu'il s'en alla étudier le droit à Orléans ? Mais ici, comme en toute la vie de Molière, il y a un point obscur : fut-il avocat ou n'étudia-t-il qu'en passant ? Ce qui est certain, c'est que sa vocation impérieuse l'appelait au théâtre. Il y alla. Le spectateur familier des tréteaux du Pont-Neuf, de la Comédie italienne, de l'Hôtel de Bourgogne et du Théâtre du Marais disparut un jour de la maison natale pour se jeter éperdument dans une troupe d'occasion. Le théâtre, en ce temps-là, était d'ailleurs bien composé : jeunes gens de famille, filles curieuses, coureurs et coureuses d'aventures, mais tout cela pris chez les gentillâtres ou dans la bourgeoisie : quiconque se hasardait devant les chandelles avait de la littérature. Combien de gentilshommes du temps se sont brûlés à la rampe! Ce fut ainsi que le fils de Marie Cressé, sans trop s'inquiéter de sa famille, jeta le nom de Poquelin aux orties pour prendre celui de Molière. Autre point obscur : pourquoi ce nom de Molière? Fut-ce pour continuer l'auteur tragique déjà oublié? Fut-ce parce qu'il y avait dans la famille Poquelin une petite terre de ce nom? Fut-ce plutôt parce que ce nom de Molière est un beau nom tout fait pour la renommée? Arouet n'eut pas d'autre raison pour se payer le nom de Voltaire.

Cependant Molière appela autour de lui quelques comédiens en vacances, comme les Béjart. On n'y alla pas par quatre chemins pour frapper l'esprit des spectateurs. Ce théâtre improvisé par Molière ne fut pourtant pas encore l'Illustre Théâtre. Il se trompait de date, ce fut l'Illustre Théâtre vingt ans plus tard, quand il régna au Palais-Royal par droit de conquête, par droit de triomphe, par droit de génie, avec *les Femmes savantes*, *l'Avare*, *le Misanthrope* et tous ses chefs-d'œuvre, mais alors le mot illustre était inutile, le théâtre de Molière disait tout. L'Illustre Théâtre avec Molière inédit, sans répertoire, sans passé, à peine égayé de quelques demi-comédiens, ne réussit pas du tout. Ce fut vainement que Molière se mit en quatre, avec toute la verve d'un chercheur; il eut beau courir tous les coins de Paris, planter sa façade à la porte de tous les jeux de paume : le spectateur lui fut rebelle. Le chef de troupe Molière réfléchit bientôt en prison au danger de tenter l'inconnu. Et qui le fit mettre en prison, car il alla au Grand-Châtelet comme le premier venu? Ce fut le fournisseur de chandelles de l'Illustre Théâtre. N'y a-t-il pas là une comédie? Ceci se passait en août 1645. Molière ne fut pas seulement maintenu en prison « par Antoine Faussaire, maître chandelier »; maître Pommier, usurier prêteur, y mit la main; enfin un maître linger, le sieur Dubourg, donna de plus un tour de clef. La troupe effarée courut chez le seul spectateur de l'Illustre Théâtre, Léonard Aubry, maître paveur ordinaire du roi, comme il y eut un jour des comédiens ordinaires du roi. Ce maître paveur avait de la littérature, comme plus tard son fils Jean-Baptiste; il y alla un jour de sa tragédie, car alors tout commençait et tout finissait par une tragédie. Voyez plutôt Richelieu. Heureusement Molière changea cela : à la France tragique de Richelieu succéda la France comique de Molière. Par malheur, Mme de Maintenon, qui n'aimait pas les comédies de son mari, voulut à son tour — Molière était mort — faire une tragédie, celle qui a pour titre *la Révocation de l'Édit de Nantes*!

Léonard Aubry sauva Molière, c'est-à-dire que ce tragédien en herbe paya pour l'Illustre Théâtre trois cent vingt livres. C'étaient toutes les dettes! Le grand Molière avait courbé le front sous l'huis du Grand-Châtelet pour la moitié d'une soirée de ses droits d'auteur d'aujourd'hui.

III

Puisque Paris ne lui était pas hospitalier, le chef de troupe emmena ses amis par la province du côté du soleil, comme si la Comédie italienne lui eût fait aimer le Midi.

Là encore l'historien ne peut marcher qu'à tâtons pour étudier les faits et gestes de la troupe de Molière. Il faut relire *le Roman comique*. Il faut étudier les derniers venus de ces bohémiens chanteurs en même temps que ces pérégrinations d'acteurs parisiens affolés d'imprévu qui vont faire les délices de Villers-Cotterets ou de Castel-Sarrazin. Comment retrouver le mot à mot des *Juvenilia* de Molière, charmantes et rudes journées tour à tour égayées ou assombries par les contre-temps? Soupera-t-on? c'est le dernier mot. Je me trompe, le dernier mot, c'est l'amour. Grâce à Dieu il y a des amoureuses, elles sont belles, elles chantent, elles se moquent de tout, Molière tout italianisé est dans son décaméron. Ah! que ne sommes-nous les spectateurs des comédies qu'il joue ! que ne le surprenons-nous dans ses improvisades endiablées qu'il ne prend même pas la peine d'écrire en passant! Il a tant d'esprit argent comptant qu'il ne songe pas à thésauriser. Le jour où il aura un vrai public, il ne sera pas en peine de retrouver le bien perdu.

Et, tout en courant la province, il fait de bonnes rencontres : ici le prince de Conti, son ancien camarade ; le duc d'Épernon, un protecteur et un ami ; le poète d'Assoucy, dont il sera à son tour l'ami et le protecteur. Et d'ailleurs Molière ne trouve-t-il pas alors des amis partout où il est en scène, car il charme et il enjôle tous ses spectateurs, à Bordeaux, à Lyon, à Montpellier, à Pézenas ? Et s'il amuse tout le monde, il s'amuse de tout le monde. C'est que la France était encore toute peuplée d'originaux : chaque province avait ses figures, chaque ville avait ses caractères. Si le fauteuil de Pézenas, dans la boutique du perruquier, est une relique aujourd'hui, ce n'est point parce qu'on y faisait la barbe à Molière, c'est parce que, assis dans ce fauteuil comme dans une bonne stalle de la Comédie, il voyait défiler tous les malins du pays. Aussi le perruquier pouvait-il dire : « C'est vous qui leur faites la barbe. » N'est-ce pas la première idée de *Figaro* ?

Voilà donc Molière perdu dans la province, peut-être sans espoir de retour ; pourquoi reviendrait-il tenter de relever l'Illustre Théâtre en ruines ? L'Hôtel de Bourgogne et l'Hôtel d'Argent font plus de bruit que jamais. N'ont-ils pas Corneille, n'ont-ils pas tous les poètes à la mode, n'ont-ils pas tous les comédiens célèbres ? Molière fera-t-il *le Cid* ou *le Menteur* ? fera-t-il même les pièces de Boisrobert ou de Scarron ? Puisqu'il a tout risqué, puisque sa destinée l'entraîne, il faut qu'il marche vaille que vaille à travers les hasards qui conduisent les comédiens de campagne. Les femmes qui sont avec lui le consoleront, mais ne seront-elles pas une autre source de déboire ? Toute femme a son revers : il aime d'abord Madeleine Béjart, mais aura-t-il son quart d'heure avec elle ? M. de Modène est son amant en titre. Il se tourne vers Geneviève. C'est un insatiable : il se jette éperdument vers la Du Parc, une grande coquette, une grande épreuve de celle qui jouera Célimène ; mais la Du Parc, qui a de hautes visées, qui trompe son mari, trompe aussi Molière. Il veut commander en maître, mais elle parle plus haut que lui. C'est un enfer que ce paradis ; heureusement pour Molière, trop battu par les vents contraires, il tombe sur le cœur de Catherine de Brie qui ferme amoureusement ses bras sur lui.

En ce temps-là, la province était peut-être moins provinciale qu'aujourd'hui, parce que Paris n'était pas la capitale des capitales ; toute grande ville avait son monde, on restait chez soi, on ne s'évertuait pas à parader à Paris dès qu'on avait quatre sous d'éloquence ou d'esprit : Lyon, Marseille, Montpellier, Toulouse, Bordeaux, Avignon étaient toutes, plus ou moins, de petites capitales possédant beaucoup de lettrés et beaucoup d'artistes, sans compter les gens du monde qui n'allaient à la Cour qu'une fois en leur vie. Molière trouva donc un peu partout un vrai public pour le comprendre et l'encourager. Pourquoi ne se hasarderait-il pas, tout en donnant ses improvisades à l'italienne ou à l'espagnole, quelquefois à la française, à se faire juger comme poëte dramatique ? Ce fut ainsi qu'il convia le spectateur des provinces à ses premières œuvres : *l'Étourdi* et *le Dépit amoureux*, deux comédies en cinq actes « et en vers », comme on disait alors ; je ne parle ni de *la Thébaïde*, une tragédie qui n'eut qu'une représentation, ni du *Médecin volant*, ni de *la Jalousie du Barbouillé*, ni des *Docteurs rivaux*, ni du *Docteur amoureux*, ni du *Maître d'école*, vives ébauches jetées en passant à la curiosité du parterre, scènes détachées que plus tard Molière reprendra dans ses pièces sérieuses. Ce fut ainsi qu'il fit la conquête de tout le midi de la France. Il tenta, un jour, de monter au nord, il alla droit au pays de Corneille, où il eut la bonne fortune de trouver le poète du *Cid* et le duc d'Orléans. Ce fut par ces deux protections qu'il put revenir jouer à Paris sous les yeux du roi. Le 24 octobre 1658 marqua une des phases de sa destinée. Il donna dans la Salle des Gardes, au Vieux Louvre, en présence de la Cour qui ne l'effrayait guère, mais en présence des comédiens de l'Hôtel de Bourgogne qui l'effrayaient beaucoup, *Nicomède* et *le Docteur amoureux*. Après la tragédie, la partie n'était qu'à moitié gagnée. Comme orateur de la troupe, il vint très-humblement déclarer que lui et ses camarades n'avaient paru qu'en tremblant « devant une assemblée si auguste ». « L'honneur qu'ils avoient eu de divertir le plus grand roi du monde leur avoit fait oublier que Sa Majesté avoit à son service d'excellents originaux, dont ils n'étoient que de très-faibles copies, mais que, puisque le roi vouloit bien souffrir leurs manières de campagne, ils le supplioient très-humblement d'avoir agréable qu'il lui donnât un de ces petits divertissements dont il régaloit les provinces. » Louis XIV, charmé du compliment et de la comédie, permit à Molière de jouer à Paris sous le titre de troupe de Monsieur. Ce fut ainsi qu'il alterna avec les comédiens italiens sur le théâtre du Petit-Bourbon jusqu'en 1660, année où Perrault commença la colonnade du Louvre.

Enfin Molière est sur son vrai théâtre; non-seulement il a triomphé comme comédien, mais il triomphe comme poète. Les comédiens et les poëtes de l'Hôtel de Bourgogne lui ont-ils souhaité la bienvenue? Qu'importe! le public vient déjà au Petit-Bourbon, peut-être plus qu'il ne va au Théâtre du Marais. La troupe n'est pas riche, mais elle connaît trop les mauvais jours pour s'émouvoir des petites catastrophes de l'argent. On ne vient plus guère au *Dépit amoureux*, non plus qu'à *l'Étourdi*, mais voici les *Précieuses ridicules*. Ce jour-là, le génie de Molière a parlé. Un brave homme du parterre a raison de s'écrier : « Courage, Molière, voilà la bonne comédie! » Ce n'est plus la comédie italienne, espagnole ou latine, — c'est la comédie française, — et Aristophane applaudit des deux mains.

La Muse de Molière est toujours honnête femme comme celle de Ménandre, mais elle a ses belles effronteries comme celle d'Aristophane. Et voilà comment il emporte le spectateur après l'avoir charmé. Pour tenir en éveil un public distrait qui arrive trop préoccupé de ses passions et de ses affaires, il faut le prendre par tous les contrastes; les airs timides et discrets s'estompent et s'effacent; la gaieté doit risquer les hardiesses en montrant ses belles dents. Accentuer les caractères, n'est-ce pas être plus vrai encore? Molière fait son *avare* plus avare, ses *fâcheux* plus fâcheux, son *tartufe* plus hypocrite. Quand on joue la comédie, ce n'est pas une faute de marquer le mot. Celui qui peindrait des décors avec la main d'un miniaturiste manquerait naturellement tout son effet.

Sur la scène Molière n'est pas peintre de chevalet, il est peintre de fresques. Ce n'est pas l'homme des retouches, non plus que l'homme des infiniment petits, comme La Bruyère. Il a l'emportement qui demande les grandes pages. L'espace n'est jamais trop grand pour son pinceau. Aussi, comme Shakespeare, il a créé un monde inouï avec une rapidité féerique.

Pour quiconque voit en grand, il n'y a pas pire ennemi de la perfection que le travail après le travail. Dieu a créé le monde en six jours, sans faire de retouche. On pourrait lui dire à lui aussi : « Vous avez des vers qui riment mal et des expressions étranges; mais la grandeur harmonise tout. La nuit, dans son manteau de reine, n'a pas brodé sur la même ligne toutes ses étoiles d'or; mais il n'y a que la critique pour s'en apercevoir. Pour tout le monde, au contraire, le désordre de ces millions d'étincelles réjouit mieux les yeux. »

Molière ne fut pas d'abord reconnu tout d'une voix : il eut contre lui les précieux et les précieuses. Les académistes qui avaient critiqué *le Cid* regardèrent « les farces de Molière » du haut de leur grandeur. Que venait-il faire là, ce comédien d'occasion, avec sa troupe de province, avec ses improvisations à l'emporte-pièce? C'est Molière qui devait passer comme le café; mais rendons justice à ceux qui lui ont rendu justice. La Fontaine, qui n'avait d'autre poétique que son génie, s'écria le premier, tout en constatant que Molière charmait la Cour : *Il ne faut plus quitter la nature d'un pas*. C'était affirmer l'empire de Molière par la peinture de la vérité. Qu'allaient devenir tous les déclamateurs des autres théâtres ? Boileau le satirique écrivit des stances à Molière comme il eût écrit à Plaute. Corneille s'avouait vaincu dans la comédie. Racine venait demander des conseils à Molière pour sa première tragédie. Avec ces quatre grands amis, l'auteur des *Précieuses ridicules* avait les rois dans son jeu en attendant qu'il eût les dames.

IV

Molière, le génie de l'esprit et l'esprit du génie, devint alors le philosophe de la raison, comme Pascal était celui de la foi. Le théâtre s'ouvrit à côté de l'église. Celui qui a écrit *les Provinciales* pouvait comprendre celui qui traînait sur les planches Vadius et Trissotin. Tous les deux immolaient à la gaieté des curieux leurs personnages ridicules. Voltaire n'a-t-il pas dit que les meilleures pièces de Molière n'ont pas plus de sel que les premières Lettres provinciales? Mais Voltaire plaidait pour *Nanine*.

Molière est le premier mot — le dernier mot — de la comédie en France. On peut inscrire sur son œuvre cette parole moderne : « Le passé tue l'avenir. »

La philosophie protège l'œuvre de Molière; sa comédie rit, mais elle pense. *Les Femmes savantes* et *le Misanthrope* sont l'œuvre du poëte, mais surtout l'œuvre du philosophe. Henriette et Alceste sont moins des personnages humains que la vérité elle-même descendue sur le théâtre du haut des nuages de la métaphysique. Je ne sais pas s'il a fait de la philosophie sans le savoir, mais toute son œuvre porte la marque d'un philosophe. La souveraine sagesse, qui a été la raison de son siècle, est encore la raison aujourd'hui. Toutes les philosophies se sont évanouies depuis Descartes; la philosophie de Molière, si profonde et si lumineuse, si humaine et si française, est restée debout : belle statue de marbre rejetant ses draperies, souriant sur un piédestal de bronze inaltérable. Elle a parlé, elle parle, elle parlera.

C'est Molière, le premier, qui, dans la scène du pauvre, a jeté le cri de l'humanité. La liberté de conscience n'a jamais été plus éloquente dans toutes les thèses philosophiques du xviiie siècle. Cette mise en scène si hardie, en face de celui qui allait révoquer l'Édit de Nantes, fait de Molière un contemporain de tous les siècles. Il aime le bien pour le bien. Il ne prête pas d'argent aux pauvres pour qu'on le lui rende au ciel. Il le donne sans idée de salut, parce que l'humanité est aussi une religion pour tout homme qui aime l'homme.

Ils se sont trompés ceux-là qui ont voulu emprisonner Molière dans l'esprit de son temps, en face de la grandeur de Louis XIV et des foudres de Bossuet. Molière, dans ses comédies franches, brisait tous les liens d'une période, parce qu'il était de la haute famille de ces libres génies qui sont contemporains de tous les siècles; aussi fut-il moins de la cour de Louis XIV que de la cour du peuple français. Cet homme, qui avait ses origines dans le xvie siècle, dans la Renaissance, même dans l'antiquité, fut plus vivant au xviiie siècle qu'au xviie, comme il est plus vivant encore au xixe qu'au xviiie. Et il en sera toujours ainsi. C'est qu'il n'a pas peint l'humanité d'un jour, une humanité d'occasion, sous le reflet d'une mode, d'un accident, d'une coutume, mais l'humanité éternelle que rien ne transforme, celle qui s'appelle le cœur humain. Beaucoup de philosophes ont parlé comme lui, avant lui, après lui; mais qui écoute les philosophes? Ce n'est pas tout d'avoir raison, il ne faut pas donner à la sagesse les airs moroses des sept sages de la Grèce. Le grand art, c'est de mettre la sagesse en action; en un mot, c'est de lui faire jouer la comédie, parce que l'abeille de l'Hymette ne verse pas un miel plus doux pour les lèvres que le rire de Molière. Quand j'ai lu une page de ses contemporains, Pascal, La Bruyère, La Rochefoucauld, j'admire la pénétration de leur esprit comme leur art de bien dire; mais qu'est-ce que cela, en face d'une œuvre qui me joue la vie, comme *le Misanthrope* ou *les Femmes savantes* ? Et ce qui me touche bien plus profondément en Molière, c'est que chez lui le cœur déborde, tandis que les autres cachent leur cœur. Molière frappe l'homme en pleine poitrine, mais il l'aime. Cet ennemi des médecins veut être le médecin de l'âme par excellence. Pour cela, il lui fallut toujours se mettre en dehors de son siècle, c'est-à-dire, suivant mot à mot la philosophie de son maître Gassendi, ne laisser debout dans l'humanité, sans souci de la religion et de la royauté, que l'homme dans sa grandeur et dans sa misère, mais l'homme maître de lui. On peut dire alors que Molière fut le premier philosophe qui parlât haut des droits de l'homme. Oui, tel qu'il est, l'homme de Molière ne s'humilie que dans ses ridicules et ses faiblesses, mais il relève la tête en disant : Je suis un homme.

V

A l'heure où tant de philosophes chrétiens s'efforcent de séparer l'homme de Dieu, Molière confond Dieu dans l'homme; c'est un grand pas en avant. Voilà pourquoi on a pu faire de Molière un révolutionnaire sans lui reprocher de rester toujours sous le bon plaisir de Louis XIV. Louis XIV ne pouvait-il pas dire, comme le premier venu : *Homo sum?* Le comédien amusait Louis XIV comme il amusait son peuple, comme il amusait son esprit; mais si on lui eût demandé quelle était la plus grande dignité du roi, il eût répondu : C'est sa dignité d'homme. D'ailleurs tous les esprits supérieurs du règne osaient prêcher la vérité, non-seulement au théâtre, mais en chaire. « Dieu seul est grand, mes frères, » disait Bossuet devant le roi. On s'imagine trop aujourd'hui que tous les esprits étaient prosternés dans la poussière du Roi-Soleil; les dédicaces et les suppliques n'étaient que de simples formules, comme on dit encore aujourd'hui : « Je suis votre très-humble serviteur, » quand on n'est ni humble ni serviteur.

Celui qui fut surnommé le Contemplateur par Boileau et tous ceux qui le voyaient de près a donc, du haut de son amertume et de sa mélancolie, proclamé le dogme du MOI; c'était proclamer le dogme de la liberté et de la fraternité. En effet, si l'homme est un représentant de Dieu, il est une providence pour son pareil; s'il a le droit de bien faire, c'est qu'il est doué de la liberté. Par cette philosophie, tout s'agrandit, l'homme comme

Dieu. Saluons en Molière le grand philosophe. On sait que la philosophie de Molière ne passa pas toute seule; il lui fallut, dans *Don Juan*, supprimer la scène du pauvre : « Tu passes ta vie à prier Dieu et tu meurs de faim; prends cet argent, je te le donne, par amour de l'humanité. » Quoi de plus naturel! c'était tout simplement rapprocher Dieu. Le malheur des dévots aveugles, c'est de vouloir toujours de plus en plus l'éloigner, comme s'ils craignaient que Dieu ne fût à tout le monde.

Si sa vie fut un combat, ne fut-ce pas le combat du bien contre le mal? Quand il montait sur la scène en ses derniers jours, déjà penché sur la tombe, quand il résistait aux prières de Boileau, qui le conjurait d'abandonner ses rôles aux autres comédiens, il tint bon dans la bataille, ne voulant pas être accusé d'avoir déserté, lui le chef de troupe, lui le gagne-pain suprême. Le théâtre était sa maison, tous les comédiens étaient sa famille, que dis-je! les spectateurs eux-mêmes, puisque à ceux-là il donnait le pain de l'âme. Il fut, jusqu'au bout, l'héroïque combattant de la vérité.

Ce grand cœur ouvert à tous le fut plus encore aux femmes. Il ne fait jamais un pas sans elles; au point de départ, c'est sa mère, Marie Cressé, une adoration. S'il entre au théâtre, c'est par amour de deux femmes, Madeleine et Geneviève Béjart. S'il court les provinces, c'est que le chariot comique est tout pavoisé de jupes de femmes. Quand il revient à Paris, les femmes, toujours les femmes. Enfin il prend la sienne en disant que toutes les femmes sont dans une seule; mais Armande Béjart trahit son dernier rêve, il meurt désespéré et alors ce sont encore des femmes, des filles de Dieu, des sœurs de charité, qui le consolent à son dernier soupir.

Mais dans cette âme si tendre il y a un cœur fier, un cœur qui bat pour ses amis, un cœur qui bat aux grands accents du génie. L'homme s'élève au-dessus de l'amoureux, parce qu'il faut qu'il fasse œuvre d'homme. Il impose silence à son cœur. Il continue cette œuvre forte et féconde qui sera une des fortunes de l'humanité.

Molière avait le sentiment de tous les arts*, musicien avec Lulli, presque peintre avec Mignard, grand poëte avec Molière, aussi ne prit-il jamais ses amis que parmi les artistes; on le voit bras dessus bras dessous, tout jeune encore, avec Lulli, avant même que le musicien ne fût directeur des Petits-Violons du Roi. Quand Molière finissait une comédie, il la lisait au Florentin comme à sa servante, en lui disant : « Faut-il des violons? » Et Lulli voulait toujours des violons dans les comédies de Molière, que ce fût *le Bourgeois gentilhomme* ou *le Malade imaginaire*. Avec sa grande pénétration, il savait que Molière était un maître : il aurait voulu être de tous les entr'actes de son immortelle comédie. Et que de fois il amena lui-même la comédie chez Molière avec ses chantres et ses violonistes d'occasion qu'il recrutait à l'église et au cabaret, — échappés de lutrin, fieffés ivrognes! — il redescendait jusqu'à la cuisine, aux malicieux marmitons, pour trouver de belles voix. Ne sait-on pas que le cuisinier Dumesnil était devenu ténor de par le créateur de l'opéra? L'entrain et la verve de Lulli réveillaient aux jours de tristesse l'esprit de Molière, qui disait à ses amis, les gens sérieux : « On ne sait pas combien ce Lulli est bouffon. » Aussi Lulli avait si bien l'habitude de se croire chez lui quand il était chez Molière, qu'aussitôt la mort du grand homme, il s'empara de son théâtre avec tambours et trompettes, gaiement et ouvertement, en homme qui ne doute pas de la faveur

---

* Que ne savait-il pas! Il était avocat avec les avocats, médecin avec les médecins, ouvrier avec les ouvriers, grand seigneur avec les grands seigneurs.

du roi et de sa maîtresse. C'était alors Mme de Montespan. Molière vivant, la rivale heureuse de La Vallière n'eût rien fait contre lui, car, je l'ai dit, il y avait eu entre eux une amitié teintée d'amour, — ce qui me fait aimer la Montespan; — mais, Molière mort, elle ne fut pas fâchée d'être fâcheuse à Mlle Molière et agréable à Lulli, qui était l'âme de toutes les fêtes qu'elle improvisait à la Cour : si bien que Lulli s'empara de la salle du Palais-Royal pendant que la troupe de Molière, cette célèbre troupe d'un illustre théâtre, se réfugiait, chassée sans vergogne, dans l'ancienne salle de l'Opéra, rue des Fossés de Nesles.

On a trop dit que Louis XIV était le grand protecteur de Molière. C'est bien plutôt Lulli qui a été protégé par Louis XIV : le roi ne créa-t-il pas le marmiton italien gentilhomme français, directeur de l'Opéra et secrétaire du roi !

Lulli fut de la comédie de Molière, par son violon, par sa musique, par son génie, car il en avait, et du meilleur. Il fut aussi de sa troupe; Molière avouait, après l'avoir vu jouer devant le roi le rôle de Pourceaugnac et le rôle de Mufti dans le Bourgeois gentilhomme, que c'était un maître comédien. On peut dire qu'il y eut encore à la cour de Louis XIV le fou du roi : ce fou, ce fut Lulli*, tour à tour chantant, jouant du violon, improvisant Armide et dansant dans les ballets, ce qui ne l'empêchait pas, dans les entr'actes, d'être le plus imprévu, le plus original, le plus spirituel, même quand Molière était là, car Molière était trop le philosophe du rire pour n'être pas sérieux dans le monde.

« Je prends mon bien où je le trouve. » Oui, dans l'antiquité, dans la Renaissance, dans le XVIIe siècle lui-même, Molière prenait, de çà de là, tout ce qui était la gaieté de l'esprit humain ; mais un autre que lui eût été bien en peine de ces trésors. La question n'était pas de les amasser, mais de les mettre en œuvre. De toutes ces scènes éparses de comédie, il voulait faire la comédie éternelle : pareil au sculpteur qui aurait rêvé le plus beau symbole de la vérité, il jeta dans le feu de son génie toutes les monnaies plus ou moins effacées qui avaient été l'argent comptant de cent et un auteurs. Puisque cette monnaie n'avait plus cours, pourquoi ne pas lui rendre toute sa vertu en la fondant dans une statue impérissable ? Ou bien encore Molière était un fils de famille qui recueillait l'héritage de tous les siens, faisant valoir une terre mal menée que dévorait la mauvaise herbe. Ou bien enfin c'était le châtelain de la vallée qui fait jaillir au versant de son parc toutes les sources de la montagne. Après tout, qui donc le pourrait accuser ? Les anciens ne souriaient-ils pas de bon cœur en le voyant bâtir son palais avec des ruines grecques ou romaines? les modernes n'étaient pas sans quelque fierté d'être applaudis, grâce à Molière.

Certes, il ne faudrait pas ériger en principe cet art de prendre son bien où on le trouve; mais pour celui qui donne son caractère, son originalité, sa vie à tout ce qu'il touche, le mot plagiaire n'existe pas**.

Et comme cela lui coûte peu de bien faire et de bien dire! Son œuvre n'est pas volumineuse, pas plus que celle d'Homère et de Corneille, moins que celle de Shakespeare; mais que de choses dans son œuvre! comme il sait la varier, passant de la mélancolie

---

* Un fou de génie. Le marquis de Louvois l'appelait en riant : mon confrère. « Tête bleue, s'écriait le Florentin, vous aimeriez mieux être Lulli que Louvois, mais vous ne savez pas jouer du violon. »

** Molière a toujours pris son bien où il le trouvait. Ses amis lui ont donné naturellement des idées et des mots, puisque c'étaient des hommes d'esprit. Par exemple, il y a dans le Misanthrope un mot de Boileau. Molière lui reprochait son acharnement contre Chapelain. Le satirique s'écria : « A moins que le roi ne m'ordonne de trouver bons les vers de Chapelain, je soutiendrai qu'un homme qui a fait la Pucelle mérite d'être pendu. »

amère du *Misanthrope* au rire gaulois du *Médecin malgré lui !* N'oublions pas un instant qu'il est directeur de théâtre, qu'il joue la comédie trois fois par semaine, qu'il va à la Cour et qu'il va chez les princes, ce qui ne l'empêche pas d'avoir table ouverte à Paris et à Auteuil. Sa vie est un imbroglio et une tragi-comédie; il rit et il pleure, parce que plus que tout autre il est homme; il ne met jamais son cœur ni sa philosophie de côté. Combien de fois, au milieu de ses triomphes, il lui faut s'avouer vaincu dans cette bataille de toutes les heures! Sa femme aurait pu combattre avec lui; mais elle combat contre lui; elle lui donne deux fils, mais la mort les lui prend. Ses compagnons d'aventures l'abandonnent ou tombent en chemin. Racine, qu'il aimait, trahit son amitié en lui enlevant la Du Parc, une dorée d'amour. On le calomnie en le jouant à l'Hôtel de Bourgogne. Où reposer son front, la nuit, après toutes ces fièvres du génie, du combat et de l'amour? Veille, grand homme, tu ne te reposeras que dans le tombeau, et encore tes ennemis ne permettront pas à Dieu de t'y donner un bon oreiller.

VI

Molière était-il grand acteur? Pour répondre, faut-il se placer au point de vue de son siècle ou du nôtre? Sous sa direction, selon Perrault, dans ses *Hommes illustres,* les personnages de son théâtre « semblaient moins des acteurs de comédie que les vraies personnes qu'ils représentaient ». Mlle Poisson exprima plus tard la même idée. « Par la vérité des sentiments, par l'intelligence des expressions, par toutes les finesses de l'art, il séduisait les spectateurs au point qu'on ne distinguait plus le personnage représenté d'avec le comédien qui le représentait. » Voilà l'opinion des contemporains. Ce fut aussi l'opinion de Boursault, son ennemi, comme de Chapelle, son ami. Certes, Molière ne se fût pas obstiné à faire le mauvais comédien sous le grand auteur dramatique.

Il comprenait bien qu'il y a un mariage intime, fécond, indissoluble entre les beaux-arts et le théâtre.

Dans sa comédie comme sur la scène, Molière peint des tableaux : tableaux vivants pour l'esprit, tableaux vivants pour les yeux. Seul de son temps, parmi les poëtes, seul après Rotrou, qui parle si bien peinture dans *Saint-Genest,* Molière connaissait tous les miracles de la palette. Corneille et Racine ne peignent que les caractères et les sentiments; La Fontaine est un adorable paysagiste; mais Molière a fréquenté l'atelier de Lebrun, de Mignard, de Bourdon, où il a pris des leçons pour les physionomies visibles, comme les autres en ont pris dans Homère, Eschyle, Sophocle, Virgile, pour les physionomies morales. Avant que Boileau n'écrive *l'Art poétique,* Molière écrit l'art de peindre. Et n'étant pas pédant comme son ami Boileau, il ne veut pas donner des leçons aux rapins; il va voir avec Mignard, ce peintre aujourd'hui trop décrié, la coupole du Val-de-Grâce; il prend la plume, il écrit quatre cents vers et il les donne tels quels sans les retoucher : — vers à fresque, sur une peinture à fresque. — Il pourrait intituler ce poëme : *l'Art de peindre,* il se contente de l'intituler : *la Gloire du Val-de-Grâce,* parlant pour Mignard et non pour lui.

Molière n'était pas seulement un excellent comédien par son jeu, il l'était encore par le jeu des autres. Non pas qu'il eût le mauvais esprit de tourmenter la nature chez les comédiens et les comédiennes de sa troupe, mais parce qu'il donnait le feu sacré à tout le monde. Il avait le génie de la mise en scène, à ce point qu'au lever du rideau, le public était chez soi. Ses ennemis contemporains — car il en a eu depuis sa mort — l'ont représenté comme mauvais comédien et surtout comme mauvais tragédien. Mais le public était trop content de lui pour donner quelque créance aux ennemis de Molière. Au milieu du XVIIe siècle, après les triomphes du *Cid* et des autres chefs-d'œuvre de Corneille, on ne peut pas admettre que les comédiens ne fussent pas bons, à l'Hôtel de Bourgogne et au Théâtre du Marais : or, que fût devenu Molière au Palais-Royal s'il eût été mauvais ?

On veut que les dons de la nature pour faire un grand acteur lui aient été refusés. Peut-être, en effet, n'était-il pas le premier tragédien de son temps, mais celui qui a créé *l'Avare* et *le Misanthrope* devait comprendre le drame intime mieux que Floridor et les autres. Quoi qu'il en soit, s'il ne joue pas souverainement les grands rôles tragiques, il prend tous les masques de la comédie. Son beau rire va droit au parterre et épanouit toutes les figures.

VII

Molière, dans son théâtre, a été le suprême héritier de la comédie italienne et de la farce gauloise. Ces aurores ici lumineuses, là tout embrumées encore, ont annoncé ce soleil resplendissant de la scène française. Que nous importe qu'il ait pris son bien où il le trouvait, tantôt aux uns, tantôt aux autres! c'est l'histoire des conquérants. Les esprits secondaires ont beau piller çà et là les morts et les vivants, ils sont toujours des esprits secondaires ; il fallait l'âme du génie, l'âme de Molière, pour débrouiller tous ces chaos ; le poëte a eu raison de dire :

Miracle de son art, l'eau se changeait en vin.

Certes, on a pu dire avec raison que la plupart de ses pièces sont déjà indiquées dans le théâtre de son temps, bouffons italiens, comédiens espagnols ou farceurs français ; je ne parle pas seulement de ses pièces fantasques, comme *l'Étourdi* et *la Comtesse d'Escarbagnas*, mais de ses pièces sérieuses, comme *Don Juan*.

Au temps où le cardinal de Richelieu dépossédait tous les roitelets du Moyen Age et de la Renaissance pour faire la France de Louis XIV, Molière fit la France de Molière.

Il avait commencé par bâtir son palais avec le génie capricieux et galant des Italiens et des Espagnols, — un autre Chambord, un autre Fontainebleau. — Mais il vit les larmes de Mlle de La Vallière déjà sur le chemin des Carmélites ; et, comprenant que les orages du cœur ne seraient plus du siècle de Louis XIV, il bâtit pour sa muse un autre Versailles et garda pour lui le poëme de ses larmes. Réaliste comme Plaute, tendre comme Térence, fantasque dans ses intermèdes comme Aristophane, Shakespeare peut-être dans sa maison, au théâtre c'est Montaigne déguisé çà et là sous le masque de Tabarin. Éraste et Lucile n'ont jamais chanté la chanson du rossignol de Vérone ; Tartufe n'est pas démasqué par la main vengeresse qui a découronné Richard III ; mais Alceste n'a-t-il pas connu les déchirements de la passion comme Othello ?

En traversant tous les jours le Roman comique, en jouant tous les personnages, depuis le directeur de la troupe de Molière jusqu'au valet de chambre de Louis XIV, il trouvait le temps de pénétrer tous les livres et de connaître tous les cœurs, — hormis celui de sa femme.

Molière pouvait être le Shakespeare français, parce que sa première jeunesse fut au spectacle des choses tragiques comme des choses comiques. Quand il eut douze ans, ses chers amis des tréteaux, Gautier Garguille, Turlupin et Gros-Guillaume, s'avisèrent de jouer un magistrat célèbre, comme plus tard il joua le Tartufe. Gros-Guillaume fut arrêté et mis au cachot. Il eut un tel saisissement qu'il prit une fièvre violente et mourut en quelques jours. Ses deux amis s'étaient enfuis; mais leur chagrin fut si grand qu'ils moururent la même semaine. Un peu plus tard, Molière, obligé, pour remplacer son père, d'exercer sa charge de valet de chambre à la suite de Louis XIII pendant le voyage de Narbonne, vit de près plus d'une page sanglante de l'histoire de France. Par exemple, Richelieu, déjà sur son lit de mort, déjouant en grand comédien la conspiration de Cinq-Mars et de De Thou, montrant sa main d'acier jusqu'à la dernière heure, traînant à la queue de sa barque la barque des deux victimes condamnées*. Et ce roi, moins vivant que ce ministre qui allait mourir ! Et pour dominer les infiniment petits, sous l'orgueil de la royauté, le bruit de la guerre qui chassait les Espagnols de Perpignan. Molière, tout embourgeoisé qu'il fût, a toujours vu de près les figures qui font l'histoire ; mais il n'avait pas le pinceau de Shakespeare, et il faut nous en féliciter, puisqu'il a été le génie de la Comédie.

Perrault, qui s'y entendait, a fort bien remarqué que Molière comprenait la scène en artiste autant qu'en comédien. En ce temps-là, le décor était moins rudimentaire qu'on ne le suppose aujourd'hui, témoin les apothéoses et les triomphes dans *Amphitryon* et dans *Psyché*. La tradition, qui est un peu pédante, a trouvé plus commode de jouer presque tout Molière dans un vague décor qui ne peint ni le lieu ni le temps. On serait bien plus près de l'esprit de Molière en faisant marcher ses personnages dans les intérieurs très-caractéristiques du XVIIe siècle, avec les ameublements, les étoffes et les costumes. Perrault constate que « Molière a entendu admirablement les habits des acteurs, en leur donnant leur véritable caractère ». Le grand comédien comprenait si bien la plastique qu'il ne distribuait jamais un rôle sans regarder la figure de l'acteur, pour mieux marier l'idéal au réel.

Molière était donc artiste, comme il était poëte. Il avait, tout aussi bien que les peintres, le génie de l'invention, du dessin et du coloris ; il savait mettre ses bonshommes debout dans toutes les attitudes de la vérité, avec tous les jeux de la physionomie. Aussi ses portraits sont non-seulement des chefs-d'œuvre qui se détachent de la toile ou qui descendent du piédestal, mais ce sont des portraits parlants. Et comme ils parlent ! Et comme c'est le cri de l'humanité ! Et comme ils expriment les nobles passions ou grimacent les ridicules !

Si Montfleury a créé le jeu de la tragédie, Molière a créé le jeu de la comédie ; mais tandis que Montfleury donnait des échasses à l'héroïsme et des ailes aux passions, Molière, génie humain, amoureux de la vérité, faisait parler ses comédiens selon leur

---

* Comment n'a-t-on pas mis au théâtre cette scène dramatique où Molière ose cacher Cinq-Mars dans un cabinet noir tout contre la chambre du roi ?

nature ou selon la nature du rôle qu'ils jouaient. Voilà pourquoi Montfleury n'a rien laissé, quand Molière nous léguait tous les types du monde moderne, — qui est bien encore le monde ancien. — Combien de figures, combien de caractères! C'est la comédie universelle. L'homme est étudié dans toutes ses passions comme dans tous ses ridicules. Et la femme, où donc est-elle plus femme? N'est-ce pas Molière qui, avec Mlle De Brie, a créé le jeu éternel d'Agnès? — avec Madeleine Béjart, les servantes maîtresses, les fortes en gueule qui ont aujourd'hui quitté la famille pour tenir maison chez elles? — avec Armande Béjart, les Célimènes qui vivront jusqu'à la fin des siècles et des éventails? Et ainsi de tous les autres caractères. C'est que Molière, tout à la fois auteur et comédien, mettait bien en scène son idée; c'est qu'il créait deux fois ses personnages, une fois dans son imagination et une fois à la rampe, devant les immortelles chandelles de cet autre Roi-Soleil, car on finira par dire le Siècle de Molière, comme on dit déjà le Siècle de Voltaire.

Molière ne règne impérieusement par la majesté du génie et de la raison, comme un des rois reconnus et consacrés de l'humanité, que depuis la Restauration. On a vu passer des nuages sur cette gloire éclatante, mais on sentait le soleil dans un ciel couvert. Il appartient au xixe siècle d'avoir ce rayonnement; pendant qu'il vivait en plein xviie siècle, tant d'astres éblouissants montaient à leur zénith que le grand Molière était confondu parmi trop de glorieux. Après sa mort, les nuées s'amoncelèrent, on joua moins ses œuvres, on se retourna vers le génie tragique, on s'imagina qu'un autre Molière n'était pas irretrouvable; n'avait-on pas vu Racine après Corneille? Ce fut tout justement Racine qui prit le dessus, même sur Corneille. Tout le xviiie siècle est à Racine; rappelez-vous qu'au temps où Voltaire commentait Corneille il répondait à ceux qui lui demandaient de commenter Racine : « Il n'y a qu'un mot à mettre à chaque tragédie et à chaque vers : Sublime! sublime! » Or, Voltaire était l'homme de son temps, l'esprit et l'opinion de son temps. Certes, alors Molière non plus que Corneille n'était oublié : on les jouait tous les deux; ils avaient leurs enthousiastes; mais nul ne les jugeait plus grands que les plus grands. C'était assez pour les lettrés de mettre sur la même ligne les hommes de la pléiade qui a fait de Louis XIV un grand roi, sous le reflet des gloires de son temps. On disait : Corneille, Racine, Molière, La Fontaine, Bossuet. Bien mieux, on ne croyait pas commettre un sacrilège que de mettre au même rang des hommes comme Boileau, La Bruyère, La Rochefoucauld, des enfileurs de perles à côté des créateurs. Sous la Révolution et sous l'Empire ce fut le tour de Corneille : « Si Corneille vivait, je le ferais prince, » disait Napoléon. On était revenu au temps des grandes figures de Corneille. Mais après les défaites de l'Empire on décida qu'il ne fallait pas toujours jouer à l'héroïsme; la Restauration prépara l'avènement de Molière en donnant des entorses à la raison; on comprit que l'auteur de *Tartufe*, de *Don Juan*, du *Misanthrope*, de tant de chefs-d'œuvre, avait droit de haute parole, ce qui aujourd'hui est un droit de haute justice.

Et cette fois Molière ne fut pas détrôné. Les romantiques, qui bientôt touchèrent à tout, ne craignirent pas de commettre un crime de lèse-majesté en niant les beautés de Racine; ils saluèrent un autre Shakespeare dans Hugo, mais ils respectèrent la statue de Molière. Le parterre, affolé des drames du romantisme, n'alla plus applaudir Molière en son théâtre, quoiqu'il fût joué par de grands comédiens, mais toute la critique, Sainte-Beuve en tête, reconnut alors que Houdon l'avait transfiguré pour les siècles futurs.

A la Comédie-Française, qui ne s'est arrêté tout ému devant cette fière et mélancolique figure de marbre qui porte toutes les poésies amères du *Misanthrope* ? Quelle distance de Molière à Voltaire! Devant Molière le cœur bat; devant Voltaire le cœur rit. Quand on voit un buste de Houdon, on reconnaît l'homme, on reconnaît l'âme. Comme son Molière et son Voltaire nous forcent à la méditation! Il y a là toute l'image et tout le caractère de deux siècles, dans la physionomie de ces deux hommes qui ont plus combattu pour l'humanité que tous les héroïsmes de leur temps. Ce qu'il y a de beau, ce qu'il y a d'admirable, c'est que Houdon les a faits contemporains de tous les siècles : Molière par le sentiment de la passion et de la mélancolie, Voltaire par le front armé d'idées, par la bouche armée d'esprit. Houdon sculptait d'une main rayonnante; il prenait du génie pour représenter le génie.

Houdon fut, comme Homère, l'historien des dieux; il fit Molière plus grand et plus beau que tous, parce qu'il sentait le dieu dans l'homme. Aujourd'hui Molière n'est plus un homme, c'est un dieu, ou, pour mieux parler, c'est l'homme, comme on disait déjà de lui au XVIIe siècle. « Quel est le plus grand poëte de mon siècle? demandait Louis XIV à Boileau. — Sire, c'est Molière. — Je ne le croyais pas. »

Ce mot de Boileau lui fait pardonner bien des injustices : il a sacrifié d'un seul trait de plume toute l'école de la poésie à l'école de la versification; mais il a reconnu le génie de Molière dans un temps où Molière n'était encore qu'un combattant, quand le chef-d'œuvre tombé de son front était à peine né, quand toutes les cabales du Théâtre du Marais et de l'Hôtel de Bourgogne criaient plus haut que la vérité.

Non, Louis XIV ne croyait pas que Molière fût le plus grand. C'est que pour le Roi-Soleil, qui daignait s'amuser à *Monsieur de Pourceaugnac*, il y avait toujours de l'histrion en Molière. Louis XIV ne comprenait pas un grand poëte sans lyrisme comme Corneille et Racine; peut-être eût-il opiné pour Pradon plutôt que pour un comique, celui qui, sous son auréole de grandeur, tout pénétré, il faut le reconnaître, des sentiments de la beauté et de la noblesse, disait des tableaux de Teniers : « Otez-moi ces magots de devant les yeux. »

VIII

Les femmes prennent toujours la place d'honneur dans la vie de Molière. Ce qui égare Molière et ce qui le sauve en sa première jeunesse, c'est l'amour. L'amour est le poison des âmes sans vertu, mais c'est le vin généreux des âmes fortes; en effet, c'est l'amour qui sauvera Molière de tous les abîmes de la jeunesse et de tous les égarements de la volupté. Quand je dis que l'amour sauvera Molière, je veux dire qu'il fera de l'enfant prodigue qui court les comédiennes le poëte fervent, l'artiste obstiné qui aspire à la domination de tout ce monde du théâtre où il est confondu. Ces femmes qui jouent la coquetterie en jouant leur rôle, elles seront à lui; à lui tous les applaudissements du parterre, parce qu'il sera tout à la fois auteur et acteur; à lui les joies du cœur et les vanités du triomphe. En attendant que la femme lui prépare une couronne d'épines, elle lui donne le feu sacré.

Sa mère avait commencé. En la cherchant de près, dans sa vie intime, dans ses lectures, jusque dans l'inventaire de son mobilier, puisque c'est le tableau de son intérieur, on reconnaît que dans la maison l'art présidait au métier; on reconnaît qu'il y avait là toutes les vertus d'une épouse et d'une mère. Marie Cressé fut une femme, une femme du XVIIe siècle, ce qui est beaucoup dire quand on les voit dans leur intimité, tout à leurs enfants, leur donnant le pain de l'âme comme le pain du corps, vraies mères d'autrefois, dont le seul luxe était la famille.

Ne sent-on pas dans beaucoup de scènes de Molière cette âme de Marie Cressé ? Même quand elle est morte, l'âme est encore là tout éloquente dans le cœur de son fils. Aussi cette mère adorable fut la première à deviner son fils. Quand il revint de l'école pour prendre l'aune, l'aiguille et les ciseaux de la maison, elle comprit à l'attristement, à la pâleur, à la rêverie de cet enfant, qui devait être surnommé le Contemplateur, qu'il y avait là une tout autre étoffe. Elle allait mourir, mais à sa dernière heure elle eut sa vision : elle voulut que Jean-Baptiste Poquelin devint M. de Molière. Que serait-ce que M. de Molière ? Elle ne savait. Qu'importe ! il serait l'orgueil de la maison comme il était la joie de son cœur.

La raillerie, qui caractérise le génie de Molière, ne hante ni sa figure ni son cœur. Il est le génie de la bonté. Sur la plupart de ses portraits, comme dans la plupart de ses actions, le sentiment de l'humanité s'exprime profondément. Il raille gaiement ; mais ses armes si bien trempées ont beau frapper juste, elles ne tuent pas, parce que ce ne sont pas des armes empoisonnées. Il a bien pu donner en comédie ses ennemis de l'Hôtel de Bourgogne, mais quand ceux-ci le frappent de leurs calomnies, il se détourne avec le sourire dédaigneux du philosophe. Il pourrait se venger, mais les lions ne se vengent pas. Il reprend sa douceur inaltérable. Ne sait-il pas que tout homme qui a pignon sur rue, si c'est un juste, sera provoqué, insulté, calomnié ? Il a vu de bonne heure le profond abîme des misères humaines, mais il a compris qu'il y avait du dieu dans l'homme et que tout homme était lui-même une providence. Ce grand homme, qui a joué tous les rôles, a toujours joué le rôle d'un homme.

Comme Jésus-Christ, saint Vincent de Paul disait au temps de Molière : « Laissez venir à moi les petits enfants. » Molière, dans sa bonté, eût volontiers traduit lui aussi les paroles de Jésus, mais en ne voyant dans les hommes que de grands enfants.

Quel que fût l'homme, Molière l'aimait. Même si c'était le roi, même si c'était le pauvre. C'est que des deux côtés il trouvait le cœur humain : Louis XIV descendait quelquefois de l'Olympe, quand le pauvre qui recevait un louis de la main de Molière courait dans la poussière de son carrosse pour lui dire qu'il s'était trompé.

Le génie enfante le génie, comme la sottise enfante la sottise. Voilà pourquoi il y y des périodes radieuses. Molière semble répliquer à Corneille, Racine les admire et prend sa place à côté d'eux ; La Fontaine élève son génie au diapason en écrivant sa « Comédie à cent actes divers » ; Boileau, qui n'est doué que d'esprit, a des trouvailles de génie, comme des miettes tombées de la table de ses illustres amis.

Le beau temps pour les hautes camaraderies littéraires ! Voyez-vous d'ici ces trois compagnons, ces trois poètes de race s'il en fut, Molière, La Fontaine et Racine, qui s'en vont deux fois par semaine, ou tout au moins une fois, rue du Vieux-Colombier, chez un autre compagnon qui s'appelle Despréaux ? On paierait bien aujourd'hui sa place à ce spectacle de ces quatre causeurs si divers : Molière philosophant et synthétisant malgré lui, car le « Contemplateur » était le plus sérieux des quatre ; La Fontaine, tour à tour silencieux et emporté, aiguisant l'esprit de Racine par quelque distraction champenoise, mais se redressant sous les railleries avec une véhémence toute gauloise ; Despréaux brochant sur le tout par ses malices parisiennes. Molière se sentait bien plus entraîné vers

La Fontaine que vers les deux autres; aussi dit-il un jour au fameux joueur de flûte Descoteaux, qui était du souper : « Nos beaux esprits auront beau se trémousser, ils n'effaceront pas le bonhomme. » C'était peindre d'un seul mot La Fontaine. Comment Molière, qui mettait tout le monde en scène, n'a-t-il pas pensé à y mettre cet adorable fabuliste, je voudrais dire fablier?

A ces soupers il ne manquait que Corneille pour que les plus grandes gloires du xviie siècle fussent réunies. Qui sait! sans être un des habitués de Boileau, peut-être a-t-il illustré aussi un soir cette table toute rayonnante et toute frugale! En aucun temps, pas même dans l'antiquité, ni à Athènes, ni à Rome, on n'a vu une pareille assemblée de demi-dieux. Nous avons eu le Cénacle en 1830, mais il y avait à peine deux demi-dieux : Victor Hugo et Alfred de Musset. Peut-être on pourrait marquer Sainte-Beuve pour jouer le rôle de Boileau. Lamartine y eût tenu la place de Racine; mais il manquait au Cénacle, ainsi qu'Alexandre Dumas. Et d'ailleurs Molière n'était pas là.

IX

Molière, qui connaissait si bien l'homme, connaissait moins la femme; c'est que la femme est d'un ordre composite.

La Rochefoucauld lui-même se perdait dans ce monument de toutes les contradictions. Toute femme qui traverse l'amour est trois fois femme. Qui étudie la première est déjoué par la seconde et trahi par la troisième. C'est le jeu de l'inconnu dans l'inconnu.

La femme que Molière connaissait le moins, c'était sa femme, peut-être parce qu'il l'avait vue toute petite fille, peut-être parce qu'il la voyait tous les jours. Reconnut-il son égoïsme, cet imprudent, quand il en fut à ses premières larmes? Comment n'avait-il pas pressenti que cette adorable Armande, bouquet de jeunesse et de poésie, qu'il cueillait d'une main quelque peu profane, ne traverserait pas tous les périls de la vie de théâtre, pour se retrouver toujours le soir, toute à lui, avec les caresses de la femme et de la maîtresse?

Cet égoïsme, qui donc ne l'aurait pas eu à sa place? Il fallait à cette vie active, inquiète, troublée, un idéal de poëte, comme il faut à tout homme bien doué une échappée au delà des nues. Ce n'est point assez pour Molière, ces applaudissements qui viennent réjouir son cœur trois fois par semaine; ce n'est point assez des fêtes de la Cour, où plus d'un sourire des La Vallière et des Montespan lui vient comme un rayon perdu : il manque quelque chose à sa vie. A quoi bon tout ce travail, toute cette peine, tout ce génie, s'il n'est pas encouragé dans la lutte par quelque bouche fraîche et savoureuse? Il en a assez de toutes ces femmes qui jouent la comédie avec lui. Trop de barbouillées de blanc et de rouge, trop de sentiment chanté sur la scène et dans les coulisses. C'est l'air connu. Molière voudrait entendre une autre chanson. Plus d'une fois déjà, il a pensé que celui qui prendrait pour sa femme cette jolie petite Armande, si gaie et si taquine, serait le plus heureux du monde. Puisqu'elle l'appelle son petit mari, pourquoi, en effet, ne deviendrait-elle pas officiellement sa petite femme? Aussi bien Molière ne peut pas chercher hors du théâtre. La noblesse lâche ses filles aux comédiens par aventure; mais encore ce ne sont que des heures cueillies ou volées. La bourgeoisie, dans sa morgue intraitable, ne consentirait jamais à donner une de ses filles à un comédien qui joue les Sganarelles et les Mascarilles. Recevoir un coup de pied dans le cul, même si l'on est auteur de la pièce, n'est pas un titre pour aspirer à une bourgeoise.

Molière ne peut s'empêcher de penser que le mariage, qui est une prison pour beaucoup d'hommes, serait une délivrance pour lui. En effet, comment échapper aux prétentions des sœurs Béjart et aux larmes intermittentes de la De Brie? Si Geneviève Béjart ne veut pas épouser Molière non plus que Madeleine, elle s'impose plus qu'une épouse, en vertu du passé. Et Madeleine? si elle n'a pas été sa maîtresse, elle a eu pour lui des quarts d'heure d'abandon. En plus d'une rencontre, elle lui a prêté de l'argent sans compter. N'était-ce pas sa troupe à elle qu'il dirigeait quand ils couraient les provinces? Elle n'avait pas abdiqué pour cela. Je crois même qu'on obéissait bien plus aisément à Madeleine Béjart qu'à Molière.

C'est que le vrai maître, c'est toujours l'argent. Or, elle en avait de par M. de Modène quand Molière n'en avait pas. Son despotisme durait encore à Paris. Le chef de la famille Béjart, c'était elle; Molière n'était-il pas toujours de la famille? Mais, quelle que fût son amitié pour son ancienne camarade, il n'avait aucun désir d'en faire sa femme. Que lui apporterait-elle? Une jalousie plus ombrageuse. Sans doute elle aimait Molière depuis qu'elle n'espérait plus devenir Mme de Modène, mais cet amour-là n'était pas l'idéal de Molière. Son idéal, ce n'était pas non plus Geneviève ni la De Brie, quoiqu'elle fût belle encore. D'ailleurs la De Brie était mariée. Son idéal, c'était une jeune fille, vierge de corps et d'âme, qui viendrait comme un mois de mai répandre le renouveau dans sa maison et dans son cœur. Fatalement, puisqu'il ne pouvait ni chercher, ni trouver ailleurs, cette jeune fille, c'était Armande.

Ce fut d'autant plus Armande qu'elle vint un jour se jeter dans ses bras tout éplorée, en lui disant qu'elle ne pouvait plus vivre avec sa mère qui la malmenait. C'est que la jeune fille assistait à ce douloureux spectacle d'une femme qui voit tomber sa jeunesse sous le vent d'automne, qui ne se décide pas à revivre dans sa fille, qui, loin de là, lui reproche le rayonnement des belles années.

Molière épousera donc Armande, quoi que puisse dire Madeleine, quoi que puisse pleurer Geneviève. Il se promet toutes les joies d'une vie retrempée dans le mariage et refleurie dans la jeunesse. La fête est dans son âme. Les ivresses du cœur lui montent à la tête, si bien qu'il verra mal son chemin. Cette charmante fille qu'il va prendre, il devrait la mettre dans sa maison comme une idole et lui donner tout ce qui amuse la femme pour lui faire aimer sa maison : les robes, les bijoux et les chiens, les livres et les tableaux, toutes les expressions du luxe. Il devrait lui fermer le théâtre du côté des coulisses et ne lui permettre le spectacle que le jour où il joue ses rôles sérieux. Il ne faut pas que sa femme puisse rire de Sganarelle ou d'Arnolphe. Le mariage n'est beau que par l'amour, le caractère et la dignité, trois choses que Molière apportait à sa femme, mais dont il se dépouillait sur la scène. Il y a des femmes qui peuvent ne pas confondre l'homme et le masque, mais il y en a beaucoup plus qui ne voient que le masque.

Quel que soit l'homme, quel que soit le génie de l'homme, quels que soient sa philosophie, son scepticisme, sa raillerie, il est toujours battu par la femme. Combien de fois Molière n'est-il pas allé, armé des colères les plus terribles, pour foudroyer Armande! Il arrivait comme un ouragan; il éclatait comme une tempête; mais tout cela tombait devant un mot, devant un sourire, devant une larme. L'art de pleurer est un art comme les autres.

Si bien que Molière, qui était venu pour jeter sa femme à ses pieds, se surprenait bientôt aux genoux d'Armande Béjart. C'était lui qui demandait grâce, tant la grande coquette dominait son esprit en dominant son cœur.

Ceux qui n'ont pas subi le despotisme de la femme, ceux-là n'ont pas aimé. On s'indigne de voir Molière accepter son esclavage, cachant ses blessures avec une résignation souriante. C'est la loi cruelle des passions. Molière se trouvait plus malheureux encore dans les angoisses de la solitude, aspirant à ce bien perdu qui s'appelait Armande, que dans les orages de la jalousie, quand elle jouait de l'éventail sous ses yeux. Elle avait beau être à d'autres, elle était encore à lui. Il retombait nonchalamment dans ses illusions : peut-être qu'en toutes ses aventures Armande s'était arrêtée à mi-chemin? Pourquoi ne pas lui permettre de s'enivrer à toutes ces adorations qui ne sont que des feux de paille? N'est-elle pas comédienne comme elle est femme? Qui sait si toutes ses mines ne sont pas le seul argent comptant dont se paient les marquis? Il a beau connaître toutes les fourberies de femme, sa femme le renverra aux chandelles de la comédie en lui prouvant qu'il n'y voit goutte.

Tout est comédie et tout est tragédie, voilà pourquoi Shakespeare est le plus grand des maîtres, voilà pourquoi Corneille lui-même, en ses premières tentatives, avait mis au théâtre la tragi-comédie. Molière joue son grand jeu dans la comédie, mais le soir, quand cette comédie est jouée, quand tous les spectateurs s'en vont en riant, émerveillés de la gaieté de Molière, il s'en va en pleurant, lui Molière. Après ce feu d'artifice, comme la nuit est sombre autour de lui! Il appelle sa femme : viendra-t-elle? Elle est attardée par quelque beau gentilhomme, par quelque marquis pirouettant et papillonnant autour d'elle. Molière ne veut pas s'humilier jusqu'à aller la prendre par le bras. Il rentrera seul, il ira soulever le rideau de sa fille endormie, il s'enfermera pour pleurer dans son cabinet de travail.

Voilà pour aujourd'hui le dernier acte inédit de *l'École des Maris* et de *l'École des Femmes*, du *Cocu imaginaire* et du *Misanthrope*.

Ah! la belle comédie à faire avec les entr'actes de la comédie de Molière! Mais cette comédie serait le drame le plus douloureux qui ait été écrit *.

Vous condamnez ce mari pour avoir été si débonnaire; que vouliez-vous qu'il fît : qu'il tuât sa femme? mais c'était tuer son cœur.

Et elle, la Célimène des Célimènes, comment l'eût-elle aimé, cet homme de travail qu'elle avait trop vu préoccupé d'une idée ou d'un sentiment, sinon d'une rime? Ce comédien contemplateur, ce chef de troupe, ce metteur en scène tout à tous, jamais à lui. Toute jeune, sautant sur ses genoux, elle l'avait appelé son petit mari : simple jeu d'enfant qui joue avec la poupée. Pourquoi l'épousa-t-elle? Parce qu'elle croyait passer du despotisme de sa mère dans la liberté du mariage. Et d'ailleurs elle aimait Molière

---

* Rappelez-vous ce vers de jeunesse, premier cri de jalousie jailli du cœur de Molière :

Ah ! c'est là le vautour qui ronge mes entrailles !

ou celui-ci, peut-être dit en voyant la Du Parc dans les bras d'un rival :

C'est voir avant sa mort faire ses funérailles.

Molière datait presque du XVIe siècle où l'on a tout osé et tout imagé. Boileau lui a arraché quelques plumes de paon de ses ailes d'aigle.

d'une amitié profonde; mais plus l'amitié était profonde, plus l'amour était loin : l'amour ne naît pas de la reconnaissance ni de la bonté; l'amour ne cueille presque toujours que les fleurs du mal.

Molière, qui savait tout, ne savait pas cela; il croyait que cette adorable créature, qui jusque-là n'était qu'un sourire, allait lui donner son cœur et son âme, puisqu'il ne voulait plus vivre que pour elle.

Peut-être ne l'aimait-il encore que d'un amour fraternel; mais quel coup de foudre, quel coup de passion quand il sentit qu'elle ne l'aimait pas ! ce fut à jamais le désespoir et la colère de ce grand cœur. Et elle ne l'aimait pas parce qu'elle en aimait d'autres. La lumière se fit en lui. Il avait aimé jusque-là, mais sans tomber dans toutes les angoisses et dans toutes les anxiétés : l'amour qui rit à la première larme. Mais cette fois c'était l'enfer de l'amour : aimer à son soleil couchant et n'être pas aimé ! Le pauvre Corneille avait passé par là devant la cruelle Du Parc, cette statue qui n'avait pas voulu descendre pour lui de son piédestal. Mais au moins la Du Parc n'était pas sa femme, il ne la voyait que de loin en loin, il ne jouait pas la comédie avec elle, il n'habitait pas la même chambre à coucher !

Quoi de plus horrible pour un homme que d'être pris corps et âme par l'adoration d'une femme qui est sa femme, mais qui ne lui appartient pas, qui vit avec lui, mais qui n'est pas là même quand elle est là ? C'est en vain que Molière se jettera aux pieds d'Armande pour lui montrer ses larmes; en vain il lui parlera doucement pour la ramener à lui, non pas par la raison, mais par le cœur. Elle lui fera d'abord l'aumône de quelques mots de repentir, mais pour mieux se moquer de lui. Est-ce qu'il a, comme tous ces grands seigneurs, l'art de débiter des riens avec impertinence? est-ce qu'il a le temps de parfumer l'amour, comme tous ces marquis dont c'est le métier?

Molière voit bien que sa douceur échoue, il fera éclater ses colères, mais aux premières larmes de sa femme il se jettera encore à ses pieds pour lui demander grâce. N'est-ce pas encore la victime qui s'accuse?

Et cela lui réussira si mal de parler d'amour et de pardon qu'un jour sa femme se révoltera et lui dira qu'elle ne lui permet plus de lui adresser la parole. C'est alors que la grande coquette qu'il va peindre en Célimène se retire sous sa tente. En vain son mari frappera à sa porte pendant toute une année, elle tirera les verrous en lui disant : « N'avez-vous pas Mlle de Brie et les autres? » Si la victime s'accuse, la criminelle accuse.

Molière, en effet, ne sachant où cacher ses larmes, les cacha encore une fois dans le sein de la De Brie[*].

Elle était là, toujours, pauvre chien chassé de la maison, mais qui revenait au premier appel. Hélas! elle a beau pleurer avec Molière, — car il n'y a que les larmes

---

[*] Cet amour, c'est le refuge et la consolation : plus tard, quand il écrira *les Femmes savantes*, il y mettra un souvenir de ce temps agité en opposant sur la scène la De Brie et la Du Parc, dans les rôles d'Henriette et d'Armande. C'est encore De Brie qui joue son rôle ; c'est la femme de Molière, autre Du Parc, qui joue le rôle d'Armande. Molière se cache sous Clitandre, qu'il fait jouer à La Grange. Il lui a plu de se revoir vingt-cinq ans plus jeune dans ses premières passions.

Il y avait là une double situation; non-seulement le poëte rappelait sa première passion, mais il était en plein dans la seconde. En effet, en 1672, n'avait-il pas repris la De Brie tout en se séparant encore d'Armande, si bien qu'il partait tout à la fois à la Du Parc et à sa femme.

LA CRITIQUE DE L'ECOLE DES FEMMES

des autres qui vous consolent, — Molière ne peut plus réconforter son cœur sur le cœur de sa plus douce maîtresse : il n'a plus qu'une pensée, un sentiment, une passion : c'est sa femme.

Aussi savez-vous ce qu'il fait, cet homme de génie, pour se venger de tant d'affronts et de tant de misères? Il fait des rôles à Armande.

La grande coquette fuit son mari, mais elle ne fuit pas son théâtre, parce que le théâtre c'est son piédestal. Elle continue donc à jouer la comédie de Molière — avec Molière. Hors du théâtre ils ne se connaissent pas, dans la coulisse ils ne se parlent pas, mais sur la scène il y a un comédien qui s'appelle Molière et une comédienne qui s'appelle Mlle Molière.

Or la fatalité, qui rit de tout, les force à jouer ensemble presque toujours des rôles de leur emploi — mari et femme!

O grand Molière, pendant que tu pénètres le cœur de l'homme par ton âme lumineuse, tu ne vois donc pas que ta femme va t'échapper? C'est que tu as ouvert la cage à cet oiseau bleu couleur du temps, en lui ouvrant la fenêtre de la maison du côté du théâtre, en la faisant comédienne, en lui donnant cette soif d'être applaudie, en la heurtant à tous ces marquis de Versailles qui viennent fleureter sur la scène.

Mais pourquoi accuser Molière? Qui donc eût empêché Armande d'être comédienne? Elle était trop la fille de sa mère.

Combien de fois Molière rattrapera-t-il l'oiseau bleu pour le remettre dans sa cage? mais il aura beau faire, désormais elle ouvrira la cage toute seule. Plus elle s'envolera, plus il descendra dans sa passion. Il ne pourra plus vivre sans cette chanson de la jeunesse qui a égayé son cœur, qui a retenti dans son âme. Mais ni son désespoir, ni ses larmes n'arrêteront cette cruelle femme en ses volageries. Peut-être n'est-elle coupable qu'à demi, ne se dépensant qu'en promesses et en sourires. Mais que rapporte-t-elle à la maison? L'ennui. Pas un baiser sur le front sillonné de Molière. Si elle est à son clavecin, il pourra s'imaginer un instant que c'est pour lui. La voilà qui chante des airs qu'il aime. Mais s'il vient pour l'embrasser, elle détourne la tête et poursuit son rêve du côté de Versailles. Elle aussi a son idéal : c'est la Cour. « Qu'est-ce que vivre sans une femme aimée ? » dit Molière. « Qu'est-ce que vivre sans respirer l'air amoureux de Versailles ? » dit Mme de Molière.

Il essaiera de toutes les distractions. Il réunira ses amis à sa table, en la priant d'être la reine de la fête. Ses amis valent pourtant bien les marquis de Louis XIV. Ils s'appellent La Fontaine, Boileau, Mignard, Chapelle, Lulli, quand Lulli était de la maison. Armande trouve que ces hommes-là ne sont pas des gentilshommes, parce qu'ils n'ont pas les belles manières de Versailles. Tout au plus sourit-elle à Mignard qui va la peindre et à Lulli qui la fait chanter.

C'est à peine si elle daignera aller dans la maison d'Auteuil. Que ferait-elle avec des gens qui font de la philosophie sous prétexte de boire? C'est à peine si çà et là elle daignera traîner nonchalamment la queue de ses robes dans le jardin où Molière veut l'encadrer de roses. Quoi qu'il fasse, elle s'ennuie quand il est là, à moins qu'il lui fasse un rôle pour qu'elle puisse charmer, tourmenter, désespérer un amoureux de plus.

Le mari a beau faire, il a beau lui parler, lui sourire, l'appuyer sur son cœur, il sent qu'elle n'est pas là : c'est la cage sans l'oiseau.

Le génie a créé Corneille, l'amour a créé Racine, la passion a créé Molière. Chaque scène de la comédie du poète des *Femmes savantes* et du *Misanthrope* répand encore pour tous les initiés les magnétismes de cette passion. Il a voulu masquer sa vie et son cœur sous l'éclat de rire de Démocrite; mais les larmes ont transpercé le masque. Ces larmes-là ne sont amères qu'à ceux qui connaissent bien Molière. Les autres, d'ailleurs, ne voient que l'épanouissement de cette belle gaieté de philosophe, qui n'a pas voulu fouetter la sottise jusqu'au sang, et qui ne frappe le mal que par l'amour du bien.

L'écolier qui vient le dimanche voir la comédie de Molière ne manque pas d'envier les joies de cet esprit toujours en gaieté qui a trouvé du premier coup toutes les scènes du rire épanoui. On n'a jamais si bien ri chez les anciens, on ne rira jamais mieux chez les modernes : aussi l'écolier qui croit que la vie ne se compose pas d'un thème et d'une version se prend à aimer Molière de toutes les forces de ses aspirations juvéniles. Le vrai maître, le voilà : pas une comédie de Molière qui ne fasse l'homme meilleur. Mais plus tard, l'écolier apprendra que cet homme qui a tant fait rire depuis deux siècles, qui a fait rire le roi comme le savetier, parce qu'il a frappé juste sur les touches humaines, était l'homme le plus malheureux du monde, trahi par l'amour, trahi par l'amitié, trahi par la fortune, trahi par la santé. En ses dernières années, les années des chefs-d'œuvre, quand il chantait si gaiement la gaie chanson de la bouteille du *Médecin malgré lui*, il ne buvait que de l'eau. Mais jusqu'au dernier jour, sa haute verve, comme un vin généreux, montait encore en lui pour éclater en saillies, en vers vivants, en scènes incomparables — à travers les larmes, — comme on voit les moissons et les vendanges plus belles sous les scintillantes rosées du matin.

LE DEPIT AMOUREUX

LIVRE II

ARMANDE BÉJART

LA JEUNE FILLE ET LA FEMME

LES JOCONDES ET LES CÉLIMÈNES — LA FAMILLE D'ARMANDE BÉJART

I

A peinture, la sculpture, l'architecture sont les monuments les plus sérieux et les plus éloquents de l'histoire. Là, au moins, les textes ne sont pas altérés. On va tout aussi vite à évoquer les siècles évanouis, par les monuments des arts que par les archives de l'esprit humain, à commencer par l'Inde, par l'Égypte, par la Grèce, à finir par la Renaissance; on pourrait dire à finir aujourd'hui, puisque les révolutions brûlent encore les bibliothèques.

Ainsi, pour l'histoire de Molière, de sa femme et de sa fille, ne peut-on pas y pénétrer plus sûrement par les maisons de Paris, de Meudon et d'Argenteuil, par les ameublements retrouvés çà et là, par les portraits, les dessins et les gravures? Il est bien entendu qu'il faudrait ne pas brûler les chefs-d'œuvre de Molière, où il s'est peint lui-même et où il a peint Armande Béjart.

Mais on aurait beau brûler les œuvres de Molière, on aurait beau détruire son théâtre et proscrire ses comédiens, *le Misanthrope, le Tartufe, les Femmes savantes*, toutes ces merveilles de l'esprit humain seraient redites à haute voix par tout le monde.

Ceux qui veulent bien me lire ici seront forcés, comme moi, de méditer devant les portraits de ces trois figures : Molière, sa femme et sa fille, ces trois figures qui sont de la grande famille française. La nature a beau s'abandonner à ses caprices, elle aime la vérité. Aussi tous ceux qui savent lire par les yeux de l'âme, déchiffrent-ils le caractère des hommes et des femmes sous leur masque. C'est en vain que celles-ci comme ceux-là tentent de se dérober à la double vue sous des airs d'emprunt. On perce à jour les expressions voulues pour les besoins de la cause. En un mot, nul ne masque son cœur.

Si l'on fait une étude de cette science de pénétration, on arrive tout aussi aisément à lire jusqu'à la pensée la plus fugitive sur le front d'un homme, que les savants bien doués arrivent à lire les caractères les plus effacés des Pyramides, à la condition toutefois de vivre dans l'intimité des gens.

Voilà pourquoi Molière a pu lire dans le cœur de cette autre Joconde qui n'a pas dit son secret. Mais Molière lui-même n'a pas dit le secret de sa femme.

Tout est impénétrable en cette étrange créature. Où est-elle née et à quelle date [*] ?

On n'a jamais imaginé un roman plus mystérieux. Où sa mère la cachait-elle donc? A quel sein a-t-elle bu la vie? Quelle fée a protégé son berceau? Faut-il la voir oubliée dans quelque village de la Provence, ou faut-il la voir gambader dans la troupe errante de sa mère? Éternelle énigme.

On ne voit apparaître Armande que le jour où elle va se jeter dans les bras de Molière en lui disant : « Sauvez-moi de ma mère ! »

Autre énigme : Armande s'appuyait-elle sur le cœur de Molière pour y rester, blanche colombe effarouchée qui cherche un refuge? ou bien ne voulait-elle en Molière qu'un ami qui lui donnât un mari de sa main? Ce qui est hors de doute, c'est que pendant toute une année le mariage fut retardé. Qui ne voulait pas? Molière avait-il entrevu l'abîme? Armande avait-elle battu des ailes sous les mains de l'oiseleur?

L'histoire nous permet de voir de près la femme dans Armande. Mais c'est à peine si la jeune fille nous apparaît en sa première jeunesse toute mystérieuse. Faut-il croire que, née en province, avant l'Illustre Théâtre, elle fut élevée dans le Midi, selon la tradition, dans quelque famille amie de M. de Modène, ou que, née à Paris, elle fut élevée par sa grand'mère? Son acte de décès prouverait qu'elle est née à Paris, puisque Madeleine y jouait avec Molière en 1645. Quoi qu'il en soit, on ne la voit se dessiner dans ces nuages que le jour où elle vient tomber tout éplorée, sinon tout amoureuse, dans les bras de Molière.

Elle appartenait trop au théâtre pour ne pas débuter ainsi dans la vie.

Que se passe-t-il jusqu'au jour où Molière, à Fontainebleau, la donne en spectacle dans la Naïade du prologue des *Fâcheux* ? Rien qui la peigne sous les aubes virginales.

Il faut donc demander à la femme ce que fut la jeune fille. Sans doute, il y eut en elle une ingénue, mais qui fut bientôt une ingénue de théâtre. Certes elle ne dut pas poser pour l'Agnès de *l'École des Femmes*. Comment une Agnès, d'ailleurs, eût-elle poussé comme un beau lys blanc dans cette atmosphère des coulisses? Bon sang ne peut mentir. Cette fille

---

[*] Selon l'acte de son décès, Armande Béjart serait née en 1645 ; mais la grande coquette a dû cacher son âge jusqu'aux portes du tombeau. Si elle fût née en 1645, Molière eût-il déjà parlé de l'épouser en février 1661, à seize ans et demi? Quand il l'épousa, au commencement de 1662, elle devait avoir près de vingt années.

du comte de Modène et de Madeleine Béjart, un Don Juan et une comédienne, sera-t-elle donc un miracle d'innocence? Peut-être n'est-elle venue dans les coulisses qu'au dernier quart d'heure, après avoir passé par le couvent? Mais il n'y a pas de couvent si bien fermé qui ne laisse entrer le diable.

Le portrait qui la représente « drapée à l'antique », dans le costume de je ne sais quelle tragi-comédie, lui donne un grand air de jeunesse. Mais c'est déjà Mlle Molière par l'inscription authentique du portrait. Il y a encore sur le masque une vague empreinte de candeur; mais il me semble que le peintre n'a donné ni le charme, ni l'esprit, ni l'âme. Cette figure-là n'a pas aimé et n'aimera point. Elle ferait peur à la passion, tant elle est muette.

II

Par les portraits de Mme Molière * — peintures, pastels, gouaches, crayons, estampes, — on a le dessin précis de sa figure, la coupe élégante de l'ovale, le profil tour à tour impérieux et fin. Si le corps a toutes les grâces, toutes les attitudes, tous les serpentements des Célimènes, la tête, bien posée sur un cou cygnéen, s'incline ou se relève par la rêverie amoureuse ou par l'air altier d'une souveraine. Si elle n'est que princesse de comédie, il faut reconnaître qu'elle ne prend pas la marque théâtrale. Elle n'a jamais déclamé comme ses contemporaines. Fille d'un grand seigneur, elle révèle sa race. Aussi ne se trouve-t-elle bien que dans un cercle de grands seigneurs. Plus tard, elle aura ses déchéances de race comme presque toutes les femmes : quelle est celle qui, ayant bu toute jeune à la coupe des passions, n'a pas fini par se mésallier, mariage de la main droite ou mariage de la main gauche?

Les cheveux sont bien plantés sur la tête : cheveux blonds brunissants, souples et légers, toujours en rébellion. Les yeux sont bleus, mais ils ont l'éclat dans le velouté, l'orage sur l'azur, le coup de feu inattendu. Et avec quel art elle en jouait dans ses charmeries! Le front pense, quel que soit l'enjouement du visage. Le nez aristocratique a des narines gourmandes et agitées. La bouche est grande, mais Molière ne l'aimait-il pas ainsi et n'y voyait-il pas tout un monde d'amour? bouche voluptueuse s'il en fut, amorce de tous les yeux et de tous les cœurs, quand la raillerie ne la relevait pas. L'histoire n'a pas compté les dents aiguës qui mordaient dans cette bouche, mais on ne doute pas qu'il y ait eu là les trente-deux perles légendaires. Le menton, admirablement modelé, s'accusait légèrement pour marquer mieux la domination.

Si par la Néréide des *Fâcheux*, nous jugeons des beautés du corps, galbe du sein, charme ondoyant des flancs, ligne harmonieuse des cuisses, fierté dianesque de la jambe, nous serons forcés de protester contre les contemporains qui ne trouvaient pas belle

---

* Qu'il nous soit permis de donner du *madame* à Mlle Molière. Nous savons comme tout le monde que les femmes de théâtre, au temps de Molière, même la femme de Molière, étaient encore marquées du nom de *mademoiselle* — une marque d'exclusion, — quoique depuis la Fronde les bourgeoises elles-mêmes prissent du *madame*. Mais il nous faut distinguer la femme de la fille de Molière. Et d'ailleurs Molière n'était-il pas deux fois gentilhomme, gentilhomme de lettres et gentilhomme de cœur, pour qu'Armande Béjart ait le droit d'être aujourd'hui Mme Molière?

la femme de Molière, sous prétexte qu'elle avait la bouche grande et les yeux petits. Nous croyons fermement que c'était là une de ces créatures qui luttent victorieusement contre quelque mauvais vouloir de la nature. Combien de femmes qui seraient parfaites de par la grammaire de l'art, mais qui ne sont pas des femmes, faute du rayon qui illumine tout ! Mme Molière était trois fois femme : par la passion, par l'art, par le charme. Et d'ailleurs sa figure était dominée par la beauté elle-même :

Les Grâces et les Ris règnent sur son visage,
Elle a l'air tout charmant et l'esprit plein de feu.

La Du Croisy, qui en voulait à Armande, la représente avec une taille médiocre, mais bien prise. Voulait-elle donc que Célimène fût une amazone ? En la mesurant dans les gravures du temps entre Molière, La Grange et les autres, elle n'a pas du tout la taille médiocre. Quel que soit son rôle, elle apparaît toujours svelte dans sa grâce élancée; on sent qu'il y a de la déesse en elle.

Ce n'est pas du tout pour faire une héroïne romanesque que je reconnais la beauté de Mme Molière ; car, si je l'admire à la surface, je n'aime pas cette femme sans cœur, — sans cœur quand Molière était là — et quand sa fille était loin d'elle.

Sur cette beauté, écoutez Molière lui-même parlant de sa femme. Ne voit-il pas en elle une charmeuse irretrouvable ? Il ne manque aucune occasion de la peindre comme il la voit sans la vouloir flatter, parce que Molière est un peintre réaliste. Par exemple, dans *le Bourgeois gentilhomme*, il ne craint pas de donner ses yeux au public. Voyez plutôt par les yeux de Molière :

COVIELLE. — Eh ! monsieur, voilà une belle mijaurée pour vous donner tant d'amour ! Premièrement, elle a les yeux petits.

CLÉONTE. — Cela est vrai : elle a les yeux petits ; mais elle les a pleins de feu, les plus brillants, les plus perçants du monde, les plus touchants qu'on puisse voir.

COVIELLE. — Elle a la bouche grande *.

CLÉONTE. — Oui ; mais on y voit des grâces qu'on ne voit point aux autres bouches ; et cette bouche, en la voyant, inspire des désirs : elle est la plus attrayante du monde, la plus amoureuse !

COVIELLE. — Elle affecte une nonchalance dans son parler et dans ses actions.

CLÉONTE. — Il est vrai ; mais elle a grâce à tout cela. Ses manières sont engageantes, ont je ne sais quel charme à s'insinuer dans les cœurs.

COVIELLE. — Pour de l'esprit...

CLÉONTE. — Ah !... elle en a, Covielle, du plus fin et du plus délicat.

COVIELLE. — Sa conversation...

CLÉONTE. — Sa conversation est charmante.

COVIELLE. — Elle est toujours sérieuse.

CLÉONTE. — Veux-tu de ces enjouements épanouis, de ces joies toujours ouvertes ? et vois-tu rien de plus impertinent que ces femmes qui rient à tout propos ?

---

* Dans tous les portraits de Mme Molière la bouche est presque petite. Est-ce parce qu'elle posait en faisant la petite bouche ? Est-ce par un madrigal des peintres ?

Covielle. — Mais enfin elle est capricieuse autant que personne du monde.

Cléonte. — Oui, capricieuse; j'en demeure d'accord, mais tout sied aux belles. Il faut n'avoir jamais été amoureux pour ne pas sentir son cœur battre à ce portrait. Un seul mot vient aux lèvres : Comme il l'aimait ! On sent que tout en elle le prenait, — caresses et griffes, — le charmait jusqu'à l'ivresse, l'étreignait doucement et violemment, depuis le baiser jusqu'à l'angoisse !

Les voluptueuses comme Armande, les troublantes, les chercheuses, les inassouvies, ont des charmes pénétrants qui font le massacre autour d'elles. On a parlé souvent des cheveux roux de sa mère; on a vanté ou satirisé les parfums violents de cette chevelure légendaire : Armande, qui était blonde, avait sans doute, elle aussi, de douces senteurs de forêt vierge. Il y a une jolie chanson orientale : « Pourquoi pleures-tu au bord du fleuve ? — C'est que les vagues emportent mon âme vers celle que j'ai perdue. — Pourquoi pleures-tu devant la moisson ? — C'est que je ne puis plus respirer la gerbe dorée de ses cheveux. — Pourquoi pleures-tu dans le jardin des pêches ? — C'est que je ne bois plus sur sa bouche et sur son sein les senteurs de l'espalier. »

III

Les Jocondes font le désespoir de tous les hommes. Rappelez-vous le supplice ou plutôt la joie douloureuse de Léonard de Vinci devant Monna Lisa. Elle lui parle d'un regard amoureux, elle lui prend son cœur, elle lui prend son âme, elle lui prend sa vie, mais quand il va se jeter à ses genoux ou dans ses bras, elle l'arrête soudainement par ce terrible sourire d'une bouche ironique et d'une lèvre moqueuse. C'est que sa destinée n'est pas de se noyer dans les fusions voluptueuses. Elle joue le rôle des grandes coquettes, sa joie est de vaincre les hommes, mais c'est une bataille sans merci. Ceux qu'elle a blessés ne se relèveront pas sur son sein; si elle se laisse prendre, ce sera une prise d'assaut, un amour imprévu, une ivresse de quelques secondes ; mais elle sera à peine revenue à elle, qu'elle continuera ce jeu cruel de désespérer tous ceux qui l'aiment. Elle se connaît bien, mais nul ne la connaîtra, nul ne pénétrera cet abîme de ténèbres irisées où tombent tant de larmes stériles, puisqu'elles ne fécondent pas une seule passion. Je me trompe, il y a une passion, la passion de la Joconde, qui est l'amour de soi-même. A cet amour affamé, combien faudra-t-il de victimes? toutes et toujours ! Elle effeuillera des âmes comme elle effeuille des roses, pour le plaisir sacrilège de jeter sur son chemin des adorations et des désespoirs, des flammes et des larmes.

Armande Béjart, comme la Joconde, est effrayante à force de séductions, c'est l'ivresse que donnent les roses au bord de l'abîme. Cet abîme du rêve, on y tombe bientôt à la recherche de tout ce qui fut doux dans le passé, de tout ce qui sera divin dans l'avenir. C'est que, dans cette femme, il y a de la chimère. On a beau la regarder par le masque visible, on sent l'invisible qui vous appelle, qui vous trouble, qui vous torture. Étudiez-la bien : le peintre comme le graveur a pris fidèlement à la nature tous les accents de la réalité : cette lèvre qui va parler, mais qui va mentir. — ne le voyez-vous pas à ce contour insaisissable et railleur ? — cette narine délicate et gourmande qui palpite sous l'encens des adorations, — cette gorge demi-nue, que ne voile pas la chasteté mais la coquetterie, tout cela exprime autant l'artifice de la nature que l'artifice de l'art. Devant cette mystérieuse qui vous parle et qui vous fuit, on sent chanter en soi toutes les vagues symphonies des femmes aimées. On ne peut s'arracher aux tentations de cette victorieuse qui joue à la vaincue, de cette rouée qui joue à l'ingénue quand elle pourrait porter la couronne amère de l'expérience : ne comptez-vous pas six mille ans d'expérience sur le front de cette Agnès, cette ineffable, cette voluptueuse, cette charmeresse ?

Il y a des portraits qu'on salue d'une franche sympathie : la femme est là sans voile et sans masque, le cœur sur les lèvres, l'âme dans les yeux. Mais cette femme ne vous retient pas au passage : on l'a vue, on l'a aimée, elle n'a plus rien à vous apprendre, parce qu'elle a joué cartes sur table; mais devant ces portraits où la femme est si traîtreusement et si délicieusement fille d'Ève, on s'obstine à deviner l'énigme, à déchirer le voile, à arracher le masque. Voilà pourquoi on cherche le secret avec toute la pénétration de l'histoire et de la poésie. On finit par dire à Armande Béjart : « As-tu aimé Molière? » Et elle vous répond, en accentuant son sourire inexprimable : « Je ne sais pas. » Et si on l'accuse d'avoir aimé les marquis de Louis XIV, elle répond : « Je n'ai aimé que moi-même. »

IV

Q UAND vous irez au Louvre, arrêtez-vous devant la *Joconde* et pensez à la femme de Molière, cette autre figure mystérieuse qui vous raille et vous enivre en même temps. Toutes les deux vous disent : « Je suis la femme, mais vous ne saurez pas mon secret. »

Devant la femme, quand elle est bien la femme, quand elle est armée de toutes pièces dans sa citadelle imprenable, quand elle vous frappe mortellement d'un regard, d'une moquerie, d'un coup d'éventail, l'homme se sent timide dans sa force, il s'avoue vaincu.

J'ai dit une citadelle, je devrais dire un abîme, l'abîme des charmeries, l'abîme de l'éternel inconnu.

Devant ces femmes-là on est pris de vertige; on se penche pour savoir, on tombe dans la nuit. C'est en vain que devant Mme Molière comme devant la Joconde, je ne veux voir qu'une femme. La chimère se dresse devant moi. Dieu a jeté par le monde ces créatures étranges qui tiennent à leurs pieds toute une génération d'amoureux. La mort ne les tue pas; la Joconde a survécu par l'amour de Léonard, Armande Béjart par l'amour de Molière.

Et toutes les deux continuent à prendre toutes les curiosités amoureuses. C'est que sous la grâce, la beauté et la douceur, elles avaient la fierté dominante. Le cœur, on ne le sent pas bien chez elles, mais leur esprit est profond comme un rêve. Qui donc a tout appris à la Joconde, qu'elle sait aujourd'hui vous dire mille choses inattendues? Est-ce Molière qui a tout dit à Armande Béjart? Ah! celle-là avait été à bonne école. Molière avait eu pour maître le philosophe Gassendi; mais quel autre maître pour Armande Béjart que le philosophe Molière? N'a-t-il pas pour elle tenu école ouverte, dès ses plus jeunes années!

Ne l'a-t-il pas initiée à toute la science du cœur et à toute la science de l'esprit? Il s'est dévoilé à elle, elle qui ne s'est pas dévoilée à lui. Elle l'a trop connu, mais il n'a pu lui arracher son masque, parce qu'elle avait tous les masques de la femme. En s'évertuant à lui faire jouer ses héroïnes, ne lui donnait-il pas toutes les figures? Aussi Armande fut-elle trois fois femme et trois fois comédienne. Si elle s'est laissé prendre, c'est que l'amour est plus fort que la femme la plus forte.

Devant son portrait — et ce n'est qu'un portrait — l'âme est troublée par je ne sais quelle vague magie. L'horizon s'ouvre et s'approfondit dans les régions idéales. C'est un simple portrait, mais votre œil entraîné par l'esprit va plus loin et cherche pour chercher toujours. Et si la figure de Molière apparaît çà et là, on questionne cette belle créature qui lui fut si douce et si amère : elle est toujours implacable dans son sourire. On souffre du mal de Molière, on voudrait s'indigner contre la femme, mais elle a les yeux et les lèvres de la charmeresse. On tourne la tête, mais on y revient parce que le charme vous enchaîne devant cette bouche parlante et devant ce regard lumineux qui promettent de tout dire et qui ne disent rien.

On veut trouver une parcelle d'histoire jusque dans ces cheveux en rébellion, jusque sur ce corsage entr'ouvert, jusque sur ces rubans que plus d'une lèvre hardie a touchés dans la coulisse. Qui es-tu? Qui n'es-tu pas? Es-tu l'éternelle victorieuse qui se moque des hommes? Es-tu la femme vaincue qui se cache audacieusement sous la sérénité du front? O délicieuse! O traîtresse! Quand on te peignait ainsi, pensais-tu que de Guiche se moquerait de toi demain et que Molière pleurait aujourd'hui?

Car tu avais trop bu l'expérience dans la coupe du théâtre pour ne pas savoir le dernier mot de l'amour. O fille d'Ève, le grand Molière lui-même t'avait douée du génie de la femme, en te contant ses maléfices depuis plus de cinq mille ans! Pensais-tu qu'un jour les admirateurs de Molière flagelleraient ton souvenir pour ne pas l'avoir aimé, sinon pour l'avoir trahi? Pensais-tu que tout est poussière et qu'une heure d'amour qu'on cueille comme une rose vaut mieux que l'admiration de tous les siècles? Pensais-tu, dans la fine moquerie de ta lèvre « sinueuse, serpentine, retroussée au coin », que les barbouilleurs de papier se demanderaient sérieusement, tout juste deux cents ans après la mort de Molière, s'il était le cocu imaginaire de son théâtre ou s'il était l'amoureux trahi qui meurt de chagrin? Je sais bien à quoi tu ne pensais pas, ô femme! c'est à ta fille! cette pauvre petite Madeleine qui fut orpheline de père et de mère, même quand tu vivais!

La Joconde et Armande Béjart n'étaient certes pas des beautés d'après les canons de l'art. C'est peut-être pour cela qu'elles étaient plus femmes. Les lignes sculpturales semblaient brisées par les jeux de la physionomie; l'expression a peur des traits corrects; l'âme semble moins à l'aise dans un type accompli, parce que le portrait visible domine trop le portrait moral. L'art moderne est dans son tort quand il s'obstine à l'art antique. Les admirations de l'âme ne valent-elles pas mieux que les admirations des yeux! La Vénus de Milo me dit qu'elle est belle, la Joconde me dit qu'elle est femme.

Ainsi de Mme Molière. Il y a tout autour d'elle, dans ma galerie, des figures qui ont la beauté de la ligne, mais qui ne me parlent pas; tandis qu'Armande Béjart est toujours éloquente quand je passe devant elle. Et pourtant elle n'a pas eu, comme la Monna Lisa, le plus grand des peintres pour faire son portrait. Qu'importe, puisque son peintre anonyme a rendu tout l'artifice de ses yeux veloutés, profonds et lumineux, toute la magie de sa bouche cruelle et voluptueuse.

V

Le seul grand portrait en pied, ou à peu près, de Mme Molière la représente jouant de la mandore à neuf cordes. Sa figure est encadrée dans une coiffe que noue un ruban rouge et qui la dépare plutôt qu'elle ne l'embellit. Mais sans doute elle a voulu montrer le jeu de sa guipure vénitienne sur ses cheveux blonds. Elle promène sa belle main avec une grâce charmante sur les cordes chantantes. La mandore, doucement appuyée sur son corsage, n'en dessine que mieux son sein que cache un peu trop une robe de damas cerise, ornée de perles, de nœuds de rubans et de dentelle blanche et noire. On dirait qu'il y a trois robes superposées ; la robe de damas, dont la jupe et les manches sont retroussées, découvre une robe de drap d'or d'où s'échappe un bouillon de dentelle ; d'autres dentelles font tablier, retombant sur les deux jupes ; le corsage à pointe de la robe d'or apparaît sous le corps de la robe cerise ; de belles perles en collier baisent amoureusement son cou. Deux bracelets en or, à guillochages, incrustés de perles, étreignent les bras et détachent les mains, qui sont admirables dans leur abandon savant. C'est là tout un ajustement bizarre, mais qui est bien de son temps pour le jeu du théâtre : goût italien de convention, pour aviver la grâce française.

On ne sait trop encore à qui attribuer ce portrait qui n'a pas les hautes mignardises de Mignard ; il serait plutôt de Sébastien Bourdon : grande franchise de touche sur un dessin très-savant. Le peintre a pris sur sa palette la couleur qui donne l'accent de la vie.

Ce sourire attristé est-il déjà pour le passé ? Elle est belle encore, mais sa beauté a pâli. L'air qu'elle joue sur sa mandore est un air qui sans doute fut doux à son cœur :

> *Tous ces brillants plaisirs trop jeune m'ont séduite*
> *Et n'ont mis dans mon cœur que regrets bien souvent ;*
> *Mais ici n'allez pas accuser ma conduite,*
> *Rose, je suis tombée au premier coup de vent.*

Pourquoi ces vers, imprimés au revers du portrait ? Est-ce déjà un adieu à la jeunesse ? Mais ces vers appartiennent-ils bien au portrait ?

On a voulu reconnaître en ce portrait la figure de Marion Delorme ; mais comme nous avons une Marion Delorme authentique, dont l'ovale de la tête est plus épanoui, ce n'est pas Marion Delorme. Pourquoi alors ne serait-ce pas Mlle Hilaire, qui chantait dans tous les intermèdes de Molière ? Ce n'est pas Mlle Hilaire, parce que la cantatrice est plus grande et moins svelte ; parce que c'est Mme Molière, si on étudie les traits en se rappelant les autres portraits d'Armande. C'est bien elle, d'ailleurs, si on a foi dans l'inscription du temps, où on peut lire encore : *Mlle Molière*.

Il est aussi difficile de se prononcer sur les portraits de Mme Molière que sur sa vertu. Deux autres portraits portent sa marque ; dans le premier, qui est presque de face, elle va entrer en scène ; elle a sur les épaules une pelisse rouge qu'elle jettera dans la coulisse. Elle va sans doute jouer Elmire. On voit tout de suite, par sa physionomie, qu'elle ne trompera pas son mari, et que, si elle s'en laisse conter par Tartufe, ce ne sera que pour le tartufier. Elle porte une robe à peu près montante, mais ouverte sur le sein, qui permettrait à Tartufe de lui jeter à elle-même le mouchoir. Armande est fort belle dans cette peinture; elle y montre la sérénité des femmes qui défient l'amour parce qu'elles le connaissent bien. L'œil est profond et velouté; la bouche contient la raillerie; la figure est encadrée dans une opulente chevelure; l'oreille, à demi masquée, laisse tomber une perle, perle fine comme la femme elle-même.

Et maintenant, voici Armande en Célimène. Ici, elle est plus cruelle dans son éternel sourire; on voit qu'elle a travaillé sa figure : vermillon sur la bouche, crayon sur les sourcils et les cils, teinte de rose sur les joues; on dirait que la gorge elle-même est enfarinée; la main tient un bouquet, mais c'est la main qui est le bouquet, tant la lumière frappe la main, tant les fleurs sont dans la demi-teinte. La chevelure blonde brunissante monte deux étages sur la tête, en boucles méthodiques. On sent que le miroir a donné des conseils à la grande coquette; deux boucles rebelles viennent caresser la gorge de chaque côté du cou; les seins s'accusent légèrement sous un corsage de satin blanc, bordé de point d'Alençon et retenu par des agrafes d'or.

Remarquons en passant que ces deux portraits ne sont pas trop décolletés, il semble que la main de Molière y ait mis bon ordre.

Robinet, dans ses lettres en vers à Mme Henriette, peint ainsi Mme Molière jouant Alcmène quand Molière donne *Amphitryon* (lettre du 27 décembre 1665) :

Mais, à dire la vérité,
Ici sa jeune majesté
A bien pour objet de sa flamme
Une tout autre aimable dame.
O justes Dieux, qu'elle a d'appas!
Et qui pourrait ne pas l'aimer ?
Sans rien toucher de sa coiffure
Et de sa belle chevelure,
Sans rien toucher de ses habits

Semés de perles, de rubis
Et de toute la pierrerie
Dont l'Inde brillante est fleurie.
Rien n'est si beau ni si mignon,
Et je puis dire tout de bon
Qu'ensemble Amour et la Nature
D'elle ont fait une miniature
Des appas, des grâces, des ris
Qu'on attribuait à Cypris.

On dira que les poëtes sont des menteurs; toutefois, devant ce portrait du temps, comme devant les portraits peints qui ont survécu et qui témoignent de la beauté d'Armande, pourquoi s'obstiner à vouloir que Mme Molière ne fût pas belle? Non-seulement elle avait la beauté naturelle, la beauté qui est un don des dieux, comme dirait Robinet, mais elle avait aussi la beauté acquise, cette beauté des coquettes et des femmes de théâtre qui corrigent les fautes de l'auteur.

VI

Les deux miniatures sur vélin collé sur bois représentant Molière et sa femme [*] ont-elles été peintes d'après nature ou d'après les portraits du temps, comme font souvent les miniaturistes? Quoi qu'il en soit, ce sont deux pages précieuses. La femme de Molière, coiffée en tire-bouchons ou en cadenettes, gorge demi-nue, manteau violet plus ou moins antique sur une tunique à festons, semble avoir vingt ans

---

[*] Ces deux portraits sont à un moliériste très-passionné, M. Auguste Vitu, qui d'ailleurs en possède quelques autres de Molière parmi toutes les bonnes fortunes de ses trouvailles.

à peine. C'est la blonde aux yeux bleus qui va jouer la confidente d'une tragi-comédie, mais on ne juge pas en la voyant qu'elle pourra jouer Célimène. L'expression n'a pas encore débrouillé le chaos de la candeur. Ce mot confidente n'est pas mis ici sans raison; en effet, Robinet ne dit-il pas :

Bref, les acteurs et les actrices
De plus d'un d'eux font les délices
Par leurs attraits et leurs habits
Qui ne sont pas d'un petit prix.
Même une belle confidente

N'y paraît pas la moins charmante,
Et naïvit (le cas est évident)
Voudrait en dire confident.
Sur cet avis qui vaut l'affiche,
Voyez demain si je vous triche.

On indique un autre portrait dont la figure est toute pareille, une peinture ancienne qui a servi pour l'eau-forte de Hillemacher dans *la Troupe de Molière*. C'est le même portrait que Soleirol a fait graver pour *Molière et sa Troupe* et qui se retrouve dans une édition de *la Fameuse Comédienne* publiée en 1870*. Il y a encore un portrait médaillon en buste, gravé à l'eau-forte par Launay, d'après une ancienne miniature. Mais jusqu'ici ce sont des portraits qui ne peignent pas la femme; non plus que Mme Molière née Béjart, rôle d'Elmire, dans les *Costumes de Théâtre* de Delpech; non plus que le médaillon de Déveria d'après une miniature du cabinet de La Mésangère; non plus que la gravure sur bois d'après une aquarelle anglaise, simple distraction d'un peintre qui n'a pas vu l'original, qui n'a étudié ni son caractère, ni son cœur. J'aimerais mieux Mme Molière dans *la Devineresse* de Thomas Corneille et de Visé. Armande y avait eu un grand succès dans le rôle de la comtesse. Aussi ses toilettes, toujours étranges comme on sait, s'imposèrent-elles à la mode, au point qu'un éditeur d'estampes lui fit les honneurs d'un almanach historique — *l'Almanach de la Devineresse* — où il encadra huit scènes de cette comédie dans « une Ronde de Sabbat ». Voici la description du *Mercure galant* de 1679 : « La Muse de la Comédie est en haut, qui se divertit à voir plusieurs Esprits-follets sous différentes figures. Ils tiennent divers cartouches dans lesquels on voit toutes les scènes de spectacle de cette pièce. Les plus excellens peintres et les meilleurs graveurs ayant esté employez pour faire les dessins de cet ouvrage et pour le graver, on n'en doit rien attendre que d'agréable et de curieux. » Dans les neuf gravures de « *la Devineresse ou le Faux Enchantement* par l'autheur du *Mercure galant* » on trouve quelques expressions de la « fameuse comédienne », sinon par sa figure, au moins par ses attitudes et ses costumes : toutes choses du temps qui ont disparu avec elle !

Ce qui est hors de doute, c'est que jusqu'ici aucun portrait sérieux de Mme Molière n'a été publié, si ce n'est deux eaux-fortes de Hanriot d'après deux portraits appartenant au Musée-Molière. Le premier a paru en tête d'une réimpression de *la Fameuse Comédienne* de Charles Livet, la seconde en tête de l'édition unique des *Comédiennes de Molière*.

---

* Le portrait gravé pour l'ouvrage de Soleirol, *Molière et sa Troupe*, n'est qu'une pâle copie d'Armande en princesse, portrait connu — et bien connu — au centenaire de Molière. La princesse n'est plus là qu'une innocente qui a perdu tout le charme de l'original. Selon le bibliophile Jacob, dans sa savante *Iconographie moliéresque*, ce portrait représente Armande dans le rôle de Dircé, une des nymphes figurant dans le prologue de *la Princesse d'Élide*, ce qui est impossible, car Armande était trop à son grand rôle puisqu'elle jouait la princesse pour figurer dans le prologue. On trouve dans l'inventaire de Molière la description du costume même de la princesse d'Élide, que joua Armande Béjart. « Une jupe de taffetas couleur citron, garnie de guipure; huit corps de différentes garnitures et un petit corps en broderie et en argent fin, de l'habit de la princesse d'Élide prisé vingt livres. »

Aujourd'hui enfin nous avons reconquis cette figure à l'histoire, grâce aux portraits qui sont ici publiés. La femme de Molière sera donc bientôt connue sous sa vraie figure, comme le sont les femmes de son temps : La Vallière, Ninon, Montespan et Maintenon.

VII

Un portrait plus ou moins apocryphe de Mme Molière a inquiété beaucoup de curieux. C'est qu'il représente Armande toute nue, à peine drapée d'un lambeau de tunique partant de l'épaule, tombant sur le bras et retombant sur la hanche; en un mot, un peu plus nue que si elle était toute nue, d'autant plus nue qu'elle porte un collier de perles et des bracelets; on peut supposer d'ailleurs que ce collier et ces bracelets ne sont là que pour masquer les lignes du maillot. Ce maillot, s'il y a eu un maillot, était fort transparent, puisqu'il permettait de voir la fleur irisée des seins et le point noir du nombril, cet œil du torse, selon M. Ingres.

Quand Tony Johannot dessina pour l'édition illustrée de Molière les mille figures de cette comédie humaine s'il en fut, il fouilla le passé avec l'œil d'un bénédictin. On l'accusa d'être un historien romanesque, un peintre romantique, un dessinateur fantaisiste; il n'en était pas moins l'artiste le plus savant et le plus laborieux. Plus de dix ans après, il m'a montré ses premiers coups de crayon de la comédie de Molière. Il illustra un de mes livres en 1851; comme il regardait à la Comédie-Française quelques portraits de mon cabinet, il me parla de ses trouvailles, entre autres d'un beau portrait à la sanguine qu'il attribuait à Sébastien Bourdon, représentant Armande Béjart dans le rôle de la Naïade des *Fâcheux*. Il s'était servi de ce portrait comme en-tête du prologue. Le lendemain, j'allai dans son atelier pour voir ses trouvailles; le portrait de la Naïade était une fort belle chose, fortement compromise par le temps et par la curiosité. Je lui demandai de me le donner contre n'importe quoi; il me promit de me le donner pour rien, mais j'ai peur de n'en avoir qu'une copie, où je ne trouve ni le relief, ni le style, ni la saveur de l'original, si je me rappelle bien ma première impression. La gravure donnée d'après cette copie fera peut-être retrouver le dessin primitif, qui d'ailleurs, comme la copie, porte pour inscription en belle bâtarde : « Mlle Béjart disant le prologue des *Fâcheux*. »

Si, même avant son mariage, on voit poindre la coquetterie d'Armande, on voit en Molière le chef de troupe plutôt encore que le mari futur. Pour « amuser le roi » qui dans les *Fâcheux* est le collaborateur de Molière, le grand homme — je parle de Molière — imagine de montrer toute nue une nymphe sur une conque. Quand je dis toute nue, je veux dire habillée d'un maillot rose, une robe idéale, une robe cuisse de nymphe, qui représente cette océanide comme une statue de chair. Le régal fut royal pour toute la Cour à Fontainebleau. Or, si Armande ne représenta pas la Naïade à Vaux, elle la représenta à Fontainebleau. Armande, que la nature avait bien sculptée, était donc déjà trop connue le jour de son mariage. On l'avait vue dans sa belle nudité, de loin il est vrai, à travers les jets d'eau, mais c'était encore de trop près.

C'était en août 1661, belle saison pour les Naïades. Armande n'avait que dix-huit ans : toutes les virginités ! Aussi La Fontaine, qui ne regardait pas de l'autre côté, écrivit-il à

Maucroix pour lui parler de cette adorable apparition accueillie avec autant de surprise que de plaisir :

D'abord, aux yeux de l'assemblée,
Parut un rocher si bien fait
Qu'on le crut rocher en effet.
Mais insensiblement se changeant en coquille,
Il en sortit une nymphe gentille
Qui ressembloit à la Béjart,
Nymphe excellente en son art
Et que pas une ne surpasse.

A qui se rapporte la « Nymphe excellente en son art »? A Madeleine Béjart? Mais ce vers « Qui ressembloit à la Béjart » n'indique-t-il pas que c'était sa fille ?

Quoi qu'il en soit, on est d'accord que si la mère s'est hasardée la première fois à Vaux, sous les vingt gerbes d'eau diamantées, sa fille a paru ensuite, à Fontainebleau, vêtue de l'air du temps, à peine une draperie flottante, protégée d'ailleurs des regards curieux par la poussière liquide *.

Il est impossible, d'ailleurs, de ne pas reconnaître Armande Béjart d'après ces vers du Recueil de Maurepas :

Peut-on voir nymphe plus gentille
Qu'estoit la Béjart l'autre jour ?
Dès qu'on vit ouvrir sa coquille,
Tout le monde crioit à l'entour :
Voicy la mère de l'Amour !

« La mère de l'Amour » ne veut pas du tout dire ici la mère d'Armande, mais Armande elle-même comparée à Vénus sortant des ondes dans tout le rayonnement de la jeunesse.

Madeleine Béjart n'était déjà plus de celles qu'on prend pour jouer les nymphes. Mère de famille depuis plus de vingt-cinq ans, elle avait alors trop d'envergure et trop « d'avant-scène », selon l'expression consacrée, pour jouer les océanides. Était-ce trop d'une fleur de jeunesse et de beauté pour ravir le Roi et la Cour? N'était-ce pas d'ailleurs une belle occasion pour faire débuter la beauté d'Armande ?

C'est là un des torts de Molière. Depuis quelques mois déjà n'avait-il pas annoncé à la Comédie son mariage avec Armande ? Pourquoi la jeter en pâture à tous ces profanes de la Cour, bêtes féroces du cirque qui ne demandent qu'à fricasser des vertus ? On ne sait que répondre. Peut-être que Molière ne songeait plus alors à épouser Armande et qu'il ne craignait pas de la sacrifier à l'attrait du spectacle, comme tout chef de troupe ou tout auteur de comédie fait d'une belle créature qu'il a sous la main. Puisque Molière fut toute une année devant ce mariage, jouant le rôle de l'indécis, c'est qu'il a voulu être tour à tour le mari ou simplement le directeur. Et d'ailleurs Molière ne fut peut-être pas le seul à vouloir et à ne

---

* Il y a plus d'une version sur la nudité de la Naïade. Ceux qui ne veulent pas la voir en Naïade rappellent qu'on a parlé de sa robe d'or. Croyons plutôt alors que c'était une draperie d'argent masquant plus ou moins les seins et le flanc.

pas vouloir. Qui sait si Armande n'avait pas déjà ses amorces et ses caprices? L'orage a bien pu commencer avant la cérémonie.

Tout libre esprit que fût Molière, il jouait fort bien la comédie du courtisan. Comme il voulait triompher de l'Hôtel de Bourgogne, rien ne lui coûtait pour plaire au roi; ne vous rappelez-vous pas ses vers des intermèdes? Cette fois le compliment était de Pelisson, mais Molière l'eût fait du même encens :

> *Pour voir en ces beaux lieux le plus grand roi du monde,*
> *Mortel, je viens à vous de ma grotte profonde.*

Et tout est sur ce ton. Or ne fallait-il pas que la Naïade fût digne du compliment?

VIII

CE fut une étrange famille que celle des Béjart*, à commencer par le père, ce procureur au Châtelet de Paris, qui joue presque au gentilhomme puisqu'il prend le titre de chevalier et puisqu'il fait des dettes. Et sa femme Marie Hervé, qui met au monde deux comédiens et deux comédiennes, avec tout autant d'abandon que si elle travaillait pour la gloire de Dieu. Ce n'est pas tout, elle les sauvegarde dans leurs équipées galantes. C'est ainsi qu'elle prend à son nom une seconde fille naturelle de Madeleine Béjart, après avoir été marraine de la première qui n'était pas plus officielle.

Les deux fils, enrôlés au théâtre, furent d'excellents comédiens, de braves compagnons, de vaillants frères pour Molière. Le premier mourut pour ainsi dire sur la scène; le second, après une carrière théâtrale de près d'un quart de siècle, se fit soldat du roi et prouva qu'il était aussi bon capitaine que bon comédien**.

Mais ce sont surtout les deux femmes qui vécurent presque toujours de la vie de Molière.

Le théâtre donne aux femmes un doux rayon d'immortalité, ne fût-ce que l'immortalité d'un siècle. En France, la renommée des comédiennes a déjà franchi trois siècles. Qui ne connaît aujourd'hui Madeleine Béjart et Mlle de Champmeslé? la Du Parc et la De Brie? jusqu'à la Des Œillets, cette grande déclamatrice de l'Hôtel de Bourgogne?

---

* Le nom doit-il s'écrire Béjart, Béjard ou Béiart? Grave question que les érudits ont laborieusement débattue. Qui aurait la prétention de la résoudre? car en consultant les documents authentiques, au bas de l'acte de mariage de Molière et d'Armande, nous lisons côte à côte, dans un même espace de deux pouces carrés, ces trois signatures qui, à titre égal, peuvent faire autorité : Armande Grésinde Béjart, Louys Béjard et (Magdeleine) Béiart.

** Quelques lignes de chronologie : Joseph Béjart, qualifié d'écuyer dans quelques actes, de bourgeois de Paris dans quelques autres, procureur au Châtelet, d'abord, puis huissier du roi aux Eaux et Forêts de France, mourut en janvier 1643.

Le 6 octobre 1615, il avait épousé Marie Hervé qui mourut en 1670, le 3 janvier, rue Froidmanteau, âgée de quatre-vingts ans. Ils avaient eu dix ou douze enfants, au nombre desquels Joseph Béjart, dit Jacques, né en 1616 ou 1617, mort le 21 mai 1659, et Louis, dit l'Esguisé, baptisé le 4 décembre 1630 à Saint-Merry et mort le 29 septembre 1678. La plupart des Béjart avaient des offices d'huissiers ou de procureurs. Aussi prétendaient-ils à la noblesse de robe. C'est pourquoi nous les voyons porter : d'azur à la fasce d'argent accompagnée de trois molettes d'or, deux en chef et une en pointe.

C'est que le théâtre est un piédestal pour ces statues de chair. Les femmes qui ont de la beauté montent déjà dans l'Olympe idéal quand elles montent sur la scène ; le public enthousiasmé leur porte son amour comme son argent. Tout ce qu'elles font est bien, même si elles font mal ou si elles font le mal. On leur permet tout, même d'avoir de la vertu. Si elles n'en ont pas, on n'a garde de s'offenser des jolis scandales qu'elles mettent au monde ; on leur accorde le droit d'avoir un amant, deux amants, trois amants. Pour jouer les passions, il faut bien avoir passé par les passions.

Aussi toutes les femmes qui ne peuvent ou ne daignent être comédiennes, jalousent les comédiennes. Ce n'est pas seulement pour avoir comme elles l'indulgence plénière, c'est pour « être en scène ». Tant de femmes, en effet, sont furieuses d'être condamnées à la modestie hypocrite de la violette, quand elles voudraient jeter insolemment les couleurs et les parfums de la rose !

Madeleine Béjart, — 1618-1672, — une des premières, sinon la première, prit la vraie figure de la comédienne, parce qu'elle avait la beauté, la grâce, la hardiesse, l'intelligence qui font les dominatrices ; parce qu'elle avait surtout l'emportement, le diable au corps, parce qu'elle avait été à l'école des passions, qui est encore une meilleure école que le Conservatoire.

Était-elle entrée au théâtre avant ou après ses premières aventures ? Faut-il croire que, voisine de l'Hôtel de Bourgogne, elle se passionna pour cet art dramatique qui met en relief la beauté et l'esprit des femmes ? Ou faut-il dire que M. de Modène, son premier amant, s'il l'a connue à Paris, la mit par orgueil au théâtre ?

Elle avait couru la province avec ses deux frères avant de se hasarder avec Molière. En 1637, elle faisait les beaux jours du Languedoc et de la Provence. Ce fut alors qu'elle connut le comte de Modène, dont elle eut deux filles : la femme de Molière, dont on n'a pas trouvé l'acte de naissance, et celle qui fut baptisée le 11 juillet 1638 à l'église Saint-Eustache sous le nom de Françoise [*].

Il ne serait pas impossible que plus tard, dans ses pérégrinations avec Molière, de 1647 à 1650, elle n'eût suivi à Naples le comte de Modène qui y fut entraîné par le duc de Guise à la chute de Masaniello. M. Frédéric Hillemacher a dit, non sans quelque raison, que Molière lui-même avait bien pu être du voyage. « Ce qui semblerait venir à l'appui de cette allégation, c'est d'abord la connaissance parfaite de la langue italienne que possédait Molière, ensuite sa propension à mettre en scène des Napolitains et des Siciliens, et enfin

---

[*] Voici l'acte de baptême de la première fille de Madeleine Béjart aux registres de St-Eustache : « Onziesme de juillet (mil six cent trente-huict) fut baptisée Françoise, née du samedy troisiesme de ce présent moys, fille de messire Esprit-Raymond, chevalier, seigneur de Modène et autres lieux, chambellan des affaires de Monseigneur, frère unique du roy, et de damoiselle Magdeleyne Béjart, la mère, demeurant rue Saint-Honoré ; le parrain Jean-Baptiste de L'hermitte, escuyer, sieur de Vauscelle, tenant pour messire Gaston-Jean-Baptiste de Raymond, aussi chevalier, seigneur de Modène, la marraine damoiselle Marie Hervé, femme de Joseph Béjart, escuyer. »

Le titre d'écuyer appartenait-il à Joseph Béjart, ou bien n'était-ce qu'un écuyer de comédie ? Selon Jal, Joseph Béjart était huissier au tribunal de la table de marbre ; et comme ce tribunal avait pour président-né l'amiral de France, les officiers de cette cour de justice se croyaient peut-être autorisés à se qualifier écuyers. Dans le contrat de mariage de Molière, Marie Hervé se dit veuve de feu Joseph Béjart, vivant écuyer, « sieur de Belleville ». D'où lui venait ce nom de Belleville qui ne se retrouve dans aucun acte ? Joseph Béjart avait-il acquis un petit fief nommé Belleville ? C'est bien inutilement qu'on a cherché le nom de Béjart dans tous les villages qui s'appellent Belleville.

le dénouement de la comédie de *l'Avare*, fondé précisément sur les événements politiques qui venaient de se passer à Naples. » Mais je crois que M. de Modène, bon camarade de Molière, lui donna çà et là des scènes toutes faites dans ses premières comédies.

Cette vaillante Madeleine Béjart, qui avait l'art de jouer les reines avec la haute dignité de la Champmeslé et les servantes avec le vif éclat de rire d'Augustine Brohan, mourut à cinquante-cinq ans, « dans sa maison vis-à-vis du Palais-Royal », déjà bien vieillie par toutes les émotions d'une vie étrangement agitée. La passion avait toujours hanté son cœur; toujours l'orgueil avait dominé son esprit. Aussi quel travail de l'esprit et du cœur! Née en la paroisse de Saint-Paul, ayant toujours gardé un pieux souvenir de l'église où elle avait prié Dieu pour la première fois, elle voulut y être enterrée. Le clergé de Saint-Germain-l'Auxerrois ne fit pas de façon pour « retenir cette comédienne ». Le clergé de Saint-Paul voulut bien lui faire les honneurs de la sépulture.

La Grange, dans son Registre, ne s'attendrit pas beaucoup sur la mort de Madeleine Béjart : « Le 17 février, Mme Béjart est morte pendant que la troupe estoit à Saint-Germain pour le ballet du roy où on joua *la Comtesse d'Escarbagnas*. Elle est enterrée à Saint-Paul sous les charniers. »

Molière avait trouvé dans Madeleine Béjart un camarade littéraire. Elle était aussi spirituelle que galante. Elle troussait joliment les vers. Selon la tradition, elle a fait représenter deux de ses comédies en courant la province. Le Registre de La Grange cite une pièce qu'elle avait « raccommodée ». Dès 1636, avant sa rencontre avec Molière, elle jouait déjà à la Muse ; voici des vers adressés par elle à Rotrou sur sa tragédie *Hercule mourant* :

> *Ton Hercule mourant va te rendre immortel,*
> *Au ciel comme sur terre il publiera ta gloire;*
> *Et, laissant icy-bas un temple à ta mémoire,*
> *Son bûcher servira pour te faire un autel.*

Les premiers vers de Molière ne valaient pas beaucoup mieux que ceux de sa maîtresse, témoin ces stances à Madeleine ou à sa sœur Geneviève :

> *Souffrez qu'Amour cette nuit vous réveille;*
> *Par mes soupirs laissez-vous enflammer ;*
> *Vous dormez trop, adorable merveille,*
> *Car c'est dormir que de ne point aimer.*

Mais ces autres vers de Molière ont la désinvolture toute française d'Alfred de Musset. N'étaient-ils pas aussi vrais en 1645 qu'en 1845 ?

> *Dites-moi si c'est inconstance,*
> *Caprice ou bien ambition,*
> *Qui vous donne la passion*
> *D'engager tous les cœurs de France?*
>
> *Vous engagez l'un d'une œillade,*
> *A l'autre vous serrez la main,*
> *L'un a rendez-vous le matin,*
> *L'autre vous mène en promenade.*
>
> *A chacun vous faites caresse,*
> *A pas un ne donnez congé ;*
> *Le tiers état et le clergé*
> *Ont même accueil que la noblesse.*

> *A votre porte l'on se presse,*
> *Comme pour voir un grand ballet ;*
> *Faites qu'on entre par billet*
> *Afin que ce désordre cesse.*
>
> *Un ministre accablé d'affaires*
> *Reçoit moins de lettres que vous,*
> *Et si vous répondiez à tous,*
> *Il vous faudroit vingt secrétaires.*
>
> *Une foule vous accompagne,*
> *Et la moitié de vos amants*
> *Pourroit former trois régiments*
> *Plus forts que celui de Champagne.*

Ce fut Madeleine qui créa dans *Tartufe* le rôle de Dorine; elle y fut excellentissime, tout à la fois hardie et railleuse, avec la franchise d'un brave cœur et d'un esprit malicieux.

C'est qu'elle avait été à bonne école dans sa famille, dans la compagnie de Molière et dans l'intimité du comte de Modène. Elle fut de celles qui donnèrent des idées à Molière; car, si elle était née comédienne, elle était née pour jouer un premier rôle dans la comédie humaine. Elle avait été touchée au front du rayon de poésie.

Ce fut un grand chagrin pour Molière. Il savait bien que, pour sauver la fortune de son théâtre à travers tous les périls, cette charmante comédienne, qui était une cigale au départ, s'était bientôt résignée au rôle de la fourmi.

IX

L<small>E</small> testament de Madeleine Béjart est digne d'être indiqué ici par les beaux sentiments de charité qu'elle y exprime. Elle lègue sur son héritage de quoi payer chaque jour à perpétuité cinq sous, en l'honneur des cinq plaies de Notre-Seigneur, à cinq pauvres auxquels cette aumône sera faite par le curé de Saint-Paul; c'est à peu près comme si elle léguait aujourd'hui cinq cents francs de rente perpétuelle aux pauvres. Nous voyons dans ce testament que « Pierre Mignard, dit le Romain, peintre ordinaire du roy, demeurant rue Montmartre, vis-à-vis de l'église Saint-Joseph, est chargé de recueillir les deniers comptants au décès de la testatrice pour les placer en rentes ou en terre ».

C'est la femme de Molière, c'est la fille de Molière, que Madeleine nomme ses légataires universelles.

La pauvre comédienne était à bout de forces; quand il lui fallut signer son dernier codicille, elle déclara « ne pouvoir plus écrire, ni signer, sa faiblesse et son mal augmentant toujours ». Ce dernier codicille est du 14 février, Madeleine mourut le 17 février. On retrouve en l'étude de M<small>e</small> Jozon le testament de Madeleine Béjart, écrit le 9 janvier 1672, soit cinq semaines avant sa mort. C'est Eudore Soulié qui a fait cette trouvaille, qui semble aujourd'hui toute simple comme la découverte de l'Amérique. Le testament étant toujours une pièce capitale dans l'histoire d'un homme ou d'une femme, voilà pourquoi je le transcris : « Fut présente damoiselle Madeleine Béjart, fille majeure usante et jouissante de ses biens et droits, demeurant à Paris, rue Saint-Thomas-du-Louvre, paroisse Saint-Germain de l'Auxerrois, gisante au lit, malade de corps, en une cinquième chambre ayant vue sur la cour, saine toutefois d'esprit, mémoire et jugement; laquelle désirant, pendant qu'il plaît à Dieu lui laisser libre usage de sa raison, disposer de ses dernières volontés, a fait, dit et nommé aux dits notaires son testament, ainsi qu'il ensuit : Au nom de la très-sainte Trinité, premièrement elle a recommandé son âme à Dieu le créateur, le suppliant, par les mérites infinis de la mort et passion de notre Seigneur et Rédempteur Jésus-Christ, la vouloir admettre en son saint Paradis, pour quoi elle implore l'intercession de la bienheureuse Vierge Marie et de tous les saints et saintes de la Cour céleste du Paradis. *Item* veut son corps étant privé de vie être inhumé en l'église Saint-Paul, dans l'endroit où sa famille a droit de sépulture. *Item* veut et entend ladite damoiselle testatrice qu'il soit dit et célébré à perpétuité, soit en ladite église Saint-Paul, deux messes basses de *Requiem* par chaque semaine, dont sera passé contrat de fondation ou ce qu'il conviendra, et que pour ce qu'il soit payé et baillé telle somme qui sera jugée suffisante, à prendre sur ses biens. *Item* veut et entend il soit employé en acquisition de rentes ou héritages une somme suffisante pour, des fruits et revenus qui en proviendront, être payé par chacun jour, à perpétuité, à cinq pauvres qui seront nommés par l'aîné des enfants de la damoiselle de Molière, cinq sols en l'honneur des cinq plaies de Notre-Seigneur, qui sera un sol à chacun desdits pauvres, auxquels la distribution de cette aumône sera faite de semaine en semaine par M. le curé de ladite paroisse Saint-Paul. *Item* ladite damoiselle testatrice donne et lègue, tant audit sieur Louis Béjart, son frère, qu'à damoiselle Geneviève Béjart, femme du sieur de la Villaubrun, et à damoiselle Grésinde Béjart, femme du sieur Jean-Baptiste Poquelin Molière, et à chacun d'eux trois, quatre cents livres de rente et pension viagère, à prendre sur tous et chacun ses biens. *Item* ladite damoiselle testatrice veut et entend que tous et chacun lesdits deniers comptants qui se trouveront lui appartenir au jour de son décès, et tous ceux qui proviendront du payement et acquit desdites dettes actives qui lui appartiendront aussi lors, soient mis et baillés entre les mains du sieur Mignard, peintre ordinaire du Roi, dit *le Romain*, demeurant à présent rue Montmartre, vis-à-vis l'église Saint-Joseph, et qu'à mesure qu'il y en aura, jusqu'à vingt ou trente livres au plus, ils soient employés en acquisition d'héritages, comme il sera avisé par ledit sieur Mignard; les revenus desquels héritages qui seront ainsi acquis de tous lesdits deniers seront reçus par ladite damoiselle Grésinde Béjart et sous les quittances d'elle seule, pour être employés en œuvres pies et ainsi que ladite damoiselle testatrice lui a déclaré, sans être tenue d'en rendre aucun compte à qui que ce soit ce durant sa vie qu'elle les touchera, ni être obligée de s'expliquer dudit emploi que ladite damoiselle testatrice laisse à sa bonne foi, étant persuadée que ladite demoiselle Grésinde Béjart suivra et exécutera ponctuellement ses volontés; et après le décès d'icelle damoiselle Grésinde Béjard, ladite damoiselle testatrice veut et entend que Madeleine-Esprit Poquelin, fille dudit sieur de Molière et de ladite damoiselle Grésinde Béjart, possède lesdits héritages [*].

« Ce fut ainsi fait, dicté et nommé par ladite damoiselle testatrice auxdits notaires, et à elle par l'un d'eux, l'autre, présent lu et relu en ladite chambre où elle est malade, l'an mil six cent soixante-douze, le neuvième jour de janvier, depuis huit heures du soir jusques à deux heures aussi du soir [**], et signé :

« OGIER.   M. BIART.   MOUFLE. »

---

[*] « Le dix-septiesme (février 1672) demoiselle Magdeleinne Béiard est décédée paroisse Saint-Germain-l'Auxerrois, de laquelle le corps a esté apporté à l'église Saint-Paul et ensuite inhumé dans le charnier de la dicte église, le dix-neuf du dict mois. *Béjard Légnisé*. J.-B.-P. *Molière*. »

Madeleine Béjart a pour ainsi dire deux actes mortuaires. Voici le second au registre de Saint-Germain-l'Auxerrois : « Ledit jour, vendredi dix-neuf février seize cent soixante et douze, le corps de feüe damoiselle Marie Magdelaine Béjart, comédienne de la troupe du roy, prise hier dans la place du Palais-Royal et portée en convoy en cette église par permission de Mgr l'Archevêque, a esté porté en carrosse en l'église Saint-Paul, le samedy vingtiesme. *Tardé*, exécuteur testamentaire, *de Voulge*. »

[**] Il y eut un codicille qui ne changea rien à ces dispositions ; le codicille est du 14 février; ce jour-là « ladite damoiselle auroit déclaré ne pouvoir signer ni parapher, attendu l'extrême maladie où elle est, et notamment que sa vue est affoiblie ».

On fit l'inventaire les 12 et 17 mars. On indiqua beaucoup de costumes de théâtre où l'or et l'argent font du tapage. La vaisselle d'argent pesait 35 marcs. Les bijoux se composaient d'une bague en rose garnie de onze petits diamants, un autre diamant carré et six à côté, une pierre bleue, un collier de soixante-dix perles baroques, enfin une bague en or « en laquelle est enchâssé un saphir prisé cent sous ».

On a remarqué que lorsqu'un notaire fait une estimation, il a toujours peur d'être pris au mot et d'être forcé de payer ce qu'il estime, aussi il estime peu. Les deniers comptants, au moins, sont portés pour ce qu'ils valent ; chez Madeleine, il n'y avait pas moins de dix-sept mille huit cent neuf livres un sou, « en espèces de louis d'or, pistoles et pièces de quatre pistoles d'Espagne, et louis blancs de trente sols ».

Aujourd'hui l'inventaire de la fortune mobilière de Madeleine s'élèverait à plus de cent mille francs. Il y avait en outre sa fortune en contrats, obligations, rentes et immeubles. Je ne sais si, au temps de ses belles extravagances avec le comte de Modène, elle avait l'amour du luxe et la main dépensière ; ce qui ne paraît pas douteux, c'est qu'à l'époque de sa mort, elle vivait bien simplement, dans un intérieur de petite bourgeoise. Sans doute elle n'avait plus de vanité qu'au théâtre ; déjà elle s'était tournée vers Dieu et vers la « sainte économie », qui est le dernier amour des vieilles filles.

Et maintenant si vous voulez pénétrer dans l'intérieur de Madeleine Béjart, entrons chez elle le 12 mars avec l'exécuteur testamentaire, Armande Béjart, Geneviève Béjart, sa fille et sœur, à la suite du notaire et de l'huissier, « sergent à verge au Châtelet de Paris, juré priseur, vendeur de biens en ville, prévôté et vicomté dudit lieu ». Nous sommes sur la paroisse de Saint-Germain-l'Auxerrois, rue Saint-Thomas-du-Louvre ; il nous faut monter au quatrième étage. Voici une antichambre ayant vue sur la cour ; écoutons l'huissier-priseur. Passons sans nous arrêter à une batterie de cuisine en cuivre jaune et rouge qui prouvait l'amour de la bonne cuisine.

La chambre à coucher n'est pas digne de la vaillante Madeleine de l'Illustre Théâtre. C'est que le comte de Modène n'y viendra plus. C'est que la grande coquette qui a charmé toutes les provinces a porté le deuil de sa beauté à son retour à Paris.

Il y a pourtant des amorces de luxe dans cet appartement solitaire.

Voici une tenture de tapisserie de Flandres, à verdure, en six pièces, faisant de tour dix-huit à dix-neuf aunes sur deux aunes de tiers de haut, prisée trois cent cinquante livres, ci . . . . iii^{c}l.

Tout est dans le désordre des derniers jours. Armande n'est pas venue y mettre la main, cette main de princesse qui n'est plus familière qu'à l'éventail. Voilà pourquoi nous trouvons en belle lumière : une seringue avec son étui, prisée trente sols, ci . xxx^{s}.

Vous voyez que la seringue de la comédie faisait bonne figure chez les comédiennes.

Nous entrons maintenant dans une chambre sur la rue. Trois matelas doublés de toile et futaine, dont deux remplis de laine et l'autre de bourre et bourrelanisse, un lit, un petit traversin et un petit oreiller de coutil rempli de plume, deux couvertures de laine blanche, le tout tel quel, prisé ensemble trente-cinq livres, ci . . . . . . xxxv^{l}.

Trente-cinq livres, le lit de celle qui jouait les reines avant de jouer les servantes ! Mais elle a le génie de changer d'art comme son ami Molière.

Item. Un grand cabinet d'ébène avec plusieurs figures et monté sur ses pieds, garni de plusieurs tiroirs par le dedans, prisé soixante livres, ci . . . . lx^{l}.

Item. Six coffres de bahut, dont quatre ronds et deux carrés, garnis de leurs serrures fermant à clef, tels quels, prisés ensemble huit livres, ci . . . . viii ¹.

Item. Quatre petites cassettes, telles quelles, garnies de leurs serrures fermant à clef, prisées ensemble cinquante sols, ci . . . . l ˢ.

Dans ces cassettes nous allons voir apparaître tels costumes de théâtre. Combien d'illusions perdues sont enfermées là !

Item. Une veste de brocart d'or dont la dentelle est fausse, prisée . . . . lx ¹.

Item. Un corps de paysanne, de toile d'argent, et la jupe de satin vert de Gênes, garnie de guipure, prisés trente livres, ci . . . . xxx ¹.

Item. Une autre jupe de satin vert, garnie de six broderies or et argent, une autre jupe de toile d'argent et un tablier de satin blanc, garni de dentelle d'argent, prisé le tout ensemble soixante-quinze livres, ci . . . . lxxv ¹.

Item. Un déshabillé couleur aurore, garni d'argent fin, prisé deux cents livres, ci . . . . iic ¹.

Item. Un autre déshabillé de satin de Gênes, couleur de cerise, garni de dentelles d'argent tant plein que vide, prisé la somme de trois cents livres, ci . . . . . . iiic ¹.

Item. Un juste-au-corps de satin vert garni de toile d'argent et un devantier de moire d'or, et une jupe de taffetas couleur de cerise, prisés ensemble cinquante livres. l ¹.

Item. Une chemise de gaze douce, un corps de taffetas vert, une ceinture, un corps, une jupe de taffetas vert, garnie de dentelle d'argent fin, prisés quatre-vingt-dix livres, ci . . . . iiiixxx ¹.

Item. Une toilette de velours couleur de cerise, garnie de dentelle d'argent, prisée trois livres, ci . . . . iii ¹.

Item. Un déshabillé de brocart gris rayé, garni de dentelle noire, prisé dix livres, ci . . . . x ¹.

Item. Un déshabillé de taffetas gris brun, rayé, de dentelle or et argent.   xxiii ¹.

Item. Un habit de drap d'Espagne noir, une jupe d'entre-deux, prisés.   xxx ¹.

Item. Une jupe et une tavayolle de satin rouge et vert, usage de bohémienne, prisées . . . . vii ¹.

Item. Une jupe de brocart incarnat, blanc et noir, prisée huit livres, ci .   viii ¹.

Item. Une jupe de tapis jaune, garnie de six petites dentelles d'argent fin, prisée douze livres, ci . . . . xii ¹.

Item. Une jupe de brocart double, à grand ramage, prisée quinze livres, ci.   xv ¹.

Item. Quatre corps de robes, garnis de dentelles or et argent, prisés ensemble.   xx ¹.

Item. Deux tonnelets et deux paires de manches, l'une de velours couleur de cerise, et l'autre de toile d'argent blanc et vert, garnies de dentelle, prisés ensemble.   xxx ¹.

Item. Une casaque, un pourpoint de toile d'argent, prisés quinze livres, ci.   xv ¹.

Item. Un habit couleur de feu, garni d'un petit galon d'argent, une paire de bottines, garnies de galon or et argent, et un carquois, prisés ensemble . . . . xii ¹.

Plus une flèche dans ce carquois, plus de flamme sous cet habit couleur de feu !

Item. Quinze chemises à usage de ladite défunte, de toile de chanvre, dont sept blanches et huit jaunes, prisées ensemble vingt-cinq livres, ci . . . . xxv ¹.

O Madeleine ! comme vous étiez devenue sage sous ces chemises de toile de chanvre estimées vingt-cinq livres !

Nous voici à la vaisselle d'argent. On va voir que Madeleine, qui avait mené grand train avec le comte de Modène, finissait sa vie en petite bourgeoise. C'est qu'elle était revenue des grandeurs.

Item. Un bassin rond, une aiguière couverte, deux grands et deux petits flambeaux, une écuelle couverte, une tasse ronde, une petite salière à quatre pieds, un vinaigrier, un porte-mouchette avec soleil, une autre paire de mouchette et son portant, une autre grande salière à quatre branches, quatre cuillères et quatre fourchettes à trois fourchons, le tout poinçon de Paris et pesant ensemble la quantité de trente-cinq marcs une once, prisé le marc, à sa juste valeur, à vingt-sept livres, revenant audit prix   ixcxlviii^l.xv^s.

Item. Une bague en rose garnie de onze petits diamants, prisée . . . .   xxxx^l.
Item. Une autre bague de diamant carré et six à côté, prisée. . . . . .   xxv^l.
Item. Une autre bague garnie d'une pierre bleue, prisée huit livres, ci . .   viii^l.
Item. Une autre bague amétiste, prisée six livres, ci. . . . .   vi^l.
Item. Une autre bague amétiste, prisée huit livres, ci. . . . .   viii^l.
Item. Une autre bague d'or en laquelle est enchâssé un saphir, prisée. .   c^s.

Sans doute chacune de ces bagues rappelait un souvenir de jeunesse à Madeleine Béjart. Qui avait donné la rose garnie de petits diamants? qui avait donné le saphir? qui avait donné la pierre bleue? Peut-être ne portait-elle à ses doigts que les bagues de Molière et du comte de Modène, un ami et un amant.

Il y avait aussi dans les bijoux un collier de soixante-dix perles baroques; ce collier lui venait à coup sûr du comte de Modène, retour de Naples, où tous ces colliers étaient fort à la mode au xviie siècle.

Nous arrivons aux deniers comptants. On a compté « dix-sept mille huit cent neuf livres un sol, en espèces de louis d'or, pistoles et pièces de quatre pistoles d'Espagne ».

On voit que Madeleine Béjart thésaurisait; c'est qu'elle travaillait pour sa fille Armande et sa petite-fille Madeleine.

Quand Molière conduisit la pauvre Madeleine à Saint-Paul, il sentit que c'était une part de sa vie qu'il mettait au tombeau. Celle-là il l'avait aimée comme sa sœur Geneviève, moins follement sans doute; comme la De Brie, moins tendrement peut-être, mais plus familialement. Elle avait été « sa femme au théâtre », elle avait sauvé sa fortune en plus d'un péril, elle avait travaillé à sa gloire en toute occasion. Qui donc maintenant lui chanterait la chanson de sa jeunesse aux premières aurores quand il tentait l'aventure de l'Illustre Théâtre? Qui donc ferait renaître pour lui les joies du souvenir? Qui donc le promènerait encore par la causerie dans toutes ses stations théâtrales du Midi où l'aube de sa renommée s'était levée déjà si rayonnante?

Geneviève était mariée et ne pardonnait pas à Molière son abandon. Il lui restait Catherine De Brie qui pardonnait toujours.

Mais il ne croyait plus aux joies de ce monde, un beau livre déchiré, peut-être déjà trop lu, qu'il allait fermer bientôt. Avait-il le pressentiment qu'un an après, jour pour jour, il suivrait dans la mort sa première camarade?

La mort était déjà debout devant lui. Les doctrines désespérantes de Lucrèce n'avaient-elles pas pour lui coupé dans sa sève la fleur du lendemain? Il fit encore ses pâques. Mais n'était-ce pas pour que Louis XIV ne lui reprochât ni *Tartufe* ni *Don Juan*?

Et pourtant ne lui restait-il pas sa fille?

X

Geneviève Béjart — 1624-1675 — n'était connue au théâtre que sous le nom de Marie Hervé. C'est qu'il y avait déjà trop de Béjart. Pareille à ses sœurs, c'était une de ces blondes rayonnantes qui illuminent leur chemin comme les comètes.

Molière peint ainsi une des physionomies de la comédienne en s'adressant à Mlle Hervé, dans l'*Impromptu de Versailles* : « Et pour vous, vous êtes la soubrette de la précieuse, qui se mêle de temps en temps de la conversation et attrape, comme elle peut, tous les termes de sa maîtresse. Je vous dis votre caractère, afin que vous vous l'imprimiez fortement dans l'esprit. »

Mais ce n'était pas peindre la femme ni même l'artiste.

Mlle Hervé ou Geneviève Béjart n'était pas trempée comme Madeleine; quoique belle et fille d'esprit, elle resta toujours au second plan. Elle ne fut jamais qu'une comédienne d'occasion; elle faisait bien en scène parce qu'elle était belle, mais elle n'avait pas le diable avec elle. On peut juger que c'était une de ces nonchalantes natures qui vont où va le vent. Son esprit n'emportait pas son cœur vers les vanités de la comédie; il semble au contraire que son cœur entraînait son esprit. Ç'a été une femme amoureuse, sinon une femme galante. Il semble la voir passer de l'un à l'autre, de celui-ci à celui-là, de l'amant au mari, du mari à l'amant. Comme sa sœur, elle aimait les gentilshommes; comme sa sœur, elle a aimé Molière, premier gentilhomme de l'esprit français.

Quand Molière se maria, on le croyait un peu l'amant de toutes les femmes de son théâtre : Madeleine Béjart, Catherine De Brie, Thérèse Du Parc, Geneviève Béjart. Eudore Soulié a fait remarquer à propos de celle-ci qu'elle ne figurait ni dans le contrat de mariage, ni dans la cérémonie religieuse d'Armande; elle ne voulut donc pas être des joies de ce mariage. Pourquoi, si ce n'est par jalousie? « Il y a lieu de penser que l'opposition faite, suivant Grimarest, au mariage de Molière put venir de Geneviève. » Il ne faudrait pas, sous prétexte que Molière fut l'amant de Madeleine, dire qu'il ne fut pas l'amant de Geneviève. La tradition a là-dessus force de loi; les biographes n'ont pas confondu l'une avec l'autre. Molière seul était capable de cette aventure.

Deux ans après, le jeudi 27 novembre 1664, Geneviève Béjart se maria à son tour, après avoir pris le temps d'essuyer ses larmes. Elle avait d'ailleurs en réserve un de ses amants, Léonard de Loménie, de la famille des secrétaires d'État.

Geneviève Béjart ne garda pas longtemps ce premier mari, qui était devenu, je ne sais pourquoi, le sieur de Ville-Aubrun, un vrai nom de comédie. Elle convola en secondes noces pour épouser Jean-Baptiste Aubry, paveur ordinaire du roy, fils de ce Léonard Aubry qui avait secouru Molière dans l'entreprise de l'Illustre Théâtre, et qui avait aimé platoniquement Geneviève à ses débuts; ce mariage ne fit pas non plus long feu. La Grange parle ainsi de la mort de Geneviève : « Le troisième jour de juillet mil six cent soixante-quinze (1675), Mme Aubry mourut; l'on ne joua point le vendredy cinquième. » Morte le vendredi 3, Geneviève Béjart fut inhumée le lendemain au cimetière de Saint-Sulpice. Le registre mortuaire de cette paroisse contient l'acte que voici : « Le quatriesme jour de juillet 1675 a été faict le convoy, service et enterrement de Geneviève Béjart, âgée de quarante-quatre ans, femme de M. Aubry, paveur ordinaire du roy. »

Et ce paveur ordinaire du roy n'était rien moins qu'un poëte tragique, resté sur le pavé. A force de voir des gens de théâtre, il s'était imaginé qu'on pouvait être Corneille à ses heures; il ne fut pas même Campistron[*].

Dans *les Femmes savantes*, c'est Geneviève Béjart qui joue le rôle de Bélise. Peut-être pourrait-on trouver, à propos de ce nom, un souvenir de cette Bélise qui, vingt ans plus tôt, inspira ces vers à Molière. Mais les vers sont-ils bien de Molière ? Ils peignent tout un caractère de femme — de celles qui aiment à cueillir l'heure.

> *Bélise, je sais bien que le Ciel favorable*
> *A joint à vos beautés un esprit adorable,*
> *Qui ne pouvoit loger au monde dignement*
> *Que dans un si beau corps ou dans le firmament.*
> *Je sais que la Nature et les dieux avec elle*
> *Ne font plus rien de beau que sur votre modèle.*
> *L'amour n'a rien de beau, d'attrayant ni de doux,*
> *Point de traits ni de feux, qu'il n'emprunte de vous ;*
> *Vos charmes dompteroient l'âme la plus farouche ;*
> *Les Grâces et les Ris parlent par votre bouche,*
> *Et, quoi que vous fassiez, les jeux et les appas*
> *Marchent à votre suite et naissent sous vos pas.*
> *Toutes vos actions méritent qu'on vous aime,*
> *Et maintes fois le jour, sans y penser vous-même,*
>
> *Vos gestes, vos regards, vos ris et vos discours*
> *Font mourir mille amants et naître mille amours.*
> *Mais, dans ce bel amas de grâces nonpareilles,*
> *Ce tableau raccourci de toutes les merveilles,*
> *Je vois beaucoup de manque et d'inégalités*
> *Et d'aussi grands défauts que de grandes beautés.*
> *Ah ! votre cruauté, parmi tant de tourments,*
> *Se baigne dans les pleurs que versent vos amants.*
> *Mais si parfois d'amour votre âme est allumée,*
> *C'est un feu passager qui se tourne en fumée,*
> *Car votre vaine humeur, après une victoire,*
> *En méprise le fruit et n'en veut que la gloire ;*
> *Et de tant d'amitiés, faites diversement,*
> *N'en aime que la fin ou le commencement.*

Et Bélise avait raison : quand on ne fait que passer dans la vie d'un homme, pourquoi s'y enchaîner avec les vertus de l'épouse et de la mère ? Mais les jeunes amoureux sont des gourmands qui voudraient dévorer toute la femme qu'ils aiment.

XI

POURQUOI a-t-on donné Molière à Madeleine Béjart, ou Madeleine Béjart à Molière ? Qui donc le prouve ? Cet amour est écrit sur les nuages. Le dernier historien de la troupe de Molière dit qu'en 1643, « fascinant par ses charmes et son esprit celui qui devait un jour doter la France de tant de chefs-d'œuvre, elle le détourna de la profession de ses pères ».

Il n'y a pas un mot d'histoire, c'est-à-dire un mot de vérité dans ces lignes : Molière s'était « détourné lui-même de la profession de ses pères ». Il avait fondé l'Illustre Théâtre sans le secours de Madeleine Béjart. Elle n'y vint qu'après coup, avec sa sœur et ses deux frères. Si elle a fasciné Molière, ce dont je doute aujourd'hui, après avoir avec tout le monde donné dans la tradition, comme c'était une grande coquette, elle dut lui

---

[*] Sa première tragédie, *Démétrius*, fut représentée sur le théâtre de la rue Guénégaud, le « vendredy, 10ᵉ jour de juin 1689 ». Le registre de la Comédie-Française pour l'année 1689 porte, à cette date, la mention suivante : « *Démétrius*, tragédie nouvelle de M. Aubry, première représentation au *Simple*, 509 l. » Fut-ce par égard pour l'ombre de Geneviève Béjart qu'on joua onze fois ce *Démétrius* ?

jeter ses rubans pour l'enchaîner, mais à ses pieds et non dans ses bras. D'ailleurs la demoiselle était alors avec M. de Modène qu'elle voulait conduire jusqu'au mariage. Mais elle n'a pas dû fasciner Molière : cet homme fait de force et de douceur n'aima jamais les femmes de tête. Or, Madeleine était, si on peut dire, le chef de la troupe, menant de front les affaires d'argent et les affaires de cœur, gouvernant, parlant haut, préoccupée de tout. Avec elle, il n'y avait pas un quart d'heure de quiétude ni d'abandon. Au contraire, sa sœur était le roseau qui s'incline sous le vent. Les portraits prouvent qu'elle était jolie en face de Madeleine qui n'était qu'agréable. Madeleine avait quatre années de plus que Molière, tandis que Geneviève était de deux années plus jeune que lui. D'ailleurs, dès l'origine, Molière et M. de Modène se donnèrent une main cordiale. Pourquoi le comédien qui pouvait prendre Geneviève se fût-il acharné à tromper un ami ? Ce n'était ni dans son caractère, ni dans celui de Madeleine. Il y a eu entre eux quelque chose, une intimité toute familiale, un rêve partagé ; car tous les deux cherchaient la fortune de leur théâtre. Je ne doute même pas que si Molière a commencé à s'attaquer à Madeleine, elle ne l'ait jeté dans les bras de sa sœur. Objectera-t-on que Geneviève n'était pas une grande comédienne ? La belle raison ! La comédie de l'amour n'est pas la comédie de théâtre ; au contraire, c'est une raison qui plaide pour mon idée. Si Geneviève était mauvaise comédienne, comme le disent les biographes, pourquoi resta-t-elle au théâtre ? Par la volonté de Molière.

Qui donc lui donne une part entière à cette mauvaise comédienne, si ce n'est encore Molière ? Suivez-la bien dans la vie : elle a ses adorateurs comme Madeleine, mais elle n'aime que Molière. Dans sa douceur inaltérable, elle ne veut pas s'offenser devant ses rivales. Comme la De Brie elle se contentera de l'éloquence des larmes les jours d'abandon. Enfin, quand Molière se mariera, elle disparaîtra pour cacher ses chagrins, elle ne sera pas de la fête, ni le jour, ni le lendemain. C'est la seule de la famille qui ne signera pas son nom chez le notaire ni à l'église, la seule qui ne fera pas le mardi-gras nuptial. Deux années entières elle portera le deuil de son amour, après quoi elle se mariera elle-même avec un de ses poursuivants, croyant que le mariage sera l'oubli. Sans sa passion pour Molière, sans l'amour de Molière, tout traversé qu'il fût par tant d'autres aventures, Geneviève Béjart n'eût pas attendu à quarante ans pour se marier. Elle avait d'autant moins de raisons d'attendre que ses deux maris frappaient à sa porte. Il fallait qu'elle eût de vives séductions pour les faire attendre si longtemps dans les stations du platonisme.

XII

Les amis de Molière s'efforcent de prouver que Madeleine Béjart n'était pas la mère d'Armande Béjart, tant ils ont peur que Molière ne soit encore accusé d'avoir épousé sa fille en épousant Armande. Pourquoi ? C'est qu'il est de tradition que Madeleine fut la maîtresse de Molière. Il est aussi difficile de dire oui que non*, car les romans du cœur ne laissent pas d'archives.

---

*J'ai déjà dit, dans le *Moliériste* du 1er octobre 1879, que Molière n'avait pas été l'amant de Madeleine Béjart, « femme savante, femme d'affaires ».

Dès l'origine de la camaraderie de Molière avec les frères et les sœurs Béjart, M. de Modène, aujourd'hui comte, demain marquis, était déjà de la famille, c'est-à-dire qu'il s'affichait comme amant de Madeleine. Elle était belle, il était beau; tous les deux aimaient cette vie à la diable; on leur pardonnait dans leur entourage d'avoir dans leur amour passé par-dessus la cérémonie, parce qu'il y avait promesse de mariage. Ce n'était donc pas le moment pour Molière de se jeter à la traverse. Molière avait le cœur droit comme l'esprit. Il fut de prime abord trop l'ami de M. de Modène, je ne dirai pas pour lui enlever au grand jour sa maîtresse, mais pour le trahir secrètement. Je crois donc que Molière se prit à la jeunesse et à la beauté de Geneviève Béjart. Là, au moins, la place n'était pas occupée, Geneviève n'avait pas comme sa sœur l'emportement. Ce n'était pas la forte en gueule de la troupe; elle était l'ingénue, l'amoureuse un peu bête qui ne gâte pas son cœur par son esprit. Mais Molière aimait cela. Ne prit-il pas plus tard la De Brie, qui était la même femme, avec plus de comédie? C'est en vain que pendant une longue période on cherche un autre amant à cette ingénue qui s'appelle Geneviève Béjart et qui court avec Molière les aventures du *Roman comique*. Quand on étudie le caractère de Molière, on le sent bien plus près de la sœur cadette que de la sœur aînée. Ce qu'il aime surtout, c'est la femme « nonchalante », comme il trouvera la De Brie, comme il trouvera Armande elle-même; car ce mot de nonchalante est une des épithètes données à la femme de Molière. Il y a loin de la nonchalante, c'est-à-dire de celle qui ne se soucie pas et qui s'abandonne, à la turbulente qui s'inquiète de tout, qui veut aller partout, qui veut être de tout. Madeleine Béjart était chef de troupe, elle commandait, elle parlait haut : n'était-elle pas trop bruyante pour un poëte comme Molière, qui avait déjà ses heures de méditation et de mélancolie? Comme la douceur de Geneviève allait bien mieux à son génie! Lui-même avait été chef de troupe, mais désormais il laissait cela à ce diable à quatre qui s'appelait Madeleine. Sans doute il l'aimait d'une belle et franche amitié, une amitié dorée d'amour, comme toutes les amitiés en pleine jeunesse entre homme et femme. Sans doute, dans les absences de M. de Modène, il était le confident des peines de celle qui avait peur d'être oubliée. Mais il n'y a aucune preuve que le confesseur ait consolé la pécheresse.

On a dit : Si Molière eût été l'amant de Geneviève, pourquoi ne l'eût-il pas épousée? Pourquoi? C'est que, pareil à M. de Modène, il avait commencé par la fin. Il est certain que le jour de son mariage avec Armande, Geneviève se cachait pour pleurer. Aussi, c'est la seule de la famille qui ne mette pas sa signature sur le contrat.

Si je suis dans la vérité, comme je n'en doute pas, pourquoi tant s'inquiéter de la naissance d'Armande? Puisque Molière n'est pas l'amant de Madeleine, il ne peut pas être le père de sa femme.

Et s'il eût été le père d'Armande, croyez-vous donc que Madeleine, qu'on représente à tort comme jalouse de sa fille, n'eût pas crié à belle voix, elle qui parlait haut, qu'il ne fallait pas permettre ce scandale? Si Molière était incapable — n'en doutons pas — d'épouser sa fille, Madeleine Béjart elle-même — n'en doutons pas non plus — était incapable de jeter Armande dans les bras de son père.

Et Béjart le boiteux, un brave homme, un gentilhomme, eût-il donc été signer au contrat? car il savait bien toute l'histoire intime de M. de Modène et de sa sœur aînée, comme l'histoire de Molière et de sa sœur cadette.

Ce ne fut qu'après le mariage de Molière que Geneviève se décida à se marier

LE BOURGEOIS GENTIL-HOMME.

GEORGE DANDIN.

elle-même. Ce ne fut donc pas Madeleine qui fut jalouse, mais Geneviève. Madeleine donnait à Molière la fille du marquis de Modène. Si elle résista d'abord, c'est qu'elle avait de hautes visées pour une bâtarde de qualité « qui chantait comme un ange et qui avait de l'esprit comme un diable ». Sans doute aussi elle trouvait elle-même que Molière, tout Molière qu'il fût, n'était pas le mari rêvé. C'était marier l'aurore au couchant. Mais Armande, comme toutes les jeunes filles, jeta au vent la couronne de bluets pour la couronne d'oranger. Ce jour-là Geneviève Béjart effeuilla sa dernière marguerite, en disant : « Point du tout. »

Ce n'était pas, d'ailleurs, la première séparation, car on sait combien Molière avait aimé la De Brie et la Du Parc. Mais ces deux comédiennes étaient mariées ; le fruit défendu n'a qu'une saveur d'occasion. Était-ce bien amusant de tricher au jeu avec Gros-René et le spadassin De Brie ? N'était-il pas plus doux d'emporter le soir sur son cœur cette indolente Geneviève qui lui était venue dans le cortège de toutes les virginités ?

Ne voit-on pas toujours Madeleine Béjart femme d'affaires ? A Paris, comme dans le Midi, elle gouvernait la fortune de M. de Modène. C'était grâce à elle que ce premier amant, qui fut son seul amant sérieux, retrouvait des épaves de sa fortune. « Elle lui prêtait de l'argent et rachetait les titres de ses créanciers. » Ce qu'elle faisait pour M. de Modène ne l'avait-elle pas toujours fait avec Molière ? Ce grand homme qui avait horreur des chiffres, hormis quand il touchait de l'argent — comme tous les bourreaux d'argent — avait-il pu aimer Madeleine Béjart, la femme d'affaires ?

XIII

ARMANDE Béjart est-elle fille de Marie Hervé ou fille de Madeleine Béjart ? Le procès est jugé, mais les pièces sont encore devant la Cour d'appel qui attend toujours l'acte de baptême. Il est vraiment bien étrange qu'après avoir fait de si précieuses découvertes, on ne puisse aller jusqu'à celle-là ! Il y a donc aujourd'hui deux avocats de l'histoire qui plaident pour et contre devant la justice souveraine, pour que l'arrêt soit rendu en dernier ressort.

Le premier qui prend la parole débite ceci ou à peu près : Comment voulez-vous que celle qui a été fille de Madeleine Béjart pendant près de deux siècles devienne tout à coup sa sœur ? Il n'y a pas un historien du temps qui ne la croie la fille de Madeleine Béjart.

Ou bien, c'est cette Françoise, fille de M. de Modène, à laquelle on a donné quatre noms nouveaux pour dérouter les curieux ; ou bien, c'est une seconde fille de Madeleine Béjart et du comte de Modène dont on n'a pas l'acte de baptême. La preuve c'est que, plus tard, quand elle aura une fille, sa mère lui donnera le nom de son père. Elle s'appellera Esprit-Madeleine Poquelin, comme son grand-père s'appelle Esprit de Modène, comme sa grand'mère s'appelle Madeleine Béjart.

Vous dites que les contemporains qui font Armande fille de Madeleine sont des calomniateurs.

Au XVIIe et au XVIIIe siècle, il n'était douteux pour personne qu'Armande ne fût la fille de Madeleine. Depuis que Beffara a parlé, toutes les opinions se sont retournées, moins celle de quelques sceptiques, qui ne pêchent pas par ignorance. On dit : Puisque aussi bien la fille que Madeleine Béjart a eue avec M. de Modène fut baptisée sous le nom de Françoise, ce ne peut être Armande. Mais où est la preuve que cette Armande ne fut pas aussi cette Françoise? Qui vous jure que Madeleine Béjart ne déclara pas à l'église sa fille comme sa sœur et non comme sa fille? Les sacristains n'avaient pas de scrupules comme en ont maintenant les officiers de l'état civil; pour eux, le vrai nom, c'était le nom du saint qui devait patronner l'enfant. On a beau dire que Molière méprisait les injures; si Armande Béjart eût été vraiment la sœur de Madeleine, comment ne l'eût-il pas prouvé devant l'odieuse requête de Montfleury qui l'accusait d'avoir épousé sa fille!

Grimarest lui-même semble accuser Molière d'avoir épousé sa fille, lui l'apôtre de Molière. Ne dit-il pas en effet : « La Béjart, qui le soupçonnait de quelque dessein sur sa fille, le menaçait souvent en femme furieuse et extravagante de le perdre, lui et sa fille, et elle-même, si jamais il pensait à épouser Armande. » Certes, Grimarest en écrivant ceci n'y a pas vu malice; plus loin, il accuse tout haut Mme Molière par cette phrase : « Molière perdit par ce mariage tout l'agrément que son mérite et sa fortune pouvaient lui procurer, s'il avait été assez philosophe pour se passer d'une femme. Celle-ci ne fut pas plutôt Mlle de Molière qu'elle se crut au rang d'une duchesse, et elle ne se fut pas plutôt donnée en spectacle à la Cour, que le courtisan désoccupé lui en conta. » On sait ce que voulait alors dire ce mot.

La vérité c'est qu'Armande, fille de Madeleine, ne pouvait être fille de Molière parce que Molière ne fut pas l'amant de Madeleine, mais même s'il le fut, ç'a été après la naissance d'Armande.

Mais ce brave Grimarest, qui, le premier, a fait en toute conscience la vie de Molière, n'a-t-il pas dit lui-même après avoir parlé des agréments d'Armande : « Il savait que la mère avait d'autres vues, c'était une femme altière et peu raisonnable; elle aimait mieux être l'amie de Molière que sa belle-mère. Il prit le parti d'aimer Armande sans rien dire à Madeleine; mais, comme elle l'observait de fort près, il ne put consommer son mariage, c'eût été risquer un éclat, d'autant plus que la Béjart le menaçait de le perdre, lui, sa fille et elle-même. » Vous allez répliquer que Grimarest était mal renseigné. Mais ne savez-vous pas qu'il fut renseigné par Baron, l'ami intime de Molière, l'ami plus intime de sa femme? Je ne parlerai pas ici de tous les documents contemporains que vous révoquez en doute parce qu'ils sont des satires. Mais l'esprit de satire n'est-il donc pas souvent l'esprit de vérité? Vous me produisez l'acte de mariage où Marie Hervé se déclare la mère d'Armande, où Madeleine Béjart prend le titre de sœur. Mais ne sommes-nous pas en pays de comédie? Molière en a joué bien d'autres. N'a-t-il pas pressenti ses ennemis déjà embusqués pour lui jeter cette injure que va formuler le fils de Montfleury en plein théâtre : Molière a épousé sa fille! Et puis, qui sait si Madeleine Béjart n'a pas eu des raisons, espérant épouser le comte de Modène, pour ne pas avouer cette fille qu'on ne fera pas baptiser! Vous me présentez, il est vrai, un inventaire après la mort du père de tous les Béjart, où il est question d'une petite-fille de Marie Hervé, non encore baptisée. Vous affirmez que c'est Armande Béjart. Pourquoi ne l'avez-vous pas fait baptiser? Il n'y a donc pas lieu de révoquer une vérité acquise à l'histoire, d'autant moins que Madeleine Béjart, en mourant, donne à peu près tout ce qu'elle a à la femme de Molière, c'est-à-dire à sa fille*.

Ici les hommes d'esprit que Beffara a endoctrinés répliquent vertement :

Tout ce qui vient de nous être dit n'est qu'une vieille légende enracinée dans l'esprit public; on a beau la couper à fleur de terre, elle repousse toujours. Nous allons l'arracher jusqu'aux plus profondes racines. Nous ne nous contenterons pas, comme vous, de pièces chimériques, nous vous donnerons des pièces authentiques. En premier lieu, puisque nous n'avons pas l'acte de baptême, nous donnerons l'acte de mariage de Molière et d'Armande Béjart. Or, dans l'acte de mariage, Armande n'est pas la fille de Madeleine, mais la fille de Marie Hervé; elle est la sœur de Madeleine. C'est écrit en toutes lettres par un officier public : *Lex est quodcumque notamus*. — Nous pourrions nous taire sur cette preuve victorieuse, mais nous irons plus loin. Nous retournerons jusqu'à l'inventaire dressé après la mort du père de tous les Béjart qui s'était marié à Marie Hervé le 6 octobre 1615. Or, dans cet inventaire on signale « une petite non baptisée » figurant à la suite de ses frères et sœurs à l'acte de comparution devant le lieutenant civil.

Qui douterait un instant que ce ne soit Armande Béjart? Vous voulez son extrait de baptême! A quoi bon? doutez-vous un instant de l'honneur de cette brave Marie Hervé qui fut par excellence la mère de famille? N'a-t-elle pas reconnu pour sa fille Armande à son acte de mariage avec Molière? Vous voyez là un jeu de comédie pour sauver l'honneur de Madeleine Béjart, ou plutôt l'honneur de Molière qu'on accusait d'épouser sa fille, ou tout au moins la fille de sa maîtresse. Pourquoi frapper tout à la fois Marie Hervé, Madeleine Béjart et Molière d'une si déloyale supercherie? Si Armande Béjart était sa fille, vous êtes bien sûr qu'il ne l'aurait pas épousée; si c'eût été la fille de sa maîtresse, il ne se fût pas aventuré jusque-là! Vous ramassez d'infâmes injures dans les pamphlets, dans des comédies et dans les romans, jusque dans la Requête de Montfleury à Louis XIV. Mais Louis XIV ici vous dément tout haut. En effet, pour toute réponse à cette Requête, dans la même année, il devient le parrain du premier-né de Molière. A cette belle action, je me tais, car c'est là l'éloquence de la vérité. Un mot encore cependant.

Vous dites que Molière n'a pas répondu! Mais qu'avait-il à répondre quand il avait pour avocat le plus grand roi du monde?

Madeleine Béjart, née en 1618, a bien plus facilement mis au monde une fille vers 1645, le temps où dut naître Armande, que Marie Hervé, la mère de Madeleine, qui était née en 1590, ce qui lui donnait cinquante-cinq ans. Redevenir mère de famille à un âge de grand'mère, c'est une histoire du chapitre des miracles**. N'en doutons pas, Armande

---

* Dans sa *Dissertation sur le mariage du célèbre Molière*, le marquis Fortia d'Urban soutient contre Beffara que la femme de Molière était fille et non sœur de Madeleine Béjart qui l'avait eue du comte de Modène. Le marquis Fortia était bien placé pour le savoir, parce qu'il était de la famille de Modène et qu'il en possédait tous les papiers.

** Quelques contemporains ont pu croire que Molière était l'amant de Madeleine, parce qu'au retour de Paris elle avait la haute main sur la troupe, dominant tout le monde par son air de reine et par sa faconde de forte en gueule. Mais il ne faut pas oublier qu'on donnait à Molière toutes les femmes de son théâtre, parce qu'il était le maître et parce qu'il aimait les femmes.

Béjart est fille de Madeleine Béjart et du comte de Modène. Le 4 août 1665, M. de Modène, ami de la maison de Molière, fut le parrain de la fille de son ancienne maîtresse Madeleine Béjart. Si Madeleine Béjart a donné à peu près tout ce qu'elle avait à la femme et à la fille de Molière, c'est parce qu'elle les croyait ses filles et petites-filles. Or, de qui venait la fortune de Madeleine Béjart? De M. de Modène.

Quand on fit l'inventaire chez Madeleine Béjart, on trouva peu ou point de papiers: c'est que sans doute elle avait brûlé depuis longtemps tout ce qui de près ou de loin pouvait jeter la lumière sur la naissance d'Armande. Si en premier lieu elle avait mis cette fille au compte de sa mère pour ne pas offenser M. de Modène, son futur mari selon ses rêves, en second lieu, une fois Molière le mari d'Armande, elle dut trembler plus encore qu'on ne découvrît la vérité.

Et certes cette vérité avait transpercé malgré les pièces officielles qu'on pût produire au mariage de Molière.

Si Molière eût été l'amant de Madeleine Béjart, est-ce que dès le point de départ elle lui eût permis de vivre comme il l'a toujours fait avec sa sœur Geneviève, avec la De Brie, avec la Du Parc, avec toutes celles qui passaient dans la troupe?

Madeleine a toujours vécu avec la pensée de devenir Mme de Modène. Si Molière a traversé son cœur, ç'a été par aventure, mais elle n'a pas fait avec lui ce mariage de la main gauche dont on a trop parlé. Voilà pourquoi Molière était bien sûr en épousant Armande de ne pas épouser sa fille.

LIVRE III

LES LARMES DE MOLIÈRE

LA VIE A VOL D'OISEAU — LE MARIAGE DE MOLIÈRE
DE LA VERTU DES COMÉDIENNES — ARMANDE AU THÉATRE
LES NUÉES, LES ORAGES, LES ARCS-EN-CIEL

I

L aimait les femmes le moraliste qui a dit ceci : « Les maris sont toujours dans leur tort, parce que c'est la main de l'homme qui fait la douceur ou la rébellion de la femme. » Molière a-t-il eu des torts? Son seul tort a été d'épouser Armande, voulant marier ainsi l'automne au printemps, selon l'expression de Voltaire. Mais n'a-t-il pas eu un autre tort en jetant Armande sur la scène au lieu de l'emprisonner doucement chez lui? N'était-ce pas la jeter dans tous les périls, surtout en ce temps-là où la scène était envahie par MM. les marquis de Versailles, en ce temps-là où les comédiennes jouaient tous les rôles, excepté celui de Pénélope ou de Lucrèce? Peut-être Molière, s'il eût été un sage dans sa vie privée, eût quelque peu sacrifié au mari le comédien dans ses physionomies les plus risquées. Il est toujours dangereux de jouer le *Cocu imaginaire*, quand on n'est plus jeune, devant une femme de vingt ans.

Certes Molière avait de bonnes cartes dans son jeu : la première, c'est qu'il avait retourné le roi et que le roi était Molière; la seconde, c'est qu'il avait retourné un autre roi qui s'appelait Louis XIV. Mais Mme Molière ne saluait pas un roi dans Molière, parce que pour elle c'était un comédien comme les autres, un peu plus que les autres. Elle ne voyait pas que Louis XIV fût bon camarade à Molière, puisqu'il ne lui donnait qu'une pension de mille francs quand il en donnait de plus fortes aux autres poëtes; d'ailleurs, ce titre de valet de chambre devait l'indigner quand les grands seigneurs lui débitaient des madrigaux.

Il y eut par-dessus tout cela une chose grave. Ici la comédie se change en drame. Le bruit se répandit qu'elle était fille de Molière : épouvantable calomnie. Mais tout en n'y croyant pas elle-même, n'eut-elle pas l'effroi qu'on la crût mariée à son père? C'en était peut-être assez pour la rejeter hors de ses bras.

Là est peut-être le grand secret, non-seulement des chagrins de Molière, mais de son perpétuel pardon. Alors, c'est qu'il comprenait que la calomnie qui l'avait frappé avait fatalement égaré sa femme : je ne sais rien de plus tragique dans le théâtre antique, non plus que dans le théâtre moderne. C'est de l'Eschyle et du Shakespeare.

II

Avant de conter le mariage de Molière, voyons le jeu de son cœur à vol d'oiseau. Nous repassons par des espaces déjà entrevus; mais Molière ne dit pas tout au premier mot.

Après avoir échafaudé mille romans sur le sable mouvant du rêve, les historiens les plus aveugles finiront par reconnaître la vérité sous tous les affublements dont ils l'ont voilée. C'est que la vérité triomphe de tout. Elle subit comme toutes les femmes les caprices de la mode. Chaque génération a ses couleurs; mais il n'est pas de génération où la vérité, rejetant toutes les draperies, fussent-elles étoilées d'or, ne se montre toute nue dans sa splendeur radieuse.

Molière n'échappera pas à sa destinée : il a passé de l'étude de la philosophie à la boutique de maître Poquelin, un tyran paternel. De cette prison il s'échappe, en promettant d'être avocat, à l'étude de droit pour complaire à son père qui le fera « indoctorer pour son argent ». Mais il ne sera point un avocat sérieux : bientôt il ne va plus à la Sorbonne parce que l'étude du *Canonique* ne vaut pas pour lui le spectacle de l'Orviétan. Au palais il rencontre un comédien qui va se faire avocat. « Eh bien, lui dit-il, moi qui suis avocat, je vais me faire comédien. » La comédie humaine était déjà dans son esprit : tout pour lui prenait la forme du théâtre. Ses meilleures heures se passaient, non-seulement à l'Hôtel de Bourgogne, au Lion d'Argent, à la féerie des Italiens, mais encore devant les parades du Pont-Neuf. Tous les spectacles le prennent, à ce point qu'un jour il crée son théâtre pour monter lui-même sur la scène. Il a racolé des camarades du collège et de la Bazoche : quelques enfants prodigues ou enfants perdus, gentillâtres sans domaine, aventuriers sans famille, poètes sans poésie ou poètes de la poésie en action, tous amoureux des comédiennes. Où prend-il les femmes? N'y a-t-il pas des échappées des trois théâtres? N'y a-t-il pas des aspirantes aux rôles de coquines comme aux rôles de reines, qui veulent s'égarer dans l'imbroglio? C'est avec tout cela que se fonde l'*Illustre Théâtre*. Il ne manque qu'une chose à cet Illustre

ARMANDE DANS ERIPHILE

ARMANDE DANS PSYCHÉ

Théâtre : c'est le public. On le cherche au Marais, on le cherche au faubourg Saint-Germain. C'est en vain que Molière s'évertue à déclamer comme Mondory, à faire le beau comme Floridor; dans son enthousiasme il se croit tragédien. La moquerie n'a pas encore hanté sa lèvre. Il commence par des tragédies ou des tragi-comédies. Mais, quoi qu'il fasse, il joue dans le désert.

Les Béjart, « comédiens de campagne », comme on disait dans ce temps-là, viennent à la rescousse. Mais Madeleine, l'étoile de la troupe, a beau brûler le parterre de ses œillades, on ne se dispute pas aux portes. Des gens de qualité viennent la voir parce que M. de Modène, son amant en titre, est de la Cour. Ce n'est point assez pour détourner le flot qui va tous les jours aux trois théâtres.

Cependant Molière s'obstine. Il veut avoir raison, parce qu'il se sent déjà le Molière futur. Rien ne lui coûte pour sa gloire. Il jette dans le gouffre, non-seulement tout l'argent de la succession de sa mère, mais tout l'argent que lui prêtent ses amis. C'est au point qu'un jour il sera mis en prison comme le premier venu par les créanciers de l'Illustre Théâtre. Ce n'est pas seulement le comédien malheureux ni l'auteur dramatique en herbe qui s'irrite contre le sort, c'est l'amant de Geneviève Béjart. Il a vingt ans, elle en a dix-huit. Pendant que l'altière Madeleine traîne à son char les gentilshommes de la Cour, Geneviève est tout heureuse de trouver Molière à ses pieds. Geneviève est fort jolie; bien plus que Madeleine, elle est de la nature des amoureuses : simple et souple, nonchalante et abandonnée, elle veut tout ce qu'on veut si son cœur est content. Comment ne pas continuer ce roman tragi-comique ? Il le continuera. Voilà pourquoi un jour Scarron le verra entrer dans la ville du Mans sur le chariot légendaire. Ce n'est pas le char d'Apollon conduisant les Muses et les poëtes, c'est le char de Thespis qui va cahotant dans l'imprévu. Ce chariot a son étoile. C'est Geneviève, parce que c'est la jeunesse, parce que la jeunesse triomphe de tout *.

La troupe va se caravaner par toute la France : du nord au sud, de l'occident à l'orient. Molière se fait la main. On pourrait dire qu'il se fait la griffe. Il passe sa plus belle jeunesse dans tous les théâtres improvisés des grandes et des petites villes. Un peu plus il resterait en province, tant la province lui va au cœur. Les troupes errantes viennent marier leur fortune à la sienne. A Lyon, il conquiert du même coup deux comédiens et deux comédiennes qui presque toujours suivront sa destinée; les deux comédiennes seront avec Geneviève les trois Muses de sa jeunesse, car l'une s'appelle Mlle De Brie et l'autre Mlle Du Parc.

La première n'a jamais été à pareille fête. Il n'y a pas de gazette pour faire retentir jusqu'à Paris le bruit des triomphes de la caravane. C'est qu'il n'y a pas là seulement de bons comédiens et de charmantes comédiennes, il vient de naître dans la troupe un poëte comique comme il n'y en a pas en France. Ce poëte comique c'est Molière, qui a donné *l'Étourdi* et *le Dépit amoureux*. Aussi, quand tout ce monde que domine Molière va venir à Rouen, le vieux Corneille applaudira de toutes ses forces, et donnera à Molière un passe-port pour Paris et une lettre de recommandation pour l'immortalité.

Enfin, l'Illustre Théâtre va donc renaître. C'est le roi Louis XIV lui-même qui le

---

* Disait-on déjà que le théâtre avait son étoile, quand Scarron a surnommé l'Estoile, l'héroïne de son roman ?

sacre, c'est le frère du roi qui lui donne asile. Les comédiens de l'Hôtel de Bourgogne et du Lion d'Argent lèvent la tête et se demandent d'où vient cet incornu. C'est alors que Molière, à pleines voiles, tente la mer des surprises. Il va de chefs-d'œuvre en chefs-d'œuvre. Il ne sait pas sa force, mais il sait son courage; sa fortune littéraire ne l'a pas fait riche. Pauvre, il est revenu de la province; pauvre, il est encore après cette merveilleuse comédie qui s'appelle *l'École des Maris*. C'est qu'il est le père de famille de toute une troupe gourmande. Ce qui lui manque le plus, ce n'est pas l'argent, c'est le temps qui est de l'or pour un créateur. Ses trois maîtresses plus ou moins impérieuses, Geneviève, Mlle De Brie, Mlle Du Parc, lui prennent tous ses entr'actes. Pourquoi ne reposerait-il pas sur le sein d'une femme qui serait sa femme et qui le désemprisonnerait de ses maîtresses?

Cette femme qui a toutes les virginités du corps et de l'âme, elle est là sous sa main. Ne l'a-t-il pas pressentie en écrivant le rôle d'Arnolphe? Ce trésor il n'ose le prendre, ce bouquet de fleurs d'avril il n'ose le respirer; mais voilà qu'un jour Armande Béjart, que sa mère garde trop en maîtresse d'école, comme si elle craignait d'avouer qu'elle a une fille de vingt ans, vient se jeter éperdument dans les bras de Molière : « Sauvez-moi de ma mère, je vous aime, prenez-moi » C'est le rêve de Molière qui bat des ailes sur son cœur. Les larmes lui tombent des yeux, il épousera Armande. Il le jure à lui comme à elle. C'est alors qu'au théâtre, dans une assemblée, il demande pour la femme qu'il épousera une part en plus. Quelle sera cette femme ? Il ne le dit pas. Mais c'est le secret de la comédie. Comment pouvait-il dire tout haut à la Du Parc, à la De Brie, à Geneviève Béjart qu'il épousait Armande? à Geneviève Béjart surtout, qui sans doute croyait vaguement encore qu'elle serait Mme Molière. Qui sait? Molière ne voulait peut-être pas non plus parler haut devant Madeleine; non pas que Madeleine songeât à épouser Molière, mais parce qu'elle rêvait pour mari de sa fille quelque personnage ami de M. de Modène.

C'est en avril 1661 que Molière fait pressentir qu'il va se marier. Ce n'est qu'en février 1662 qu'il se marie. Presque une année de luttes contre toutes ses femmes : rude préface d'un mariage qui devint plus rude que la préface.

Il se marie à la fin : mauvais augure pour un mariage sérieux. C'est la veille du mardi-gras que se passe la cérémonie; c'est le jour du mardi-gras qu'il fête les noces.

Mais pourquoi fait-il une comédienne de sa femme? N'est-ce pas elle déjà qu'il a fait apparaître en Néréide, à peine vêtue de roseaux et voilée de sa chevelure? Molière voulait-il prouver que cette belle créature était sa conquête? Il y a des hommes qui ont le tort d'être orgueilleux de leur bonheur. Si Armande ne sortit pas de la conque aux fêtes de Vaux, il est hors de doute que ce fut elle qui apparut aux Parisiens dans le même rôle, ce qui la montrait plus déshabillée que sa mère, puisqu'elle ne se montrait pas dans une perspective aussi lointaine.

Voilà donc Molière marié, préoccupé de faire des rôles à sa femme, tout en se préoccupant de faire des chefs-d'œuvre. Il y eut une lune de miel, non pas dans un ciel sans nuages, mais avec des horizons bleus. Dans la *Critique de l'École des Femmes*, Molière s'accuse, par la bouche d'Armande, de n'être pas le mari idéal qu'elle a rêvé. Mais il se croit trop bien dans sa maison pour avoir peur du lendemain.

Le lendemain, c'est *la Princesse d'Élide*. Elle va se montrer à la Cour, non pas en Naïade, mais vêtue de plus d'or et d'argent que les princesses elles-mêmes. Elle emporte tous les cœurs. C'est à qui se jettera sur son passage parmi les ducs, les marquis et les abbés, pour lui faire un compliment. Ce n'est plus une comédienne, c'est une déesse. Molière est enivré lui-même. Cette femme qui est l'adoration de toute la Cour, c'est sa femme à lui.

Mais le lendemain, ce n'est plus sa femme. Peut-être ne lui a-t-on pris d'abord que l'esprit, le cœur, l'âme d'Armande. Peut-être le corps est-il encore à lui, s'il y a des corps sans âme. Mais il ne sera pas longtemps sans s'apercevoir, lui qui veut être aveugle, que dans son épitaphe, Scarron ne se trompait pas en écrivant : « Je lègue à Molière le cocuage. »

C'en est fait de toutes ses joies. Sa vie ne sera plus qu'un long martyre illuminé par le génie. Ce grand cœur mourra mille fois frappé par la jalousie, déchiré par la trahison, ressuscitant à force d'amour; car rien ne tuera cet amour : ni la raison, ni le mépris, ni la mort elle-même. Ne sentez-vous pas que cette âme en peine demande à être consolée?

Voilà la femme qu'il s'est donnée; voilà la femme qui est venue un matin ouvrir sa fenêtre sur le paradis retrouvé, pour le précipiter bientôt tout brisé dans l'enfer de la passion.

Une seule femme pleurera avec lui pour le consoler, une des trois femmes qu'il a aimées dans sa jeunesse : ce ne sera pas la Du Parc que Racine lui a enlevée, ce ne sera pas Geneviève Béjart qui a voulu se consoler elle-même par le mariage; ce sera la De Brie, le chien de la maison qui lèche les blessures et boit les larmes.

Cette tragédie du martyre qui éclate dans les cris d'Alceste aura ses entr'actes. Armande Béjart consolera elle-même son mari, parce qu'il est Molière et qu'il lui fait des rôles. De distance en distance, quand elle se brouillera avec un amant, elle se raccommodera avec Molière, mais pour s'échapper bientôt en d'autres aventures.

Et quand mourra Molière, elle fera semblant d'être là, mais il mourra dans les bras de deux sœurs de charité, pendant qu'au-dessous de lui elle refera sa figure du monde après sa figure de comédienne. Le lendemain, il est vrai, elle poussera de grands cris; elle ira se jeter aux pieds de Louis XIV, pour que Molière ait un meilleur lit dans la tombe que dans la vie*.

Cette expansion ne durera qu'un jour. Elle rencontrera un comédien sans génie, sous le nom duquel elle effacera le nom de Molière. La femme du plus grand homme du XVIIe siècle ne rougira pas de s'appeler Mme Guérin.

Ce n'est pas tout. La fille qu'elle a eue de Molière, elle la sacrifiera au fils qu'elle va avoir de Guérin. Ce n'est point assez d'avoir fait le malheur du poète, elle fera le malheur de Madeleine de Molière.

Voilà, à grands traits, la vie de Molière et de sa femme. Ceci n'est qu'une ébauche rapide indiquant à peine les figures, que nous allons maintenant étudier tantôt isolées comme des portraits, tantôt en scène sur le théâtre de la vie.

---

* Ce jour-là, Armande Béjart fut vraiment la femme de Molière, mais c'était le lendemain de sa mort.

III

Molière s'était trop volontiers imaginé qu'on peut faire sa vie comme on fait une comédie ; mais s'il est difficile de faire une pièce de théâtre comme le *Misanthrope* ou comme *Tartufe*, il est plus difficile encore de faire une vie exempte d'orages. De tous les livres, le livre de sa vie est le moins facile à faire. Ainsi, Molière courant la province au milieu de la famille Béjart, vivant familièrement avec les deux frères, vivant dans l'intimité avec Madeleine Béjart, avec Geneviève Béjart, avec Armande Béjart, pensa que cette seconde famille était bien plus la sienne que la première. Aussi jura-t-il de ne s'en séparer jamais.

S'il faut prendre à la lettre la confession d'Arnolphe de l'*École des Femmes*, Molière était depuis treize ans le tuteur d'Armande. Il l'aimait d'un amour de frère, d'un amour d'artiste pour tout ce qui est jeune et beau. Il la couvrait de sa dignité dans son monde romanesque, il lui dévoilait la vie dans ses perspectives lumineuses. Il tentait de faire rayonner dans ce cœur et dans cet esprit sa bonté et sa raison : rayons perdus parce que les semailles étaient stériles ; il ne germa que l'ivraie. La moisson d'Armande fut tout un champ de bluets et de coquelicots : c'était plus beau à ses yeux que la gerbe d'or.

Elle appelait Molière son petit mari, mais je crois qu'il fut bien étonné quand elle lui vint dire une fois, tout éplorée après une scène avec sa mère : « Je ne vous quitte plus. » Jusque-là Molière, sans doute, n'avait pas un seul instant songé que cette grande fillette pût devenir sa femme : le cœur ne voit pas loin. Molière fut-il du premier coup touché profondément ? voulut-il détourner Agnès de ses bras ? l'appuya-t-il doucement sur son sein ? Sans doute il adoucit ce désespoir de dix-huit ans, peut-être il but les premières larmes de ces beaux yeux, mais tout en se promettant de reconduire Armande à sa mère. Certes il n'était pas homme à profiter d'une première effusion ou d'un premier affolement.

Toute une année se passa. Aucun écho ne nous est venu des scènes entre la mère et la fille, non plus que des causeries entre Molière et Armande, non plus que des jalousies de Geneviève Béjart et de Catherine De Brie. Sans doute tout cela fit grand bruit à la Comédie ; je me trompe, on dut en parler tout bas pour ne pas brouiller les cartes ou dans la peur du maître et de la maîtresse, je veux dire de la troupe, car, encore une fois, Madeleine Béjart n'était pas la maîtresse de Molière.

Si Armande, après une année de fiançailles plus ou moins officielles, plus ou moins mystérieuses, épousa Molière, c'est qu'elle le voulut bien ; non pas que Molière ne trouvât un vif contentement dans ce mariage, mais parce qu'il n'eût pas consenti un seul instant à imposer sa volonté à cette fille si jeune, lui que les années avaient déjà marqué pour les pères nobles. Combien de combats dans son âme avant ce mariage fatal, soit qu'il eût la vision de sa destinée, soit qu'il s'offensât contre lui-même de mettre sur son cœur déjà dévasté par les passions cet adorable bouquet de jeunesse !

Selon Grimarest, Madeleine Béjart fut longtemps opposée au mariage de sa fille avec Molière. Selon l'auteur anonyme de *la Fameuse Comédienne*, elle jeta sa fille dans les bras de Molière. Les deux conteurs se trompent. Madeleine, à son âge, était revenue de

LE MISANTROPE.

tout, même du mariage ; elle n'était donc point jalouse de sa fille. Mais elle savait trop le danger du théâtre pour la marier à Molière de gaieté de cœur, surtout en face de sa sœur Geneviève, de Catherine De Brie, de Mlle Du Parc, qui toutes avaient droit de jouer le jalousie. Madeleine ne fut donc pas furieuse en pressentant ce mariage, mais elle ne dit pas non plus à Molière qu'il devait « remarquer la joie naturelle de sa fille quand elle le voyait entrer ». Cette rare comédienne était trop spirituelle et trop mondaine pour jouer la comédie chez elle, je crois qu'elle était de celles qui savent qu'on n'empêche rien dans les affaires de cœur.

Le 23 janvier 1662, on signa le contrat de mariage. Furent présents : « Jean-Baptiste Poquelin de Molière, demeurant à Paris, rue Saint-Thomas-du-Louvre, paroisse Saint-Germain-l'Auxerrois, pour lui en son nom d'une part, et damoiselle Marie Hervé, veuve de feu Joseph Béjart, vivant écuyer, sieur de Belleville, demeurant à Paris, dans la place du Palais-Royal, stipulant en cette partie pour damoiselle Armande-Grésinde-Claire-Elisabeth Béjart, sa fille, et dudit défunt sieur de Belleville, âgée de vingt ans ou environ, à ce présente de son vouloir et consentement d'autre part; lesquelles parties en la présence par l'avis et conseil de leurs parents et amis, savoir : de la part dudit sieur de Molière, de sieur Jean Poquelin son père, tapissier et valet de chambre du Roi, et sieur André Boudet, marchand bourgeois de Paris, beau-frère à cause de damoiselle Marie-Madeleine Poquelin sa femme, et de ladite damoiselle Armande-Grésinde-Claire-Elisabeth Béjart; de damoiselle Madeleine Béjart, fille usante et jouissante de ses biens et droits, sœur de ladite damoiselle, et de Louis Béjart son frère, demeurant avec ladite damoiselle, leur mère, dans ladite place du Palais-Royal, ont fait et accords entre elles, de bonne foi, les traités et conventions de mariage qui suivent. C'est à savoir que lesdits sieurs de Molière et damoiselle Armande-Grésinde-Claire-Elisabeth Béjart, du consentement susdit, se sont promis prendre l'un et l'autre par nom et loi de mariage, et, icelui solenniser en face de notre Mère Sainte Eglise, si Dieu et notre dite Mère s'y consentent et accordent. Pour être les futurs époux uns et communs en tous biens meubles et conquêts immeubles, suivant et au désir de la coutume de cette ville, prévôté et vicomté de Paris. Ne sont tenus des dettes l'un de l'autre faites et créées avant la célébration du mariage, et, s'il y en a, seront payées par celui qui les aura faites et sur son bien sans que celui de l'autre en soit tenu. En faveur des présentes, ladite damoiselle mère de ladite damoiselle future épouse a promis bailler et donner auxdits futurs époux, à cause de ladite damoiselle, sa fille, la veille de leurs épousailles, la somme de dix mille livres tournois. » Comme on dirait aujourd'hui une dot de cinquante mille francs.

Molière fit ce qu'on appelle « un beau mariage ». En effet, ce fut un mariage d'argent. Sa femme apportait en dot plus qu'il n'avait. Elle apportait en outre « des espérances », sans parler ici de ses vingt années radieuses et de sa beauté toute rayonnante.

L'acte de mariage de Molière était inscrit au registre 161 de Saint-Germain-l'Auxerrois; ce registre passa aux Archives de la Ville, où il fut inscrit sous le n° d'ordre des mariages. « Du lundy vingtiesme (février), Jean-Baptiste Poquelin, fils de Jean Poquelin et de feüe Marie de Cresé d'une part, et Armande-Grésinde Béiart, fille de feu Joseph Béiard et de Marie Hervé d'autre part, tous deux de cette paroisse, vis-à-vis le Palais-Royal, fiancés et mariés tout ensemble par permission de M. Comtes (sic), doyen de Nostre-Dame et grand vicaire de Monseigneur le cardinal de Retz, archevêque de Paris; en présence de Jean Poquelin, père du marié, et de André Boudet, beau-frère dudit marié et de ladite dame

Hervé, mère de la mariée, et Louis Béiard et Madeleine Béiard, frère et sœur de ladite mariée, et *d'autres*, avec dispense de deux bans. »

Cet acte est signé J.-B. Poquelin (c'est Molière); J. Poquelin (c'est son père); Boudet (c'est son beau-frère); Marie Hervé (c'est la grand'mère d'Armande Béjart); Armande-Grésinde Béjart, Louis Béjart et *Béjart* (Madeleine Béjart).

Le mariage se fit le lundi-gras, la noce le mardi-gras.

Le discret La Grange a bientôt conté le mariage de Molière. On sait que l'année théâtrale finissait à la semaine sainte. Après la première représentation du 1er avril 1661, il avait inscrit *le Cocu* sans y ajouter le mot consacré *imaginaire*, et il avait annoncé le mariage de Molière et d'Armande Béjart, ce qui était certes d'un bien mauvais augure.

Après avoir constaté que « la recepte pour une part entière depuis le vendredy 9 avril 1660 jusqu'au 1er avril 1661 qu'on a fermé le théâtre étoit de 2.477 livres 6 sous », il avait mis au bas de la page, car en ce temps-là on ne voulait pas perdre de papier, ce premier avertissement de Molière :

« Avant que de recommencer après Pasques au Palais-Royal, Monsieur de Molière demanda deux partz au lieu d'une qu'il avoit. La troupe les luy donne pour luy ou pour sa femme s'il se marioit. Ainsi la troupe ayant continué sur le pied de douze parts depuis 1660, 9me avril furent augmentez d'une part en 1661. »

Et en 1662, sous cette note, La Grange ajouta ces deux lignes :

« M. de Molière espouza Armande-Claire-Elisabeth-Grésinde Béjart le mardy gras de 1662. »

On trouvera quelque peu étrange que Molière ait pour la première fois parlé de son mariage aux comédiens après avoir joué *le Cocu* et qu'il se soit marié le mardi-gras. S'il a attendu dix mois, était-ce pour choisir le jour? La Grange, ce jour-là, ne met en marge de son fameux livre que ce simple mot : Molière se marie.

Mais il est plus éloquent avec son pinceau, car il peint comme augure sa fameuse lune bleue qui est chez lui un signe de joie.

Le soir, M. de Molière joua *l'École des Maris* et *les Visionnaires*. Avait-il bien les visions d'un amoureux?

A la scène sixième du second acte, sans doute Molière était heureux quand il s'écriait :

> *Dans quel ravissement est-ce que mon cœur nage,*
> *Lorsque je vois en elle une fille si sage !*
> *C'est un trésor d'honneur que j'ai dans ma maison.*
> *Prendre un regard d'amour pour une trahison !*

Et quand il dit à l'amoureux :

> *Enverrez-vous encor, monsieur aux blonds cheveux,*
> *Avec des boîtes d'or des billets amoureux?*
> *Vous pensiez bien trouver quelque jeune coquette,*
> *Friande de l'intrigue et tendre à la fleurette.*
> *Vous voyez de quel air on reçoit vos joyaux.*
> *Croyez-moi, c'est tirer vivos poudre aux moineaux :*
> *Elle est sage, elle m'aime, et votre amour l'outrage.*
> *Prenez visée ailleurs et troussez-moi bagage.*

Sganarelle qui prend pour de l'argent comptant les paroles d'Isabelle, ne sera-ce pas bientôt Molière qui croira que le comte de Guiche ou le marquis de Richelieu tireront *leur poudre aux moineaux* en pirouettant autour de sa femme?

A la fin de la pièce, Sganarelle pensait-il à l'avenir quand il dit :

> *J'aurois pour elle au feu mis la main que voilà.*
> *Malheureux qui se fie à femme après cela !*

Mais sans doute Molière débitait, ce soir-là, les vers de *l'École des Maris* sans se croire à l'école, car il était trop amoureux de sa femme pour craindre une fête sans lendemain. Et puis ce n'était pas sous la figure de Sganarelle qu'il s'était peint. Il avait fait pour lui, pour le Molière philosophe, comédien et mari, le rôle d'Ariste. Aussi était-il radieux, n'en doutons pas, en voyant Armande en scène sous la figure de Léonor; car si Ariste est le sage de la pièce, Léonor en est la poésie.

Un des secrets de la comédie est de mettre les hommes en opposition avec leur caractère, ou le caractère qu'ils se donnent. Mais ce qui prouve que la comédie ne corrige pas, c'est que Molière, si sage dans ses créations, donna dans presque toutes les folies dont il rit si gaiement. C'est la force des choses! Tout le monde raisonne, mais qui donc est raisonnable?

IV

Au premier croissant de la lune de miel, Mme Molière, comme toutes les femmes, cherchait dans son mari un héros de roman; or, elle ne dut pas être poétiquement édifiée, si elle alla voir, ce qui n'est pas douteux, à l'Hôtel de Bourgogne, *l'Impromptu de l'hôtel de Condé*, une réplique à *l'Impromptu de Versailles*, où Molière était peint ainsi :

LE MARQUIS

Il est vrai qu'il récite avecque beaucoup d'art,
Témoin, dedans Pompée, *alors qu'il fait César.*
Madame, avez-vous vu dans ces tapisseries
Ces héros de roman ?

LA MARQUISE

Oui.

LE MARQUIS

Belles railleries !

ALCIDON

Il est fait tout de même, il vient le nez au vent,
Les pieds en parenthèse et l'épaule en avant ;
Sa perruque le suit du côté qu'il avance,
Plus pleine de lauriers qu'un jambon de Mayence.

Ah! s'il avait pu jouer à toute heure dans la vie le rôle du Misanthrope avec son grand air et sa haute raillerie, il eût sans doute marqué encore sa domination sur cette femme affolée de vanités mondaines; mais il lui fallait jouer tous les rôles. Il avait commencé par *le Cocu imaginaire*, il devait finir par *le Malade imaginaire*. Il lui fallait rire en public et pleurer chez lui. Et combien de larmes !

Molière était bien un peu grave pour distraire dans son intérieur une jeune femme curieuse, qui avait entrevu toutes les fêtes du monde.

Il est reconnu que Molière ne riait pas et parlait peu; c'était la méditation dans le silence, car souvent à table « il n'entendait pas le bruit que faisaient les autres ». Il vivait éternellement dans sa comédie; il créait un monde et il pressentait peut-être qu'il n'aurait pas le temps de le parachever. Un homme ainsi fait ne devait pas être un mari bien amusant. Le génie dans le mariage n'est pas le génie du mariage. Pour Molière, sa femme était le rayonnement, le sourire, le bouquet, la chanson, qui vient traverser les heures studieuses. Mais beaucoup de femmes trouveront bien naturel que Mme Molière ait été chercher ailleurs le rayonnement, le sourire, le bouquet, la chanson ! Une créature plus sérieuse se fût contentée de porter glorieusement sur son front la renommée de Molière, comme une couronne immortelle. Armande avait encore d'autres privilèges : n'était-elle pas, grâce à Molière, la reine du théâtre? Ne jouait-elle pas les plus beaux rôles sous les ajustements les plus somptueux ? Pourquoi ne se contenta-t-elle pas de cet amant toujours enthousiaste qu'on appelle le public, cet amant qui revient tous les jours avec la même ferveur, qui n'a jamais les insolences de celui qui a pris des gages ?

Dès que Molière fut marié, il s'évertua à disposer pour sa femme un appartement digne de cette jeune beauté. Est-ce pour cela que Grimarest a dit plus tard qu'à peine mariée elle se crut une duchesse ? Molière, qui s'y entendait, je ne dirai pas comme tapissier, mais comme metteur en scène, prodigua sous les pieds de sa femme les plus belles étoffes et les plus belles tapisseries : tapis de Turquie, tentures de tapisseries d'Auvergne ou verdure de Flandre, rideaux de fenêtres de taffetas blanc à fleurs aurore, rideaux d'alcôve « de taffetas rouge cramoisi garni de franges et mollet de soie aurore avec cordons et houppes ».

Lui donna-t-il déjà ce lit, vrai lit d'apparat qui se trouve ainsi décrit dans l'inventaire : « Une couche à pieds d'aiglons, peints de bronze vert, avec un dossier peint et doré, sculpture et dorure; un sommier de crin, deux matelas de futaine, des deux côtés, remplis de bourre d'Hollande; un lit et traversin de coutil de Bruxelles, remplis de plume. Un dôme à fond d'azur, sculpture et dorure, avec quatre aigles de relief de bois doré; quatre pommes, façon de vases, aussi de bois doré, ledit dôme garni par dedans de taffetas aurore et vert en huit pentes, avec le plafond, l'entour du lit d'une seule pièce de deux aunes et un quart de haut de pareil taffetas; le tout garni de frange aurore et vert. Une dôme plus petit et un pavillon pour le dedans, de bois doré, sculpture façon de campane; le pavillon en trois pièces de taffetas gris de lin, brodé d'un petit cordonnet d'or, avec frange et cordonnet et soie, et doublé d'un petit taffetas d'Avignon; ledit garni dedans de pareil taffetas, frange et mollet et brodée avec chiffres, doublée de toile boucassine rouge. Quatre rideaux de deux aunes un tiers de haut de brocart à fleur en fond violet, garnis d'agrément d'or faux et soie verte, frange et mollet d'or fin et soie verte; trois soubassements et trois pentes à campanes garnies de galons or faux et soie verte, avec les cordons et houppes gris de lin et or faux et vert et or faux les houppes finies; et encore un paquet de soie rouge cramoisi et trois pentes de satin vert, brodées de lames d'or, pour rehausser lesdites campanes. Le tout prisé ensemble deux mille livres. »

Peut-être ce lit fameux, qui serait aujourd'hui estimé dix mille francs, ne fut-il que le lit de la réconciliation quand Molière rouvrit sa porte à l'éternelle chercheuse qui, sans doute, revenait à Molière avec l'attrait du renouveau ; mais assurément le premier lit conjugal fut digne du second.

La belle paresseuse avait des lits de repos partout comme celui-ci que décrit ainsi l'inventaire : « Lit de repos, sculpture et dorure, à deux chevets, de huit pieds de long, deux matelas en satin, quatre carreaux pareillement en satin fleurs à fond vert. »

Partout des portières de taffetas d'Angleterre bleu et blanc avec franges de soie de mêmes couleurs, cordons et houppes. Était-ce pour étouffer les disputes de ménage ou les impertinences amoureuses de messieurs les marquis? Non, c'était l'amour du luxe.

Et les fauteuils « à figures de sphinx » entièrement dorés, garnis de coussins et dossiers à pente de satin, à fleurs fond violet, franges et mollet or fin et soie verte.

« Et les carreaux de brocatelle de Venise remplis de plumes, garnis de houppes avec les porte-carreaux de bois garnis façon de la Chine, lesdits carreaux huit à grandes fleurs rouges et quatre vertes. »

Et les miroirs, et les porte-miroirs, et les clavecins, et les cabinets de vernis de la Chine, et les guéridons sculptés.

En un mot, c'était un ameublement de grand seigneur, d'artiste et de petite maîtresse.

Je ne parle pas d'un « coffre-fort de bois de chêne sculpté, garni de fer par dedans, à trois serrures et deux cadenas ». Était-ce là que Molière avait enfermé la vertu de sa femme? trois serrures et deux cadenas, ce n'était pas assez...

Pourquoi le bonheur n'entra-t-il pas dans la maison? C'est que le bonheur est un hôte bien difficile à vivre; il n'y a point de château, ni de palais, ni d'Alhambra qui le retienne. Comme la fortune, il va et vient selon sa fantaisie. Combien qui l'ont vu passer un jour et qui l'ont vainement attendu le lendemain! Selon Grimarest, Armande « ne fut pas plutôt Mlle Molière, qu'elle crut être au rang des duchesses, et elle ne se fut pas plutôt donnée en spectacle à la Comédie, que le courtisan désoccupé en conta ».

Molière fut, à n'en pas douter, le meilleur homme du monde pour sa femme comme pour ses amis; mais une fois marié, le démon de la poésie et le démon du théâtre le reprirent peut-être trop vite. Il y avait chez lui une femme de plus, lui qui ne vivait pas de temps perdu, lui qui n'avait même pas le loisir de cueillir l'heure. Il passa trop vite devant les caprices, les fantaisies, les « gourmandises » d'Armande. Il la traita en enfant gâté ; aussi un an et demi après, dans *l'Impromptu de Versailles*, donne-t-il le diapason de son intérieur par ce dialogue avec sa femme :

« Mlle Molière. — Voulez-vous que je vous dise? vous devriez faire une comédie où vous auriez joué tout seul.

Molière. — Taisez-vous, ma femme, vous êtes une bête.

Mlle Molière. — Grand merci, monsieur mon mari. Voilà ce que c'est ! Le mariage change bien les gens, et vous ne m'auriez pas dit cela il y a dix-huit mois.

Molière. — Taisez-vous, je vous prie.

Mlle Molière. — C'est une chose étrange qu'une petite cérémonie soit capable de nous ôter toutes nos belles qualités, et qu'un mari et un galant regardent la même personne avec des yeux si différens.

Molière. — Que de discours!

Mlle Molière. — Ma foi, si je faisois une comédie, je la ferois sur ce sujet. Je justifierois les femmes de bien des choses dont on les accuse, et je ferois craindre aux maris la différence qu'il y a de leurs manières brusques aux civilités des galans.

MOLIÈRE. — Ah ! laissons cela. Il n'est pas question de causer maintenant, nous avons autre chose à faire. »

Par malheur, Molière devait dire souvent à sa femme : « Nous avons autre chose à faire. »

Vous voyez que cet intrépide comédien met toujours sa vie en scène ; son vrai cabinet de travail, c'est le théâtre ; il faut qu'il parle à toute heure à son ami le public. S'il n'est pas en scène, il n'est pas chez lui. Si Armande n'est pas la vraie femme, Molière est-il le vrai mari?

Croyons pourtant que Molière ne trouva point d'abord l'amertume au bord de la coupe. Armande, qui échappait à la tyrannie de sa mère, car sa mère la connaissait déjà trop pour lâcher les rênes à cette petite cavale indomptable, dut trouver bien douce la douceur de Molière, cette douceur faite d'amour et de bonté. D'ailleurs, elle était fière de voir le maître à ses pieds, car pour tout le monde autour d'elle, c'était le maître. Elle avait trop d'esprit pour ne pas comprendre que Molière avait la double personnalité du comédien et de l'auteur dramatique. Elle savait qu'il était bien vu à la Cour. Elle voyait autour de lui d'illustres amitiés. Tout cela, c'était le bonheur que donne l'orgueil, sinon le bonheur que donne l'amour. Il y avait aussi les joies de la curiosité. Toute jeune fille qui devient femme croit avoir ouvert le palais de l'imprévu. Molière avait loué, pour la lune de miel, la moitié d'une maison, rue Richelieu, où elle serait la maîtresse, séparée enfin de sa mère, séparée aussi de la De Brie qui, quoique toujours effacée et souriante comme un doux pastel mordu au soleil, inquiétait la jeune épousée. Car les filles savent tout, — surtout ce qu'on veut leur cacher.

Il y eut donc sans doute de belles heures pour Molière. Armande a dû venir bien des fois, aux premières aurores de ce mariage, se pencher en déployant ses bras comme des ailes sur Molière tout rajeuni par le bonheur. C'était la chanson d'avril qui revient comme un écho aux jours moins chanteurs de juillet. Que de douces paroles fleurissaient sur les lèvres ! Quels duos jaillis du cœur ! Les beaux cheveux blonds déjà brunissants de la jeune femme dont les portraits nous montrent les ondes rebelles devaient caresser bien doucement le front rêveur et la bouche amoureuse de Molière. Comme il devait étreindre passionnément cette gerbe de jeunesse, qui embaumait sa vie et qui illuminait son âme! Combien de fois elle a dû lui dire : « Me trouvez-vous belle, monsieur de Molière ? » Combien de fois Molière devait lui répondre : « Je te trouve trop belle ! »

V

Pour juger Mme Molière par le cœur, par la passion, par le sentiment, par la coquetterie, il faut avoir été à l'école des femmes. Avant de se mettre en face d'Armande, en face de sa vie de jeune fille, de jeune femme, de jeune comédienne, il faut avoir lu le bréviaire des moralistes. Celui qui ne connaît pas les femmes, depuis les meilleures jusqu'aux pires, perdra son temps dans l'étude de cette impénétrable, qui n'a pas dit son secret à Molière.

LES LARMES DE MOLIÈRE

Depuis que Victor Hugo a refait une virginité à Marion Delorme, tous les historiens de France et d'outre-Rhin s'évertuent à réhabiliter les femmes plus ou moins perdues dans l'opinion publique. C'est ainsi qu'un Allemand est parti avec courage un matin de Munich, pour aller découvrir les vertus quelque peu compromises de Lucrèce Borgia. Aujourd'hui c'est le tour de la femme de Molière. La voilà canonisée ni plus ni moins *. Or l'histoire ne se paie pas d'éloquence. Si l'éloquence est d'argent, la vérité est d'or. Je serais désolé de passer pour l'accusateur public d'une femme célèbre, couchée dans le tombeau. La mort a ses privilèges. Si Dieu ne pardonne pas, Dieu oublie : pourquoi donc ne pas accepter que toutes les femmes mortes aient été vertueuses ?

C'est que l'histoire a des droits implacables, parce que la vérité, qui peut faire du tort à celle-là, peut faire du bien à celui-ci. A côté de Mme Molière il y a Molière, grande figure qui est l'orgueil de la France. Or, s'il est des énigmes dans la vie de Mme Molière, il en est aussi dans la vie de Molière. Il ne lui déplaît sans doute pas qu'on fasse aujourd'hui de sa femme une sainte, parce qu'il avait la bonté dans le génie, mais ne se moque-t-il pas un peu, par la lèvre amère du Misanthrope, des avocats d'office d'Armande Béjart, quelque spirituels qu'ils soient ?

C'est surtout Mme Molière qui doit se moquer d'eux sous son éventail. Bien plus, je suis sûr qu'elle leur en veut de la faire si blanche, car elle n'est pas fâchée de jouer éternellement le rôle de Célimène et d'être l'idole des gens de cour. Telle l'a faite la tradition. Or, qu'est-ce que la tradition, si ce n'est le clair de lune de l'histoire, qui doit être le soleil de la vérité ? Mais n'allons pas parler comme *les Précieuses ridicules*.

J'ai beaucoup étudié Mme Molière, parce que j'aime beaucoup Molière, l'homme dans le poëte, comme le poëte dans l'homme. Je vais apporter mes pièces au procès — toujours remis à huitaine — pour ou contre la vertu de Mme Molière **.

Les chevaleresques enthousiastes de la vertu de Mme Molière, qui combattent les derniers moulins à vent pour prouver que Molière ne joua dans sa vie que le rôle de cocu

---

* L'opinion de Voltaire, presque contemporain de Molière par ses amitiés avec ceux qui avaient connu le poëte du *Misanthrope*, a bien sa force ici. Or, que dit Voltaire ? « Molière, heureux par ses succès et par ses protecteurs, par ses amis et par sa fortune, ne le fut pas dans sa maison. Il avait épousé en 1662 une jeune fille, née de la Béjart et d'un gentilhomme nommé Modène. On disait que Molière en était le père : le soin avec lequel on avait répandu cette calomnie fit que plusieurs personnes prirent celui de la réfuter. On prouva que Molière n'avait connu la mère qu'après la naissance de cette fille. La disproportion d'âge et les dangers auxquels une comédienne jeune et belle est exposée rendirent ce mariage malheureux, et Molière, tout philosophe qu'il était d'ailleurs, essuya dans son domestique les dégoûts, les amertumes et quelquefois les ridicules qu'il avait si souvent joués sur le théâtre : tant il est vrai que les hommes qui sont au-dessus des autres par les talents s'en rapprochent presque toujours par les faiblesses, car pourquoi les talents nous mettraient-ils au-dessus de l'humanité ? » M. Auguste Vitu veut donner tort à Voltaire et à tout le monde. C'est avec l'esprit de la raison qu'il joue au paradoxe : les plus mauvaises causes ont les meilleurs avocats.

** On a dit que les contemporains de Molière avaient salué en passant la vertu de sa femme : singulier salut. En effet, dans *Élomire hypocondre*, que dit Bary :

                 Où souffrez-vous le plus au fort de ces tortures ?

Et Élomire répond :

                 Partout également jusque dans les jointures ;
                 Mais ce qui plus m'alarme encor qu'il le deust moins,
                 C'est une grosse toux avec mille tintoins,
                 Dont l'oreille me corne.

imaginaire, ne s'aperçoivent donc pas qu'en canonisant Armande Béjart, ils font de son mari un tyran odieux ou un fou ridicule ? En effet, si Mme Molière est une sainte femme, ce grand homme n'est plus ni un philosophe ni un homme, c'est un hypocondriaque échappé des petites-maisons. Il n'y a point de milieu ; il faut être pour le mari ou pour la femme : devant les larmes de Molière je me sens tout moi, esprit et cœur, pour le poëte du *Misanthrope*.

Les avocats d'Armande Béjart disent que Molière lui-même, tout en accusant sa femme, la représente comme une coquette rieuse et cruelle, qui donne à tout le monde le feu de ses yeux et le sourire de sa bouche, mais sans se donner elle-même. Molière était trop galant homme pour faire entrer le spectateur dans la coulisse. Il ne montre de sa maison que ce qui se voit sur la scène. Dans ses effusions avec ses amis, il s'avoue le plus malheureux des hommes ; mais il ne veut pas que Mignard, ni Chapelle, ni Boileau supposent qu'il soit trahi jusqu'au dénouement.

Il veut au moins échapper au ridicule. Il ne se montrera dans sa vie en face de sa femme que comme Alceste en face de Célimène. Il ne permettra pas à l'histoire d'enregistrer de par lui la chute d'Armande.

Molière avait sa vision comme Pascal, dit M. Édouard Thierry : « Il en avait même deux et marcha toujours entre deux abîmes ; sa vie comme son théâtre va du *Cocu imaginaire* au *Malade imaginaire*. » M. Édouard Thierry croit à la vertu de Mme Molière, il accuse tout le monde autour d'elle, mais il ne veut pas l'accuser. Voici comment il la peint en ses dernières saisons : « Mlle Guérin ne tarda pas à quitter le théâtre, elle n'était plus jeune, sans avoir cessé d'être agréable. Insouciante par négligence et par fierté, elle n'essaya pas de défendre sa position. Ses rôles l'abandonnèrent, elle les abandonna elle-même, et il est curieux de voir comme elle se laissa nonchalamment pousser en dehors du répertoire. Au mois d'avril elle fut mise à la retraite, heureuse d'aller chercher le repos et l'oubli dans sa solitude de Meudon*. »

Sur ce mot Bary s'écrie :

O ! les grandes merveilles !
Les cornes sont toujours fort proches des oreilles.

Éloinire s'indigne contre cette calomnie :

J'aurois des cornes, moy ! Moy ! je serois cocu !

Et la scène continue sur ce ton.

La réimpression des manuscrits de Tralage, ami du lieutenant de police La Reynie, porte un coup terrible à la femme de Molière : il la met au même diapason que Baron et la Champmeslé :

« Les principaux comédiens débauchez ont esté ou sont encore le sieur Baron, grand joueur et satyre ordinaire des jolies femmes ;

« La femme de Molière, entretenue à diverses fois par des gens de qualité et séparée de son mary ;

« Le sieur Champmeslé et sa femme, séparez l'un de l'autre par leur débauche ; la femme étoit grosse de son galant et sa servante étoit grosse du sieur Champmeslé, en même temps. »

* Les apôtres de Mme Molière la représentent comme la plus vertueuse des femmes sous le toit de son second mari. C'était la Madeleine repentie. Je crois qu'elle fit une rude pénitence. Mais, comme le remarque un historiographe commentateur, M. Jules Bonnassies, elle avait commencé avec Guérin « par prendre un à-compte sur les douceurs matrimoniales ». C'était aussi l'opinion des frères Parfaict, qui avaient été bien renseignés par Grandval.

L'ÉCOLE DES MARIS.

Qui vous dit qu'elle fut heureuse d'aller chercher le repos et l'oubli? Qui vous dit qu'elle n'emporta pas les amers regrets d'une Célimène adorant sa beauté et ne vivant que pour être en scène? Cette solitude, c'était la solitude forcée, d'autant plus que son mari, s'il la laissait condamner à la retraite, continuait de vivre au théâtre, où désormais il représentait à lui seul toute la dynastie des Molière et des Béjart.

Le défenseur de Mme Molière continue ainsi : « Qu'ils aient souffert l'un par l'autre, voilà la vérité incontestable. Le mariage leur fit un enfer domestique, mais un mauvais ménage ne suppose pas nécessairement les fautes de la femme. L'incompatibilité d'humeur suffit entre époux, et un premier malentendu devient celui de l'existence entière. On devrait se rappeler avant tout que Molière n'a jamais cessé d'aimer ni d'excuser Armande, et qu'il la demandait encore comme la consolation de ses derniers moments. Qui sait le mal que purent faire dans une telle union la calomnie de Montfleury le père; Madeleine, belle-sœur équivoque; Mlle De Brie, confidente suspecte? Femme et fière, Armande ne supporta jamais la défiance et les emportements injustes. Elle se vengea du soupçon en l'irritant par la coquetterie apparente ou réelle, mais toujours dangereuse. Veuve et libre, aussitôt qu'elle ne dut compte qu'à elle-même, elle s'interdit d'être coquette. »

C'est parler plutôt en avocat qu'en historien du cœur humain. Le sentiment qui inspire M. Thierry comme M. Vitu est trop noble pour être traversé cavalièrement. M. Thierry se demande si un autre mariage aurait rendu Molière moins inquiet et moins tourmenté. Il ne veut pas qu'Armande ait appris la jalousie à Molière. Il dit que la jalousie du Misanthrope n'est que la seconde édition de la jalousie de *Don Garcie* : qui sait si déjà, en 1661, Molière n'était pas jaloux de celle qu'il allait épouser? J'ai beau chercher, je ne trouve pas Molière jaloux avec ses maîtresses. Il prenait une femme au théâtre, il l'aimait et la perdait, bon jeu, bon argent, sans jeter des lamentations à la lune.

Les casuistes matrimoniaux vont venir au secours des avocats de Mme Molière, en disant que les maris trompés ne sont pas malheureux comme Molière, parce que leurs femmes, en payant aux autres la dîme de l'amour, consolent leurs maris par la dîme du mariage, ou plutôt parce que l'épouse qui trahit son mari par son amant trahit bientôt celui-ci par celui-là, tant la femme est ondoyante et diverse, aiguisant toujours sa passion par la perversité. Mais on répondra à ces casuistes que si, d'une part, Mme Molière a bien assez de jouer la comédie au théâtre, d'autre part, Molière, tout amoureux qu'il soit, sait trop bien arracher les masques pour ne pas voir la vérité toute nue. On pourrait dire d'ailleurs, si on était La Rochefoucauld, que « le plus heureux des trois » n'est heureux que parce qu'il veut bien être heureux.

Quand même Molière eût perdu par la passion toute philosophie, quand même il se fût aveuglé sous les charmeries de sa femme, il avait des oreilles, lui qui écoutait si bien. Comment les bruits du théâtre et du dehors ne seraient-ils pas venus jusqu'à lui? Ses jaloux et ses ennemis de tous les mondes n'ont pas manqué de lui crier que sa femme n'était plus sa femme.

Je sais bien que l'histoire, qui le plus souvent va bras dessus bras dessous avec la tradition, a calomnié plus d'une femme sur son chemin. J'ai tenté, moi aussi, de faire de Mme Molière une victime de l'opinion : femme de théâtre, avec une figure de charmeuse, grande comédienne et grande cantatrice, pourquoi ne l'eût-on pas adorée malgré elle, dans cette atmosphère des passions? Les actrices ont trop de sourires pour le public, pour braver leurs adorateurs par des airs revêches. Pourquoi ne se serait-on pas mépris sur les airs caressants d'Armande Béjart? Molière lui-même ne lui eût point permis de n'être point charmante.

Mais ce château de la vertu de Mme Molière tombe en ruines dès qu'on va poser le fronton. C'est qu'il est bâti avec le cœur et les larmes de Molière.

VI

Un peu plus, il y aurait des paris ouverts sur cette vertu idéale. Les historiens, les historiographes, les commentateurs, tous les buveurs d'encre tirent la plume comme ils tireraient l'épée pour défendre leur opinion sur cette affaire d'État. Molière ne fut-il que le cocu imaginaire de sa comédie, ou fut-il indignement trahi par cette adorable et cruelle Armande? Combien de fois je me suis dit oui et non, avant de pénétrer la vérité!

Pourquoi douter de la vertu de Mme Molière? Pourquoi chercher la vérité sur ce point d'histoire amoureuse? me diront les sceptiques. Mon Dieu! c'est par amour de la vérité. Puisque par je ne sais quelle fascination je me suis attardé à cette figure impénétrable, à cette femme trois fois masquée, à cette héroïne de roman dans l'histoire, il faut bien arracher les masques, si on n'a pu deviner l'énigme. Et tout d'abord, avant d'aller jusqu'au cœur d'Armande, étudions le monde où elle a vécu.

Le théâtre, en ce temps-là, était le demi-monde d'aujourd'hui. Si on y voit tant de gentilshommes s'aventurer sur la scène pour jouer la comédie sans vergogne, c'est que les comédiennes étaient surtout aux comédiens; c'est que toutes les belles aventureuses — on pourrait dire aventurières — du XVIIe siècle aimaient le soleil de la rampe, comme d'autres aimaient le soleil de la Cour, selon l'expression du vieux Théophile. Celles qui étaient marquées pour la passion, les belles filles endiablées qui ne voulaient pas s'embourgeoiser, les amoureuses hâtives en leur premier amour, qui avaient peur de la solitude du couvent, se jetaient aveuglément au théâtre pour se venger ou pour se consoler. Naturellement elles appelaient à elles tous les enfants prodigues bien nés, qui ne trouvaient pas ailleurs une pareille fête de cœur et d'esprit; ceux qui avaient de l'argent achetaient des robes et des diamants aux comédiennes; les fils de famille qui n'avaient pas le sou s'enrôlaient dans leur troupe, vaille que vaille.

La vertu au théâtre, c'est la charité et le sacrifice. Au théâtre, l'amour n'a pas bâti le temple de la bourse. Il y a dans une ancienne comédie: « La bourse est mon carquois, les écus sont mes armes. » Mais les comédiennes n'ont jamais pris cette devise; si elles ne se piquent pas d'être honnêtes femmes dans le sens rigoureux du mot, elles se piquent d'être — honnête homme. — L'amour n'est jamais pour elles une question d'argent, elles ont toujours leur quart d'heure de sentiment; elles se paient le luxe d'un amant sans souci de sa fortune *.

---

* La tradition de l'amour pour l'amour est encore bien vivante à la Comédie-Française. Il semble que Molière ait imprimé là le cachet de sa noblesse de cœur. Ce n'est pas la garde qui meurt et qui ne se rend pas; mais si on se donne, on ne se vend pas.

Les comédiennes au XVIIe siècle avaient beau être mariées, elles n'étaient pas l'exemple de leur maison : témoin cette bonne De Brie, qui avouait ne pouvoir quitter ni son mari, ni Molière; témoin cette fière Champmeslé, dont Champmeslé était « le moindre des maris »; témoin la Du Parc, qui ne savait pas qui elle avait le mieux aimé : de Molière, de Racine ou de Gros-René, son époux authentique.

On suppose que les femmes ne filaient pas de la laine dans ces compagnies bruyantes et joyeuses. C'était une fête de jouer la comédie; c'était une fête de souper après la comédie; si on s'en revenait chacun chez soi, c'était deux par deux, « en fraudant les droits de l'Église », comme dit un peu plus tard l'abbé Prévost qui connaissait bien ces mœurs-là.

Les Béjart étaient de fort honnêtes gens, mais cela n'empêchait pas Madeleine de s'en laisser conter par le comte de Modène et par d'autres sans doute. Geneviève Béjart avait épousé son amant et s'était remariée sérieusement, mais qui peut répondre des entr'actes*? Je ne doute pas que la belle Armande ne soit venue à Molière dans la blancheur immaculée. Mais qui donc, une fois mariée, pouvait l'attacher au devoir? Ce n'étaient pas les exemples qu'elle avait sous les yeux : Molière — Don Juan insatiable, qui lui-même peut-être ne s'était mis en campagne sur le chariot comique que pour vivre dans le roman perpétuel — traînait la De Brie en toute occasion, même après son mariage. Et combien de femmes sont venues s'échouer à cette curiosité toujours ardente! Quand on étudie Molière dans ce beau portrait où il est représenté en Apollon, dans tout l'éclat de sa vie, on comprend par les flammes de ses yeux, par le charme de son sourire, par la beauté intelligente et fière de son masque, toute la domination qu'il a exercée sur les femmes de son temps. On a parlé de ses aventures à Versailles, mais combien d'aventures mystérieuses à Paris! Il n'y avait point alors de reporters, nous ne savons son histoire intime que par la tradition; mais si un jour on retrouve cet amoncellement de comédies, d'ébauches, de lettres confiées à La Grange, la lumière se fera enfin.

Mais Molière n'était pas le seul exemple pernicieux pour Mme Molière. Quand elle allait à Versailles, ne voyait-elle pas du même coup la duchesse de La Vallière et la marquise de Montespan se disputer l'amour du roi? Et toutes les femmes de la Cour? Et toutes les demoiselles d'honneur de la reine, car le roi était à toutes, hormis à la reine. Pourquoi le théâtre serait-il par miracle un intérieur de Pénélopes ou de Lucrèces, quand le palais du roi n'est qu'un sérail?

Mettez à la place de Mme Molière une vertu altière de dix-huit ans, vous verrez comme elle en aura décousu à vingt ans.

Les défenseurs de Mme Molière sont émerveillés de sa vertu, dans sa seconde manière, je veux dire dans son second ménage; n'oublions pas qu'elle avait trente-quatre ans et qu'elle sentait déjà sa déchéance. D'ailleurs elle avait affaire à un homme à poigne, qui ne jouait pas les grands rôles de Molière, mais qui jouait les *raisonneurs*. Il ne fallait pas lui en faire accroire. Il n'avait pas la gentilhommerie de Molière qui pardonnait à sa femme en philosophe et en amoureux; lui qui n'avait pas d'amour, marquait brutalement son autorité. Molière était trop bien élevé, puisqu'il s'était élevé lui-même, pour faire

---

* Geneviève Béjart n'avait pas commencé avec son mari, mais avec Molière; elle avait vécu avec son amant avant la cérémonie.

la chasse aux amoureux, tandis que Guérin devait annoncer tout haut qu'il ne fallait pas chasser sur ses terres. Il y a encore ceci, que les braconniers du mariage, gens de cour pour la plupart, voulaient bien prendre la femme de Molière, mais ils dédaignaient la femme à Guérin.

N'avons-nous pas vu toujours au théâtre les plus compromises aboutir à un mariage de raison, après avoir couru toutes les fantaisies de la passion ? Les plus perverties deviennent les plus honnêtes. Ce sont celles-là qui finissent par être dames de charité et par fonder des prix de vertu. Comme les bateliers, elles tournent le dos au rivage où elles aborderont.

Les défenseurs de Mme Molière parlent aussi de la maison de Molière avec des signes de croix, parce que Molière, qui était la charité chrétienne, donnait l'hospitalité à des filles de Dieu, à des sœurs quêteuses, et qu'il est mort saintement entre leurs bras. Mais le Molière de la fin n'était pas le Molière du commencement. Molière avait traduit *la Nature des Choses* en philosophe qui trouve là son bréviaire. Quoiqu'il aimât l'humanité et qu'il se penchât sur ses misères, il s'étonnait de la vertu ; il aurait donné aussi un second louis à une femme qui lui eût prouvé qu'elle était sans reproche. Or, le scepticisme ne voit rien fleurir autour de lui. Je crois qu'au début, au lieu de prendre Armande par le sentiment, il voulut la dominer par la douce raillerie d'un galant homme revenu de tout. Il connaissait trop le cœur des femmes pour faire un crime à la sienne de coqueter avec les beaux seigneurs qui tourbillonnaient au théâtre. Il n'y a pas de mal à cela. La galanterie française peut tout risquer, fors l'honneur. Mais il arrive un jour, quand on a trop joué au bord de l'abîme, que tout y tombe, plus l'honneur. Une femme est un oiseau ; on est ravi de ses chansons, on ne s'imagine pas qu'un jour la cage s'ouvrira toute seule et que l'oiseau s'envolera pour chanter ailleurs*.

Le poëte qui a dit

Ainsi que la vertu, le vice a ses degrés,

a mal parlé de la vertu, car la vertu a un piédestal pour descendre et non point un escalier. Elle est trop haute et trop pure pour ne pas tomber d'un coup. Toutes vos plaidoiries à

---

* Dieu me garde de rien inventer contre Mme Molière, mais pourquoi la vouloir canoniser si elle a trahi Molière ? Mignard, le peintre ordinaire de Molière, Chapelle, Boileau, La Fontaine, des amis de Molière ; Racine qui avait le respect de la famille, Baron qui vécut au foyer de Molière, Voltaire, presque un contemporain, qui avait connu tant de contemporains, semblent ne pas douter des trahisons d'Armande, et le pieux fils de Racine, qui aurait voulu absoudre tout le monde, n'a pas voulu absoudre la femme de Molière.

Vous rejetez comme indigne l'histoire de *la Fameuse Comédienne* ; vous ne croyez pas à Grimarest ; mais à qui croirez-vous ? Ce sont des documents qui ont leur valeur, quoique le premier soit un libelle, quoique le second soit signé d'un bonhomme attardé aux légendes. Mais ce libelle jette souvent le cri de vérité, mais ce bonhomme écrivait pour ainsi dire sous la dictée de Baron ; sa simplicité même est une marque de bonne foi. Voltaire a dit : « La vérité n'est jamais faite ; on la fait toujours. » Il faut pourtant bien avouer que pour faire l'histoire d'une époque il faut y vivre intimement par l'esprit, si on n'est pas un contemporain. Un Allemand a voulu réhabiliter Messaline, un autre Allemand a voulu prouver que Lucrèce n'était pas si Lucrèce que cela ; ce sont là jeux d'esprit pour les écoliers en rhétorique. Il faut accepter l'humanité telle qu'elle est, sans vouloir habiller les siècles anciens aux modes nouvelles. Si Mme Molière n'est pas sans péché, que les bonnes âmes prient Dieu pour elle ; mais ne lui donnons pas l'auréole de la vertu.

l'ombre de l'éventail de Mme Molière ne me la feront pas trouver plus blanche. J'ai beau vouloir moi-même la remettre sur le piédestal, je sens qu'elle n'y fait pas bonne figure.

Il faut en toute justice commencer par reconnaître que si Armande Béjart a gardé le pur diamant de l'honneur, c'est une sainte. Représentez-vous cette jeune fille qui apporte à son mari une dot en argent, une dot en beauté, une dot en jeunesse, qui trouve dans Molière un comédien qui joue les Sganarelle et un poète qui joue les Misanthrope, vous avouerez que ses vingt ans sont un peu dépaysés dans les quarante-trois ans de Molière. Ce n'est pas votre opinion, parce que vous vous dites que Molière est un homme hors ligne, tout esprit et tout cœur. Mais ce qu'une jeune fille cherche dans le mariage, c'est un homme de chair, un compagnon de toutes les heures, un homme d'action plutôt qu'un homme de pensée. Vous voulez qu'elle soit fière du génie de Molière, mais vous oubliez qu'en 1662 Molière était bien plus un comédien de talent qu'un homme de génie, du moins pour ses contemporains. Il était fort discuté. Ce titre officiel de « valet de chambre du roy » ne pouvait pas émerveiller cette jeune femme qui voyait tous les jours des princes, des ducs et des marquis. Vous vous indignez parce qu'Armande n'aime pas Molière, mais quand on dit tout haut qu'elle est sa fille, ne prend-elle pas un masque glacial pour cacher son cœur, même à Molière? Qui vous dit qu'elle n'ait pas cru, elle aussi, à certaines heures, qu'elle était la fille de son mari!

J'ai indiqué déjà ce rôle dramatique entre tous : elle n'ose aimer Molière ni comme femme, ni comme fille. Le doute a frappé son cœur, en vain Molière lui a prouvé qu'on inventait ce roman pour la perdre à la Cour et dans l'opinion. Mais si la Cour et l'opinion se laissent prendre à cette calomnie? Ne va-t-elle pas jouer la comédie à la Cour et n'est-elle pas la très-humble servante de l'opinion?

Si elle s'est donnée à Guiche, à Richelieu, à Lauzun et aux autres, n'était-ce pas un peu aussi pour dire tout haut à l'opinion qu'elle ne se donnait pas à son mari, un comédien — qui aurait pu être son père — qui était accusé d'avoir épousé sa fille?

Avant de condamner Mme Molière, plaignez-la en songeant que la calomnie s'est perpétuée; Molière mort, la calomnie ne s'enterrait pas avec lui. Rappelez-vous les abominations de la requête de Guichard au procès Lulli. Et Baron, Baron qui a inspiré Grimarest, Baron, l'enfant de la maison, l'ami de la maison, le traître de la maison, n'a-t-il pas toujours dit qu'Armande Béjart était la fille de la maîtresse de son père? C'était la calomnie à moitié chemin : Madeleine Béjart n'a pas été la maîtresse de Molière.

Pour quiconque voudrait suivre de trop près les « raisonnements » du cœur, la mauvaise mère n'était-elle pas la conséquence de la mauvaise épouse? Si Armande a eu peur un instant d'avoir épousé son père, n'a-t-elle pas eu peur que Madeleine ne fût la fille et la petite-fille de Molière?

N'en doutons pas, cette amère et glaciale expression qui se peint sur sa figure dès sa vingtième année, cet éventail qui la protège et dont elle joue à ravir, ce beau dédain qui est le plus souvent la cuirasse de son cœur, c'est sa situation délicate qui lui a donné cela. Il y a dans cette nature une seconde nature : l'ingénue a été forcée trop jeune de jouer la grande coquette. Molière fut malheureux. Armande fut-elle plus heureuse?

VII

A force de rechercher la vérité dans ses infiniment petits, l'histoire se trouble les yeux. C'est ainsi qu'à propos d'une date elle supprime d'un trait de plume les amants de Mme Molière. L'auteur anonyme de la *Fameuse Comédienne* avait marqué la première chute d'Armande, à la représentation, à Versailles, de *la Princesse d'Élide*. Mais M. Bazin, un esprit fort en histoire, déclare que les trois amoureux : Richelieu, de Guiche et Lauzun, n'étaient pas à Versailles. L'abbé de Richelieu était en Hongrie et le comte de Guiche en Pologne. Si Lauzun était là, il était trop occupé pour voir les félineries, les serpentements, les charmeries de la princesse de théâtre. Mais voilà que ceux qui ont réédifié le monument d'Armande sur ces fragiles fondations, absence de celui-ci, présence de celui-là, sont combattus par M. Jules Loiseleur dans son excellent livre *les Points obscurs de la vie de Molière*. C'est là un historien qui a étudié de près les faits et gestes de Mme Molière et de ses amoureux. Si ceux-ci n'étaient pas à Versailles, ce qui n'est pas prouvé rigoureusement, ils étaient à Fontainebleau, au témoignage de Mme de La Fayette dans *la Vie de Mme Henriette d'Angleterre*. Donc, si la chute ne porte pas la date du 12 mai à Versailles, elle porte la date du 16 mai à Fontainebleau. Quatre jours de plus de sagesse, il n'y a pas de quoi prendre les armes [*].

Il y a des arguments pour et contre Mme Molière, dans l'histoire de La Thourelle, épreuve avant la lettre du *Collier de la reine*. Si cette courtisane, qui ressemblait à Mme Molière, se donnait effrontément sous ce nom glorieux, c'est que Mme Molière n'était pas inaccessible. Qui donc aurait pris l'ombre pour la proie, s'il n'y avait pas eu de proie? Le président Lescot était trop « libertin » d'esprit et de corps, en donnant à ce mot toute son expression, pour s'aviser de demander Mme Molière à une proxénète, si Mme Molière eût été une vertu. Il croyait même que la question d'argent était ici toute la question.

---

[*] L'alibi allégué par M. Bazin s'évanouit donc. A Versailles, peut-être, et certainement à Fontainebleau, le comte de Guiche put voir Mme Molière dans ce rôle de princesse où elle attirait tous les yeux par l'éclat de son ajustement, par cette jupe de taffetas couleur citron que nous décrit l'inventaire de Molière, garnie de guipures, avec huit corps de différentes garnitures et un petit corps de broderie en or et argent fin. Le brillant et hardi cavalier qui élevait ses vues jusqu'à Mme Henriette, et était alors la coqueluche de toutes les femmes, dut être sous le charme, comme tous ses amis, et adresser quelque banal compliment à la jeune actrice, ce qui suffisait pour monter cette tête vaniteuse et lui faire croire à un amour partagé. « D'obligeants amis, dit M. Taschereau, instruisirent Molière. Il demanda une explication à sa femme, qui se tira de cette situation difficile avec tout le talent et tout l'art qu'elle mettait à remplir ses rôles. Elle avoua adroitement son inclination pour le comte de Guiche, inclination que son mari ignorait; elle protesta qu'il n'y avait jamais eu entre eux le moindre rapport criminel, se gardant bien de dire de qui cela avait dépendu ; enfin elle soutint qu'elle s'était moquée de Lauzun, et accompagna cette explication de tant de larmes et de serments que le pauvre Molière s'attendrit et se laissa persuader. »

Pour contester « la mauvaise conduite d'Armande, selon M. Jules Loiseleur, il faut, de parti pris, fermer les yeux à la lumière ; il faut nier les faits les mieux avérés et particulièrement la rupture qui consomma la mésintelligence des deux époux. Or ce dernier fait est hors de doute, puisque des témoignages suffisamment nombreux attestent la réconciliation qui se fit plus tard. Armande ne fut ni meilleure ni pire que la très-grande majorité des actrices de son temps ».

Parmi les contemporains qui savent Molière par cœur et qui ont pénétré sa femme, le bibliophile Jacob et Ludovic Halévy ont raillé fort spirituellement la religion — ou le paradoxe — des Armandistes.

On a dit avec beaucoup d'esprit et de malice : « Si Mme Molière eût été si facile à vivre, le président Lescot eût pris le chemin de traverse et eût été droit à elle, au lieu de prendre le chemin des écoliers. » C'est une raison qui en vaut bien une autre, mais il y a des gens qui font toutes leurs affaires par procuration.

 Je serais désolé de charger la balance à faux poids contre la femme de Molière en y mettant une calomnie, mais pourtant cet odieux libelle de Guichard indique, contre l'opinion des avocats d'Armande, que les atteintes à sa renommée ne sont pas, comme ils le disent, une invention moderne. Qu'est-ce que ce Guichard? Selon *le Mercure galant*, « un gentilhomme ordinaire de Monsieur, frère du roi, dont les ouvrages ont fait du bruit. Il a beaucoup d'invention : la Fête de Saint-Cloud en est une preuve ». Il prenait le titre d'intendant général de Monsieur. Il vivait dans la société des comédiens et se donnait le luxe de prendre ses maîtresses à la Comédie ou à l'Opéra. Il voulait détrôner Lulli pour être maître du sérail. Vous venez de lire que *le Mercure galant* lui donnait beaucoup d'invention. Or savez-vous ce qu'il inventa pour détrôner Lulli? Un empoisonnement. Il paraît que le tabac était déjà un poison, puisqu'il proposa d'empoisonner Lulli dans un festin où on lui ferait manger du tabac dans chaque plat. Mais quoiqu'il s'adressât à un homme de « sac et de corde », Sébastien Aubry, frère d'Aubry des Carrières, qui avait épousé Geneviève Béjart, il fut trahi si bien que Lulli demanda protection à la justice contre cet étrange compagnon, car ils soupaient souvent ensemble.

 Voilà l'origine du libelle. Guichard joua la victime. Il adressa une requête au Châtelet pour diffamer tous ceux qui soupaient avec lui. Ce coquin n'était pas le premier venu et sa plume marquait comme l'eau-forte. Il commence par la mère des Aubry, Jean Aubry, Sébastien Aubry et Marie Aubry qui avait été sa maîtresse. « La mère, qu'on appelle Jeanne Papillon, a la honte d'avoir été la sœur de ce fameux maistre d'escrime et infâme gladiateur Papillon qui n'est pas encore pendu ni roué. » Le libelliste, parlant de Jean Aubry, dit qu'en épousant Geneviève Béjart, « il a autant déshonoré la Molière par son alliance qu'il a esté diffamé luy-mesme par cette prostituée ».

 Guichard, parlant du second frère, dit que « cet assassin de profession fut tué très-justement sur le grand chemin de Chaillot, dans une rixe d'assassins ». Il n'épargne pas sa maîtresse, Marie Aubry, célèbre par ses désordres. Mais pour récuser Sébastien Aubry comme témoin, il parle de « vingt-trois vols et assassinats commis de jour et de nuit sur les grands chemins ». Il avoue qu'il a été au cabaret avec Marie Aubry, mais qu'il a payé pour le frère et qu'il a payé la sœur!

 Jusqu'ici cette mauvaise bête fait patte de velours, mais quand il tombe sur la femme de Molière, il relève ses griffes. Il commence par la déclarer infâme « de plein droit, parce qu'elle est comédienne ». « Le seul mestier de comédienne publique qu'elle exerce sur divers théâtres depuis tant d'années est plus que suffisant, soit pour imprimer sur son front une note perpétuelle d'infamie qui ne sera jamais effacée. » Quelle que soit notre horreur des pamphlets, nous découpons le second alinéa comme un modèle de diffamation : « Tout le monde sçait que la naissance de la Molière est obscure et indigne; que sa mère est très-incertaine, que son père n'est que trop certain; qu'elle est fille de son mary, femme de son père; que son mariage a esté incestueux, que ce grand sacrement n'a esté qu'un horrible sacrilége, que sa vie et sa conduite ont toujours esté plus honteuses que sa naissance et plus criminelles que son mariage. Qu'avant que d'estre mariée, elle a toujours vescu dans une prostitution universelle; que pendant qu'elle a esté mariée, elle a toujours vescu dans un adultère public, et que depuis qu'elle est veuve elle a toujours vescu dans un abandonnement général de son cœur et de son âme; qu'encore aujourd'hui (allusion au procès de La Thourelle), elle est scandale dans toute la ville de Paris pour ses désordres et ses libertinages, qu'elle continue non-seulement dans sa maison, qui est ouverte au premier venu, mais mesme derrière le théâtre, où elle ne refuse personne; qu'en un mot, cette orpheline de son mary, cette veuve de son père, et cette femme de tous les autres hommes n'a jamais voulu résister qu'à un seul homme qui estoit son père et son mary, et qu'enfin qui dit *la Molière* dit la plus infâme de toutes les infâmes. »

Comme il est impossible d'aller plus loin, nous nous arrêterons à cet alinéa. C'en est trop pour prouver, hélas! que ce n'est pas d'aujourd'hui que la belle Armande Béjart est convaincue du crime de lèse-hyménée.

Molière savait bien à quoi s'en tenir, mais c'était un grand cœur qui ne permettait pas qu'on pût outrager la femme de Molière.

Aussi, loin de l'accuser, il s'efforçait de la protéger en parlant de ses coquetteries qu'il disait toutes platoniques. Il faut bien que les femmes s'amusent!

VIII

Et pour finir, il faudrait s'entendre sur la vertu des femmes *. Est-ce une question de sentiment ou une question d'épiderme, est-ce une effusion ou un renoncement? Où commence l'amour de Dieu dans la volupté, où finit l'amour dans l'amour de Dieu? Pascal s'effarouchait de voir sa sœur embrasser ses enfants avec trop d'abandon : il y voyait le commencement de la volupté charnelle. Quelle distance voyez-vous entre Sapho et sainte Thérèse, les martyres de l'amour, de l'amour profane et de l'amour sacré? Molière, comme Rabelais, ne voulait pas que l'honneur d'un homme fût attaché à la vertu de sa femme. En effet, quelle femme parmi les plus sages peut répondre qu'elle ne subira pas un quart d'heure d'ivresse et d'égarement? Parmi les plus dignes, quelle femme est assez forte pour dominer l'amour quand l'amour la domine? Il y a des fatalités. Les plus vertueuses ne sont-elles pas celles qui courent le plus de dangers, qui ont subi les orages, qui ont traversé les tempêtes? Il est trop aisé de ne point succomber en s'attachant au rivage. Non-seulement Dieu pardonne à Magdeleine, mais il veut qu'elle soit sanctifiée, parce que si le renoncement est une vertu, le repentir en est une autre. Il faut beaucoup de Lucrèces, mais il faut quelques Magdeleines. Cet admirable symbole de la pécheresse prouve que le péché est en nous et qu'il faut en triompher, même s'il nous a vaincu. L'orgueil de la vertu diminue si singulièrement la vertu, que la créature humiliée par sa déchéance redevient peut-être plus agréable à Dieu à sa première larme.

---

* Qu'est-ce que la vertu? Si Pascal ne voulait pas que sa sœur prît du plaisir à embrasser ses enfants, Mme de Maintenon voulait bien qu'on donnât de la joie aux autres, mais qu'on n'en prît pas soi-même. Si la vertu est un renoncement, les arbres, les fleurs, les herbes manquent de vertu, puisqu'il y a partout et à toute heure une effusion voluptueuse. Mais la femme est un roseau pensant.

Dans les *Femmes savantes*, Molière a mis en scène sa philosophie sous la charmante figure d'*Henriette*. Molière était un panthéiste nourri d'Épicure et de Lucrèce, mais attendri devant les stations de la croix et pénétré de l'Évangile. Son âme, c'était la raison; son cœur, c'était la bonté. Il ne voulait pas séparer ce que Dieu a uni : la chair et l'esprit. Les femmes, qui sont des casuistes, ne veulent pas que ces deux choses n'en fassent qu'une : pour elles la chair est un tout, l'esprit un autre tout ; du moins leur vertu s'accommode de cette division. Telle femme se croit la plus vertueuse du monde après avoir souillé son âme par les rêveries les plus osées. Telle autre se croit tout aussi vertueuse après avoir abandonné son corps dans un quart d'heure d'effusion, mais en sauvegardant son âme qui la retenait à Dieu. Un poëte moderne compare son âme à une colombe qui est restée toute blanche, parce qu'à l'heure où il souillait son corps, elle était endormie dans l'esprit de Dieu, parce que cette âme dormant dans les rêves divins, elle ne pouvait être une complice, ni un témoin des égarements corporels.

Les grandes coquettes comme Mme Molière, si elles ne donnent pas leur corps, s'imaginent volontiers qu'elles ne donnent rien en donnant leur âme. Elles ont la pudeur de la chair et n'ont pas celle de l'esprit. C'est ce qu'il y a d'impérissable en elles qui est sacrifié. Elles font bon marché de cette âme qui est le reflet de Dieu, mais elles ont toutes les fiertés de l'épiderme. Pourquoi cette pudeur du corps et cet abandon de l'âme ? Et encore, il en est plus d'une qui se livrent à demi et aux trois quarts, croyant qu'on peut tout risquer jusqu'à la dernière citadelle de la vertu. Elles ne rougissent pas d'un baiser qui commence sur la main et finit sur la bouche. Qu'est-ce que cela sous l'éventail ?

C'est surtout dans la Rome ancienne et dans le Paris moderne que la vertu des femmes est un diamant sans tache. Dans les autres pays on passe condamnation devant la douceur, la charité, la grâce, la bonté, qui sont encore la vertu. Napoléon, qui pourtant voulait refaire une société française, mais qui savait que le monde n'était pas impeccable, disait à propos des femmes « légères » qu'il ne faut pas trop les condamner, ni s'inquiéter « de toutes ces affaires de canapé ». Il faut traduire la pensée de Napoléon : qu'importe le mal, si le bien domine le mal ! Par exemple, si Mme Molière, au lieu de l'éventail à toute heure, eût été douée de cette vertu première, la bonté ; — si, aux heures de découragement, elle se fût jetée dans les bras de Molière en tout abandon avec le cri du cœur et l'amour des lèvres, ne l'eût-elle pas consolé et ne lui eût-il pas pardonné plus doucement ses trahisons qu'il ne lui pardonnait ses coquetteries ? — Si elle ne fut à personne, elle ne fut pas à lui. Elle aurait dû être à lui. Si elle a sauvé l'honneur de la maison, c'est bien ; mais elle a désespéré Molière, c'est mal ; à moins qu'il ne fallût, pour le génie de Molière, pour ses cris de passion qui sont venus jusqu'à nous, pour ses larmes qui sont des perles plus précieuses que la vertu de Mme Molière, qu'elle ne torturât le cœur de ce grand homme.

La vertu de la bonté, Molière l'avait dans son amour de l'humanité, voilà pourquoi il ne voulait pas accuser sa femme. Il disait : « J'ai fait là une comédie où je me suis préparé moi-même le mauvais rôle. » En effet, les dots n'étaient pas égales dans ce mariage, où il n'apportait que la fortune de la renommée contre la fortune de la jeunesse. Il avait beau mettre une couronne de laurier sur son front, il n'en cachait pas les rides. Il reconnaissait sa folie d'avoir tenté de marier le couchant à l'aurore. En ce temps-là, on se mariait au même âge. Il parut étrange de voir Molière, âgé de quarante-trois ans, épouser une femme qui n'en avait pas vingt. Si l'on en juge par le portrait de Mignard, la vieillesse avait marqué son empreinte sur cette figure méditative. C'était la beauté morale, l'expression dans la gravité. Mais Armande ne reconnut pas là son idéal. On était trop jeune à la Cour : Lauzun, de Guiche ou Richelieu, ne lui parlaient qu'avec le sourire charmeur des belles années. Molière, qui savait tout, avait le tort de ne pas savoir être l'amant de sa femme. Aussi s'en plaint-elle dans *l'Impromptu de Versailles;* elle dit tout haut « que dix-huit mois de mariage changent singulièrement les maris ». Il y avait un peu de la précieuse chez Armande. Molière, qui voulait la façonner à son goût, lui parlait dans le brave langage de la vieille France : « Taisez-vous, ma femme, vous êtes une bête. » Cette manière de parler eût peut-être séduit Mme Molière entre quatre yeux, emprisonnée dans les bras de son mari; mais l'amour, même l'amour conjugal, n'est pas un impromptu de Versailles, c'est une comédie sentimentale qui demande une exposition, un imbroglio et un dénouement ; pour quiconque brusque le dénouement, la pièce est manquée. Pourquoi Molière, si grand comédien dans son théâtre, ne jouait-il pas mieux la comédie chez lui ? C'est qu'il était emporté par cette bataille de la vie qui lui laissait à peine çà et là quelques minutes d'entr'acte. Et l'entr'acte même avait ses préoccupations. Il aurait fallu que Mme Molière vînt alors se pencher sur lui et le réconforter comme la muse ou la folle du logis. Mme Molière, qui n'était ni la muse ni la folle du logis, croyait sans doute, non sans quelque raison, que sa jeunesse et sa beauté méritaient bien le culte de Molière. Il n'y a pas de femme au monde qui ne trouve tout naturel qu'on lui sacrifie un chef-d'œuvre, parce que pour les femmes il n'y a pas de chef-d'œuvre qui vaille une belle heure d'amour.

Les avocats de Mme Molière vantent bien haut sa douleur à la mort de son mari. Pourquoi donc reparut-elle sitôt sur la scène de ses triomphes ? Aussi les contemporains : Boileau, Bussy-Rabutin, Ninon, Mme de Sévigné, ne croyaient pas aux larmes d'Armande Béjart.

Ni elle non plus. Je ne serais pas surpris, si elle a gardé son éventail dans les mondes promis, qu'elle ne le déploie encore avec sa grâce ironique devant tous ses défenseurs en leur disant : « Mes pauvres amis, me prenez-vous pour une petite bourgeoise ? J'avais du sang de grand seigneur dans les veines, j'étais de trop bonne maison pour ne pas jouer à la Cour le rôle des La Vallière, des Montespan et des Fontanges. C'est d'ailleurs la faute de Molière, qui, en me jetant au théâtre, m'a jetée dans la gueule du loup ; qui, en me faisant jouer à la Cour le rôle des princesses et des grandes coquettes, a joué George Dandin sans le savoir. »

Molière a eu tort comme tous les Sganarelles, tous les Misanthropes, tous les hommes. Qui sait si Adam tout le premier n'a pas abaissé au-dessus d'Ève la branche de l'arbre de la science ?

Après tout, n'est-ce pas s'attarder beaucoup à toutes ces questions de trahison et de vertu ! Qu'est-ce que cela ? Ne dirait-on pas en vérité que Dieu nous a jetés sur la terre pour vivre comme des capucins ou comme des carmélites ! Dieu nous a soumis aux orages du cœur. Si Molière est unique comme roi de la comédie, il est pareil à tout le monde de par l'amour. Quel est donc celui d'entre nous qui n'a pas eu ses grandes heures d'angoisses dans la passion ? Les amours heureuses sont des déjeuners de soleil, les amours qui durent portent des couronnes d'épines. Les roses qui fleurissent sur les lèvres ont les racines saignantes dans le cœur. Peut-être on eût été mal venu de proposer à Molière l'oubli de ses peines : l'amour ne guérit-il pas de l'amour ? Mais Molière aimait trop ses larmes pour vouloir être consolé. Il y a des enfers plus aimés que les plus beaux paradis. C'est qu'avant tout on est soi, on ne veut pas quitter sa maison corporelle, même si elle menace ruine, pour les plus beaux palais.

Voltaire a dit :

L'arbre que j'ai planté rit bien mieux à ma vue
Que le parc de Versailles en sa vaste étendue.

Eh bien! Molière avait planté en lui l'arbre, l'arbre des délices habité par tous les oiseaux chanteurs de l'amour; les rossignols et les fauvettes s'étaient envolés; l'orage avait cassé les branches, mais Molière ne voulait pas arracher cet arbre-là pour aller se mettre à l'ombre d'un autre quel qu'il fût. Certes, au temps du *Misanthrope*, il pouvait trouver encore des Éliante qui se fussent amoureusement appuyées sur son cœur pour y faire fleurir une autre passion; mais Armande était la seule femme qu'il voulût aimer. Il y a des amertumes plus douces pour les poëtes que les rosées de l'Hymette. Et d'ailleurs chaque fois que Mme Molière lui revenait, à cet inconsolé, ne lui payait-elle pas par quelques jours d'abandon dans le repentir tout ce qu'elle lui avait donné de chagrins? C'est alors qu'il buvait à pleine coupe; quelle autre femme aurait pu lui verser ces joies? Les plus mauvais ménages sont quelquefois les meilleurs, a dit un philosophe qui avait passé par là, parce que la passion renferme toutes les poésies, parce que la trahison elle-même donne la soif de l'incommensurable, parce que les orages les plus violents ont tous leur arc-en-ciel.

Je sais bien que tout ce que je dis là est d'un prédicateur de l'ordre profane, mais je suis à la comédie et non point dans une chaire à prêcher. Je connais l'homme, je connais la femme, je connais la passion, et, quoique je ne connaisse pas le génie, je dis, après avoir étudié Molière et sa femme, que peut-être tout est bien.

Tout est bien, même le mal. Les bonnes âmes qui s'apitoient sur le sort de Molière ne savent donc pas que le génie a ses fatalités! Il fallait que Molière épousât, pour son malheur, Armande Béjart; mais il fallait, pour le génie de Molière, qu'Armande Béjart fît de lui le martyr du mariage. Supposez un instant Molière heureux au coin de son feu, avec sa femme et ses enfants; c'en est fait de beaucoup de chefs-d'œuvre. Au lieu de vivre dans l'immortalité, il vit au jour le jour. Il est content de lui, comme il est content de tout le monde. Le bonheur prend du temps. Il faut promener sa femme, courir les assemblées, avoir une cour. Si le bonheur est chez lui, comment Molière se rejettera-t-il dans toutes les peines du théâtre où il lui faut lutter sans cesse contre les jalousies, les injustices, les calomnies, enfin tous les déboires du métier de comédien et du métier d'auteur, à la merci des envieux et des imbéciles?

Rien n'apaise et n'endort comme le bonheur. Armande, heureuse elle-même, n'eût pas tourmenté Molière pour jouer de nouveaux rôles. Il n'eût certes pas créé Célimène, ni Alceste, ni tant d'autres personnages qui les peignent tous les deux.

Mais rassurons-nous, Armande n'eut garde d'être l'âme de la maison; aussi Molière se jeta à corps perdu dans le tourbillon du travail et dans les orages du théâtre, toujours ardent à la bataille de la vie pour oublier les blessures de son cœur. Il n'eut pas même le dernier quart d'heure de repos, puisque la mort le prit au combat!

Je ne sais pas si ceci consolera beaucoup de maris trompés, car tout le monde n'écrit pas des chefs-d'œuvre, mais le malheur de Molière n'est-il pas une bonne fortune pour nous? Et pourtant si le chagrin l'a tué, n'est-ce pas au milieu de son œuvre?

IX

Tout en se mettant en garde contre les calomnies du pamphlet de *la Fameuse Comédienne*, on est bien forcé de l'étudier en certaines pages marquées par l'accent de la vérité. Mais il faut commencer par s'indigner hautement contre toutes les calomnies frappant Molière, par exemple celle qui l'accuse de s'être consolé avec Baron des volageries de sa femme. C'est la calomnie renouvelée des Grecs contre Socrate et Alcibiade. Molière a donné à Baron le génie de la comédie ; il l'a aimé comme un fils, parce qu'il l'a connu tout enfant ; il lui a ouvert sa maison comme sa bourse ; mais c'est une sottise que de chercher là autre chose que la bonté de Molière. Si Baron l'a trahi avec Mme Molière, tant pis pour Baron.

On a attribué *la Fameuse Comédienne* à La Fontaine, — qui faisait des contes, — et même à Racine, qui ne faisait plus que des tragédies chrétiennes. A qui n'a-t-on pas attribué ce pamphlet ? M. Charles Livet l'a attribué au comédien Rosimond, qui a fini par écrire une *Vie des Saints* « avec les mêmes fautes de grammaire ». Ce n'est pas à un homme qu'il faut attribuer *la Fameuse Comédienne*, parce qu'on y sent trop la malice féminine : ni La Fontaine, ni Racine, ni Rosimond. On retrouve à chaque page de ce roman le mauvais esprit féminin parlant de la femme, ce mauvais esprit inspiré par la jalousie de la beauté, par la rivalité des coquetteries, par cette impatience de la femme qui dit toujours à une autre : « Retire-toi de mon soleil. » C'est donc parmi les Sévigné ou les Scudéri du temps qu'il faut chercher les conteuses de *la Fameuse Comédienne*.

Cette conteuse n'y va pas de main morte ; à peine a-t-elle mis en scène Armande, qu'elle lui consacre cet alinéa :

« La fortune de Molière attira plus d'amans à sa femme que ce mérite prétendu qui l'a depuis rendue si fière et si hautaine, et il n'y avoit personne à la Cour qui ne se fît une affaire d'en avoir des faveurs. L'abbé Richelieu fut un des premiers qui se mit en tête d'en faire sa maîtresse. Comme il étoit libéral et qu'elle aimoit la dépense, la chose fut bientôt conclue. Ils convinrent qu'il lui donneroit quatre pistoles par jour sans ses habits et les régals pour ne s'engager que de la belle manière. L'abbé ne manquoit pas de lui envoyer tous les matins, par un page, le gage de leur traité, et de l'aller voir toutes les après-dînées. »

Voilà qui va bien ; on se demande où était Molière. Molière était dans son cabinet, tout à ses chefs-d'œuvre. Molière avait cent yeux, mais la calomnie est aveugle.

Il paraît que ce premier amour dura quelques mois. « Mais Molière ayant fait *la Princesse d'Élide*, où la Molière joua la princesse, elle y parut avec tant d'éclat qu'il eut tout lieu de se repentir de l'avoir exposée au milieu de cette jeunesse brillante : car, à peine fut-elle à Chambord, où le roi donnoit ce divertissement à toute la Cour, qu'elle devint folle du comte de Guiche, et le comte de Lauzun éperdument amoureux d'elle. Le dernier n'épargna rien pour se satisfaire, mais la Molière, qui étoit entêtée de son héros, ne voulut entendre à aucune proposition et se contenta d'aller pleurer chez la Du Parc, à qui elle confioit l'indifférence que le comte de Guiche avoit pour elle. » Il n'est pas douteux que si Mme Molière avait une confidente à la Comédie, ce ne dut être la Du Parc, qu'on appelait la marquise, et qui joüait du même éventail que Mme Molière avec les gens de cour. Mais écoutons toujours : « Le comte de Lauzun ne perdit pas l'espérance de la faire venir où il souhaitoit, l'expérience lui ayant appris que rien ne pouvoit lui résister. De plus, il connaissoit le comte de Guiche pour un homme qui comptoit pour une mauvaise fortune le bonheur d'être aimé des dames. Il ne douta point que ses manières indolentes ne rebutassent enfin la Molière et que son étoile ne produisît alors dans son cœur ce qu'elle avoit produit dans celui de toutes les femmes à qui il avoit voulu plaire. Il ne se trompoit point ; la Molière, irritée des froideurs du comte de Guiche, se jeta dans les bras du comte de Lauzun comme un asile qui pouvoit la garantir d'une seconde rechute pour un ingrat. » On ne sera pas très-surpris de voir Lauzun triompher de tout, vaincre les molles résistances de cette romanesque. Mais la conteuse se venge trop ouvertement quand elle ajoute : « Un lieutenant aux gardes et beaucoup d'autres jeunes gens se mirent de la partie pour la consoler »; il fallait donc qu'elle fût rudement consolée cette terrible Armande.

Nous passons par-dessus une lettre apocryphe au comte de Guiche.

L'abbé de Richelieu, quoique bon prince, ne fut pas si bon prince que Molière, c'est-à-dire qu'un amant voit toujours plus clair qu'un mari. « L'abbé de Richelieu se trouva heureux de ne l'avoir prise qu'à la journée et résolut dès ce moment de la laisser, ce qu'il fit, après avoir fait apercevoir à Molière que le grand soin qu'il avoit de plaire au public l'empêchoit d'examiner la conduite de sa femme ; et que pendant qu'il travailloit pour tout le monde, tout le monde travailloit pour lui. » Vrai mot de comédie !

Voilà qui est dit et bien dit. Remarquons tout de suite que la conteuse est une coquine qui a l'art d'écrire. Quelquefois même elle a l'art de peindre, car il y a plus d'un tableau dans son récit qui indique le sentiment du pittoresque et le don de la couleur.

Or, Molière outragé sans trop s'apercevoir, tout Molière qu'il était, que c'est un amant de sa femme qui le met en garde contre les autres amants d'Armande, court à la traîtresse pour lui marquer son chagrin et lui rappeler ses bontés. « La Molière en pleurant lui jura que tout le crime avoit été dans l'intention. Molière, persuadé de sa vertu par ses larmes, lui fit mille excuses de son emportement. »

Oh ! l'éternelle comédie des maris avec leurs femmes, des femmes avec leurs maris. Il paraît que pour le dénouement de cette première crise, Armande fut plus charmante que jamais, Molière retrouva une amoureuse dans sa femme.

Armande avait une autre confidente que la Du Parc, c'était la Châteauneuf, une ouvreuse de loges, ouvreuse des loges dorées ; elle se croyait du monde parce qu'elle ne daignait parler qu'aux gens du monde ; elle lui conseilla de ne plus se laisser prendre le cœur et de ne se donner qu'à bon escient, « que si elle vouloit s'en remettre à sa prudence, elle conduiroit ses intrigues si secrètes qu'on ne le sauroit jamais. La Molière en l'embrassant lui promit de suivre ses avis ; et elle en a depuis si bien profité qu'elle n'a jamais refusé d'amans de la Châteauneuf, pendant qu'elle faisoit languir un nombre infini de sots qui la croyoient d'une vertu sans exemple ».

Vous voyez que tout y est : tout à l'heure, c'était une femme emportée par son cœur, maintenant ce n'est plus qu'une femme emportée par ses passions, qui sauvegarde son honneur, en rebutant tous les amoureux qui se trouvent sur ses trousses pendant qu'elle se moque d'eux dans le silence du cabinet de toilette.

Et ici, nous avons une nouvelle scène de comédie qui accentue la première : cette fois Molière est violent, il menace sa femme de la faire enfermer. « De quoi, la Molière outragée pleura, s'évanouit et obligea son mari, qui avoit beaucoup de foible, à se repentir de l'avoir mise en cet état. Il s'empressa fort de la faire revenir en la conjurant de considérer que l'amour seul avoit causé tout son emportement et qu'elle pouvoit tout sur son esprit, puisque, malgré tous les sujets qu'il avoit de se plaindre d'elle, il étoit prêt à lui pardonner. »

Vous voyez que c'est toujours Molière qui veut se faire pardonner. « Un époux aussi extraordinaire auroit dû lui donner des remords et la rendre sage ; mais cette bonté à contre-temps fit un effet tout contraire. »

Elle le prit de haut, elle s'indigna d'être accusée, elle demanda une séparation pour ne plus souffrir de près « un homme qui avoit toujours conservé des liaisons avec la De Brie qui demeuroit dans leur maison et qui n'en étoit pas sortie depuis leur mariage ». Armande avait bien quelques droits de parler ainsi, puisque Molière lui reprochait ses amants. On eut beau faire pour apaiser cette femme en révolte, elle avait pris Molière en aversion, il finit par consentir à la rupture. « Si bien que, sans arrêt du Parlement, ils demeurèrent d'accord qu'ils n'auroient plus d'habitude ensemble. » Il paraît d'ailleurs que cette habitude était déjà bien un peu habituelle, car on accusait Molière d'être devenu aussi nonchalant que le comte de Guiche.

A quelque jour de là, comme Molière se promenait avec Chapelle dans le jardin d'Auteuil, il ne put retenir son cœur. Chapelle lui parlait de son air abattu, il lui avoua que c'était le chagrin de n'être plus le mari de sa femme. Le sceptique Chapelle se moqua de lui, en lui disant que rien n'était plus ridicule d'aimer une femme qui ne vous aime pas. C'est ici qu'on voit bien la différence de l'homme de cœur et de l'homme d'esprit. « Je vois, dit Molière à son ami, que vous n'avez encore rien aimé, vous avez pris la figure de l'Amour pour l'Amour même. »

En effet, il ne faut pas encore avoir aimé pour ne pas comprendre les blessures de l'amour, pour ne pas voir les gouttes de sang qui s'échappent d'un cœur brisé.

Molière rappela l'aventure bruyante du comte de Guiche et de l'abbé de Richelieu : c'était de ce jour que le malheur avait frappé à sa porte. « Si vous saviez ce que je souffre, vous auriez pitié de moi. Ma passion est venue à tel point qu'elle va jusqu'à entrer avec compassion dans les siennes ; et quand je considère combien il m'est impossible de vaincre ce que je sens pour elle, je me dis en même temps qu'elle a peut-être une même difficulté à détruire le penchant qu'elle a d'être coquette, et je me trouve plus dans la disposition de la plaindre que de la blâmer. Vous me direz sans doute qu'il faut être père pour aimer de cette manière ; mais, pour moi, je crois qu'il n'y a qu'une sorte d'amour, et que les gens qui n'ont point senti de semblables délicatesses n'ont jamais véritablement aimé. Toutes les choses du monde ont du rapport avec elle dans mon cœur. Mon idée en est si fort occupée que je ne sais rien en son absence qui puisse me divertir. Quand je la vois, une émotion et des transports qu'on peut sentir, mais qu'on ne sauroit dire, m'ôtent l'usage de la réflexion ; je n'ai plus d'yeux pour ses défauts ; il m'en reste seulement pour ce qu'elle a d'aimable. N'est-ce pas là le dernier point de la folie, et n'admirez-vous pas que tout ce que j'ai de raison ne sert qu'à me faire connoître ma foiblesse sans en pouvoir triompher ? »

La conteuse s'amuse ensuite à l'histoire de Baron et d'Armande. Molière prit Baron chez lui « comme son enfant, n'épargnant rien pour cultiver son esprit », mais la Molière se mit en tête d'avoir un amant ; au théâtre, on joua *Psyché*. « La Molière représentoit Psyché à charmer et Baron, dont le personnage étoit l'Amour, enlevoit tous les cœurs. » Le public fut pour ainsi dire de moitié dans cette comédie amoureuse, tant il trouvait de plaisir à voir la passion de Psyché pour l'Amour et la passion de l'Amour pour Psyché.

« Baron fut le premier qui rompit le silence; il n'étoit pas difficile, disoit-il, de jouer un personnage qu'on sentoit naturellement. La Molière lui répondit que la galanterie d'une personne qu'on disoit avoir tant de maîtresses ne la surprenoit pas. »

Ce somptueux gamin répliqua d'un air indolent « qu'il avoit, à la vérité, quelques habitudes qu'on pouvoit nommer bonnes fortunes, mais qu'il étoit près de tout lui sacrifier, estimant davantage la plus simple de ses faveurs et que le dernier emportement de toutes les femmes avec lesquelles il étoit bien et dont il lui nomma les noms par une discrétion qui lui est naturelle ». — La conteuse ajoute que cet acoquinage se fit sans rien changer à leur manière de vivre. Ils conservèrent tous les deux l'agréable et le nécessaire. Le pamphlétaire pousse plus loin sa cruauté; il dit que la mère de la Molière fut si désolée de tout ceci, qu'elle tomba malade et mourut. « Ni la mort de la Béjart, ni la mélancolie de Molière n'interrompirent les plaisirs : l'abbé de Laveau se mit en état de la désennuyer. » C'est le dernier flacon d'eau-forte jeté à la figure d'Armande, du moins avant la mort de Molière, parce que nous ne sommes pas au bout : il nous faudra bien encore rouvrir ce mauvais livre pour voir Armande dans son veuvage.

Maintenant qu'y a-t-il de vrai en ces pages de *la Fameuse Comédienne*? Il ne faut pas dire tout ou rien, car on y sent la vérité sous le mensonge. Adoucissez les teintes : au lieu d'une ennemie qui écrit, donnez la plume à une amie; elle ne fera pas une sainte d'Armande, mais elle montrera les aveuglements, les torts de Molière, les emportements du cœur, les lâchetés de la passion, les périls du théâtre et les dangers de la Cour. Je vous le dis en vérité, il eût fallu que cette jeune femme fût une sainte pour traverser toutes ces tempêtes sans faire naufrage, surtout quand la De Brie tenait encore le gouvernail! Molière était pris tout à la fois par la fièvre de l'amour et par la fièvre du génie; la fièvre de l'amour fut doublée par la fièvre de la jalousie : il fallait à cette âme ardente une femme douce et abandonnée qui le reposât sur son cœur; mais Armande, armée par la coquetterie, était prise par la fièvre mondaine. C'était bien assez pour elle de jouer la comédie au théâtre, elle ne daigna pas la jouer chez elle. Elle aurait bien pu, en effet, calmer Molière par un masque souriant et par des caresses trompeuses. Molière ne demandait qu'à croire aux mensonges; mais quand le pauvre grand homme se hasardait dans sa chambre, après avoir écrit une scène pour elle, tout rayonnant encore de l'inspiration du poëte, Armande était absente. S'il la trouvait à son clavecin, n'était-elle pas encore absente, tant son esprit, tant son cœur couraient au vent dans les horizons dorés de Versailles? Que de fois il la trouvait en belle compagnie, car elle avait toute une cour! Et si sa cour n'était pas là, elle écrivait des lettres galantes. Osait-il se pencher pour lire le premier mot? Il prenait un air discret pour masquer sa discrétion, toujours prêt à pardonner, appuyant la main sur son cœur pour y étouffer les battements. Quelle lutte muette! quelles angoisses silencieuses! que de larmes contenues! Dans sa bonté, il était le premier à s'accuser lui-même. Pourquoi avait-il eu le tort de condamner par un mariage égoïste cette adorable créature à la prison des bienséances? pourquoi donc cette femme ne donnerait-elle pas la clé des champs à sa jeunesse comme toutes celles qui jouaient la comédie avec elle? Est-ce que la Du Parc et la De Brie s'étaient soumises aux devoirs du mariage ? Il savait trop le contraire : le théâtre est une serre chaude où s'épanouissent les fleurs des tropiques. Molière se disait sans cesse : C'est ma faute, c'est ma faute, c'est ma très-grande faute. Aussi, nul devant lui n'osait mal dire de sa femme, parce que lui-même n'en a jamais mal dit.

Tout franc qu'il fût de caractère, Molière, amoureux, était un raffiné : ce qu'il voulait d'Armande, ce n'était pas seulement l'amour d'une femme, c'était l'amour d'une maîtresse; il lui a sans doute dit plus d'une fois comme Jupiter à Alcmène :

> *Mais, si je l'ose dire, un scrupule me gêne*
> *Aux tendres sentimens que vous me faites voir ;*
> *Et, pour les bien goûter, mon amour, chère Alcmène,*
> *Voudroit n'y voir entrer rien de votre devoir ;*
> *Qu'à votre seule ardeur, qu'à ma seule personne,*
> *Je dusse les faveurs que je reçois de vous ;*
> *Et que la qualité que j'ai de votre époux*
> *Ne fût point ce qui me les donne.*

Armande répondait sans doute, comme Alcmène, qu'elle ne comprenait rien à ce scrupule dont s'embarrassait l'amour de Jupiter. C'est que les femmes ne sont pas si dilettantes dans leur passion; elles sont toute une, corps et âme, prose et poésie, femme et maîtresse; elles n'ont pas, comme l'homme, la soif de l'infini; elles ne veulent pas étreindre la chimère. Du réel elles font de l'idéal et de l'idéal elles font du réel. Peut-être la femme est-elle supérieure à l'homme.

Pendant la représentation, Molière a pu se dire lui aussi :

> *Et de mille vautours les blessures cruelles*
> *N'ont rien de comparable à ma vive douleur.*

Mais n'est-ce pas lui qui termine la pièce par ces mots :

> *Sur telles affaires toujours*
> *Le meilleur est de ne rien dire.*

Mignard, Rohault étaient des plus chers amis de Molière; il leur ouvrit aussi son cœur avec effusion. Il leur racontait ses chagrins tout en s'accusant lui-même; il leur avouait que dans son mariage il avait les premiers torts, parce qu'après avoir apporté le désordre dans la maison conjugale, il n'y apportait plus que le masque des soucis. Aussi n'accusait-il pas sa femme : « Je suis le plus malheureux des hommes, et je n'ai que ce que je mérite. Je n'ai pas pensé que j'étois trop austère pour une société domestique. J'ai cru que ma femme devoit assujettir ses manières à la vertu et à mes intentions; et je sais bien que dans la situation où elle est, elle eût même été plus malheureuse que je ne le suis si elle l'avoit fait. Elle a de l'enjouement, de l'esprit, elle est sensible au plaisir de le faire valoir, tout cela m'ombrage malgré moi. Je voudrois des marques d'amitié pour croire que l'on en a pour moi. Encore si je pouvois jouir de mes amis aussi souvent que je le souhaiterois pour m'étourdir sur mes chagrins et sur mon inquiétude! »

On voit dans ce discours que Molière n'accuse qu'à demi sa femme; il est trop galant homme pour cela; il a trop de respect pour lui-même pour l'accuser tout à fait.

L'AMOUR PEINTRE

Et d'ailleurs il se fait toujours illusion. On croit que, dans une effusion sur le cœur d'un ami, il va tout confesser; mais, tout en disant qu'il n'a que ce qu'il mérite, il parle encore de l'innocence de sa femme. Il dit à son meilleur ami : « Tout le monde l'accuse, elle s'accuse elle-même, mais n'en croyez rien. Pour tout autre homme que moi, moins inquiet que je ne le suis, elle seroit exempte de tout soupçon. »

Pieuse illusion! Molière ne semble accuser sa femme que pour la défendre; mais nous qui le jugeons, soyons de bonne foi avec nous-mêmes. Un mari dont la femme est honnête ne tombe jamais dans le sombre chagrin de Molière. Il y a bien de légers nuages sur le bleu du ciel, mais le ciel ne s'assombrit jamais jusqu'à la tempête, jusqu'à la pluie de larmes.

Un homme d'esprit, petit-cousin de La Rochefoucauld, a dit avec quelque raison : « Quand un amoureux devient jaloux, c'est du temps de perdu, car il est déjà trop tard. » Or, tous les témoignages du temps montrent Molière jaloux. Dans *la Vengeance des Marquis*, ne dit-on pas que Molière devait mieux jouer que les autres le *Prince jaloux*? Et les larmes, n'en a-t-il pas répandu sur le sein de Mignard, de Rohault, de Chapelle et de Boileau? La volupté des pleurs, il l'a connue jusqu'à en mourir. On ne pleure pas pour rien.

Il aurait toujours voulu se répéter le dernier mot de Sganarelle à la fin du *Cocu imaginaire* :

> *A-t-on mieux cru jamais être cocu que moi?*
> *Vous voyez qu'en ce fait la plus forte apparence*
> *Peut jeter dans l'esprit une fausse créance.*
> *De cet exemple-ci ressouvenez-vous bien,*
> *Et, quand vous verriez tout, ne croyez jamais rien.*

Molière voyait tout, « mais, en face de ses amis », il disait qu'il ne croyait à rien, croyant sauvegarder sa femme.

Il avait dit, en raillant le vers célèbre :

> *On désespère alors qu'on espère toujours!*

Pour lui, il espérait même en désespérant; il croyait toujours que cette cruelle Armande jetterait son feu en l'espace de quelques saisons, qu'elle lui reviendrait en mettant à ses pieds ses illusions bientôt évanouies, pour remettre à son doigt ce pur diamant qui s'appelle l'honneur de la femme; mais la chute entraîne la chute, il faut une force inouïe dans la vertu pour remonter le courant. Armande était de celles qui vont où va le vent, sans souci de retour. Ni les larmes du mari, ni le sentiment de la famille, ni l'idée de Dieu, ni la peur de l'opinion ne pouvaient la ramener.

Qui sait si, à travers tous les déchirements, tous les désespoirs, toutes les angoisses, Molière ne trouvait pas, çà et là, des heures d'ineffable passion quand il reprenait Armande dans ses bras, quand il l'appuyait sur son cœur, quand il noyait sa bouche dans sa chevelure! Combien de douces larmes après les larmes amères! Ceux qui ont connu les passions savent toutes les joies inespérées des amoureux qui se reprennent après une rupture. Plus la douleur a été grande, plus le contentement est suprême. Il y a des mariages heureux qui seraient un supplice pour bien des poëtes. S'embourgeoiser dans une quiétude perpétuelle, c'est abdiquer toutes les joies de la passion, joies avivées par la douleur elle-même.

X

Il se pourrait bien que la plus grande comédienne du xviie siècle fût Mme Molière. Les autres figures illustres étaient surtout des tragédiennes comme la Des Œillets, la Du Parc, la Baron, la Champmeslé. Armande Béjart joue aussi les princesses, mais les princesses de tragi-comédie. Son vrai jeu, c'est la comédie. Celle-là ne monte pas sur des échasses pour arriver au grandiose. Elle se contente de parler au cœur et à l'esprit, armée de son charme pénétrant, de sa beauté tour à tour railleuse et passionnée. Quoique Molière aimât éperdument sa femme, il aimait trop son théâtre, il aimait trop son génie pour aventurer des rôles comme ceux de Psyché, d'Elmire, d'Henriette, de Célimène, au jeu douteux d'une actrice médiocre. Si Mme Molière a créé presque toutes les figures de la comédie de Molière, moins les ingénues et les servantes, c'est que Molière la reconnaissait grande comédienne. Et comment eût-elle été mauvaise comédienne, elle qui était la fille de Madeleine Béjart, elle qui avait été façonnée au théâtre par Molière lui-même!

Il est hors de doute que ce qui est resté à la Comédie-Française de la tradition appartient encore à Armande, dans tous ces rôles de femmes qui sont la tentation et le désespoir des fillettes du Conservatoire et des débutantes du Théâtre-Français. Par exemple, le célèbre coup d'éventail qui est la réplique de Célimène aux brutalités d'Alceste est encore le coup d'éventail de Mme Molière. On sait que Molière n'avait pas voulu lui laisser un mot à dire; mais, à la première représentation, elle trouva sa réplique dans ce coup d'éventail légendaire, plus éloquent cette fois que n'importe quel hémistiche impertinent.

Selon Mlle Poisson, « elle faisoit tout avec grâce, jusqu'aux plus petites choses, quoyqu'elle se mist extraordinairement et d'une manière presque toujours opposée à la mode du temps », c'est-à-dire qu'elle créait la mode.

« Elle avoit la voix extrêmement jolie : elle chantoit avec un grand goust le françois et l'italien, et personne n'a sceu mieux se mettre à l'air de son visage par l'arrangement de sa coëffure, et plus noblement par l'ajustement de son habit. La Grange et elle faisoient voir beaucoup de jugement dans leur récit; leur jeu continuoit lors même que leur rosle estoit fini; ils n'estoient jamais inutiles au théâtre; ils jouoient presque aussy bien quand ils escoutoient que lorsqu'ils parloient. »

N'est-ce pas là le plus grand éloge de la vraie comédienne ?

Dans son *Mercure galant*, de Visé vante aussi le jeu de Mme Molière. Selon lui, « nulle comédienne ne jouoit son rôle avec autant de finesse, nulle ne s'habilloit avec plus de richesse ni plus de goût. C'étoit la passion de paroître belle. Elle vouloit briller en scène autant par sa magnificence que par son jeu ».

A propos de la voix de Mme Molière, on lit dans *les Entretiens galants* (c'est Bérélie qui parle) :

« La Grange et Mme Molière chantent fort bien le duo :

« *Belle Philis, c'est trop, c'est trop souffrir.* »

Et après avoir constaté que cette belle scène du *Malade imaginaire* a un vif agrément, Bérélie dit ceci : « La Molière et La Grange qui la chantent n'ont pas cependant la voix du monde la plus belle. Je doute même qu'ils entendent finement la musique, et, quoiqu'ils chantent par les règles, ce n'est point par leur chant qu'ils s'attirent une si générale approbation. Mais ils savent toucher le cœur, ils peignent les passions. La peinture qu'ils en font est si raisonnable, et leur jeu se cache si bien dans la nature, que l'on ne pense pas à distinguer la vérité de la seule apparence. En un mot, ils entendent admirablement bien le théâtre et leurs rôles ne réussissent jamais lorsqu'ils ne les jouent pas eux-mêmes. »

Armande est tout aussi bonne comédienne quand elle est en scène avec la femme de La Grange.

« Remarquez que la Molière et la La Grange font voir beaucoup de jugement dans leur récit. Elles ne sont jamais inutiles sur le théâtre, elles jouent aussi bien quand elles écoutent que quand elles parlent. Leurs regards ne sont pas dissipés, leurs yeux ne parcourent pas les loges. Elles savent que la salle est pleine, mais elles parlent et elles agissent comme si elles ne voyaient que ceux qui ont part à leur action; elles sont magnifiques sans rien faire paraître d'affecté. Elles ont soin de leur parure et elles n'y pensent plus dès qu'elles sont sur la scène. Et si la Molière retouche parfois à ses cheveux, et si elle raccommode ses nœuds et ses pierreries, ces petites façons cachent une satire judicieuse et naturelle. Elle entre par là dans le ridicule des femmes qu'elle veut jouer. Mais enfin, avec tous ses avantages elle ne plairait pas tant si sa voix était moins touchante ; elle en est si persuadée elle-même que l'on voit bien qu'elle prend autant de divers tons qu'elle a de robes différentes. »

Voilà la comédienne, voilà la charmeuse, voilà la musicienne des mots, voilà la femme trois fois femme. Qui donc ne s'y fût pas laissé prendre? Et qui donc, une fois pris, se fût arraché du cœur cette adorable image faite de poésie et d'amour ?

Molière y croyait trouver la vie, il y trouva la mort.

Celle qui n'aime pas est une tombe ouverte
Qui vous ensevelit sous l'herbe toute verte.

Il y eut heureusement des heures de réveil lumineux dans ces heures nocturnes, des sourires traversant les larmes, des jours de triomphe où Molière, homme de génie, consolait Molière, amoureux, blessé. N'avait-il pas des amis partout, n'avait-il pas son public enthousiaste de Paris et de Versailles ?

Aussi la jalousie et la désespérance de Molière étaient de jour en jour plus aiguës. Pouvait-il oublier, lui qui ne pouvait vaincre son cœur? Pouvait-il fermer les yeux, lui qui jouait toujours la comédie avec sa femme ? C'était vainement qu'il voulait fuir les charmeries de sa beauté, de ses yeux profonds, de son sourire divin, de sa voix pénétrante : l'enchantement le reprenait à chaque rencontre. Et quand il ne la voyait pas, quand elle ne jouait pas dans la pièce du jour, il était plus malheureux encore. Contradiction des contradictions : fuir avec colère et revenir avec passion.

Les meilleurs esprits se sont trompés en fixant les débuts d'Armande Béjart dans *la Critique de l'École des Femmes*. Il y avait longtemps qu'elle jouait la comédie. Molière d'ailleurs n'eût pas osé la faire débuter dans le rôle d'Élise, qui demande trop de nuances pour une débutante : il faut être déjà comédienne pour en bien marquer la physionomie. Aimé Martin, qui n'avait pas une pénétration bien lumineuse, mais qui a étudié Molière de tout près, assigne le rôle de Léonor pour les débuts de la fiancée de Molière. Plusieurs critiques sont de cette opinion qui est la bonne, par exemple les annotateurs de l'édition de 1862 qui ont réimprimé Molière pour la bibliothèque du prince impérial. En effet, l'*École des Maris* fut jouée le 24 juin 1661 et on sait que Molière avait déjà parlé de son mariage.

Cette comédie fut jouée, entre autres acteurs, par Molière, Catherine De Brie, Madeleine Béjart et Armande Béjart.

Molière jouait Sganarelle, mais il avait mis sa physionomie dans le rôle d'Ariste. Madeleine Béjart jouait le rôle de Lisette, la suivante de Léonor, ce qui lui permettait d'être en scène avec sa fille, c'est-à-dire de la réconforter par sa présence, tout en lui soufflant son rôle si elle perdait pied.

Comment Molière n'eût-il pas choisi ce rôle de Léonor pour Armande dans une pièce où, selon son habitude, il mettait son cœur en scène comme son esprit? Pour lui, son public était, on peut le dire, de sa famille : il n'avait rien de caché pour lui. Mais eut-il jamais rien de caché, cet homme qui vécut dans une maison de verre! cet homme qui ne craignait pas de montrer ses larmes!

L'École des Maris est donc la première page de l'histoire conjugale de Molière. On y retrouve toutes les idées qui agitaient son cœur. Quel drame est plus intéressant pour les initiés que cette comédie! On rit, mais déjà on est attristé par la prescience. Toutes les figures y donnent l'émotion : par exemple, Mlle De Brie, qui souffre déjà du prochain mariage de Molière, joue le rôle d'Isabelle : c'est la sœur d'Armande; mais n'est-ce pas la sœur ennemie? Armande est jalouse avant l'heure, non-seulement jalouse de Mlle De Brie, mais jalouse de sa mère Madeleine qu'elle appelle sa sœur, autre sœur ennemie pour elle.

Aussi, c'est vainement que Molière veut tout arranger avec sa poésie : il bâtit le château de ses rêves, mais au premier coup d'éventail d'Armande le château tombera en ruines.

Quoique Molière se peigne dans Ariste, on le sent déjà aussi dans quelques sorties de Sganarelle : n'est-ce pas le franc parler de Molière, quand il parle de ces jeunes muguets portant ces tout petits chapeaux

Qui laissent éventer leurs débiles cerveaux?

Il raille leurs blonds cheveux qui offusquent leur figure. Il ne veut pas porter

De ces petits pourpoints sous les bras se perdans
Et de ces grands collets jusqu'au nombril pendans;
De ces manches qu'à table on voit tâter les sauces
Et de ces cotillons appelés hauts-de-chausses;
De ces souliers mignons, de rubans revêtus,
Qui vous font ressembler à des pigeons pattus;
Et de ces grands canons où, comme en des entraves,
On met, tous les matins, ses deux jambes esclaves,
Et par qui nous voyons ces messieurs les galans
Marcher écarquillés ainsi que des volans.

C'est bien dit! mais par malheur, Armande aurait voulu un mari ainsi vêtu. Aussi Ariste, qui ne veut rien brusquer, dit-il à Sganarelle :

> *Mais je tiens qu'il est mal, sur quoi que l'on se fonde,*
> *De fuir obstinément ce que suit tout le monde,*
> *Et qu'il vaut mieux souffrir d'être au nombre des fous,*
> *Que du sage parti se voir seul contre tous.*

Plus loin, Ariste dit encore très-sagement :

> *Leur sexe aime à jouir d'un peu de liberté ;*
> *On le retient fort mal par tant d'austérité,*
> *Et les soins défians, les verrous et les grilles,*
> *Ne font pas la vertu des femmes ni des filles.*

Ne reconnaît-on pas Molière dans les vers qui suivent :

> *Je sais bien que nos ans ne se rapportent guère,*
> *Et je laisse à son choix liberté tout entière.*
> *Si quatre mille écus de rente bien venans,*
> *Une grande tendresse et des soins complaisans*
> *Peuvent, à son avis, pour un tel mariage*
> *Réparer entre nous l'inégalité d'âge...*

Mais rien ne comble l'abîme. L'amour se paie par l'amour, la jeunesse par la jeunesse.

Nisard a très-bien dit : « On reconnaissait Molière, même de son temps, dans Ariste de *l'École des Maris* : Ariste, homme déjà mûr, qui doit épouser, comme lui, une fille de seize ans; comme lui, tendre et indulgent, avec une certaine inquiétude de caractère; comme lui, s'étudiant à contenter les goûts innocents de celle qu'il aime, à gagner son cœur par la facilité et la confiance; comme lui, se flattant de se rajeunir à ses yeux par les soins délicats et les bienfaits. On donnait la pièce en 1661. L'année suivante, Armande Béjart devait être la femme de Molière. Elle jouait le rôle de Léonor et Molière se servait de l'aimable Ariste pour lui faire les promesses les plus touchantes. » Pourquoi ne retrouve-t-on pas le fameux tableau de *l'École des Maris* ? un vrai tableau de l'amour conjugal, puisqu'il représente Molière et sa femme dans *l'École des Maris*. Il est inventorié deux fois, à la mort de Molière et à la mort du mari de la fille de Molière. Si Madeleine a conservé le tableau parmi tant d'autres qui ont dû être dispersés avant sa mort ou à la mort de sa mère, c'est qu'elle y retrouvait la figure de son père. Sans doute, Molière avait voulu consacrer par cette peinture le début d'Armande dans une comédie de lui où il jouait lui-même.

Quand Armande joua le rôle d'Élise dans *la Critique de l'École des Femmes*, elle se trouva en scène auprès de deux rivales, Mlle Du Parc et Mlle De Brie : non-seulement rivales par devant Molière, mais rivales par devant les hommes de cour qui papillonnaient sous le feu des chandelles. Il n'est pas douteux que la femme de Molière ne dût les regarder de haut en se promettant bien de les dominer comme femme et comme comédienne. Voyez-la dans cette peinture fidèle, assise au premier plan, comme par droit de conquête et parlant déjà avec la désinvolture étudiée de la maîtresse de la maison : n'a-t-elle pas pris la meilleure place? Non-seulement elle ne permettra plus à la De Brie ni à la Du Parc de lui prendre Molière, mais elle les effacera par son auréole devant les marquis. Elle sait bien qu'elle est la fille d'un gentilhomme, le marquis de Modène. La Du Parc a beau s'appeler marquise, la De Brie a beau jouer encore les ingénues, elle n'est pas inquiète dans ce duel qu'elle accepte contre elles.

Le Théâtre-Français était alors, comme l'Opéra, un autre Versailles pour les gentilshommes de la Cour; c'était le rendez-vous plus ou moins galant de toutes les belles perruques et de tous les talons rouges. A force d'être protégée, la Comédie se trouva trop protégée. En effet, elle s'aperçut peu à peu qu'elle obéissait sans le savoir à l'esprit des courtisans. C'était d'ailleurs un doux esclavage, puisque les courtisans étaient aussi les courtisans des comédiennes.

Si le théâtre fut l'école des mœurs pour Armande, que fut-ce donc que la Cour de Versailles? Que vit-elle en jouant *la Princesse d'Élide*, en traversant *les Plaisirs de l'Isle enchantée*? Elle vit Louis XIV avec sa maîtresse de la veille, Mlle de La Vallière, et sa maîtresse du lendemain, Mme la marquise de Montespan, sans compter les anciennes et les futures, comme la comtesse de Soissons et Mlles d'Artigny, en attendant Mlle de Fontanges et Mme de Maintenon.

Cela n'empêcha pas Armande, qui jouait la Princesse, de bien dire la prose de Molière : « Pouvez-vous bien toutes deux, estant ce que vous estes, prononcer ces paroles, et ne devez-vous pas rougir d'appuyer une passion qui n'est qu'erreur, que foiblesse et qu'emportement, et dont tous les désordres ont tant de répugnance avec la gloire de nostre sexe? J'en prétends soutenir l'honneur jusqu'au dernier moment de ma vie, et ne veux point du tout me commettre à ces gens qui sont les esclaves auprès de nous, pour devenir un jour nos tyrans : toutes ces larmes, tous ces soupirs, tous ces hommages, tous ces respects sont des embûches qu'on tend à nostre cœur, et qui souvent l'engagent à commettre des lâchetez. »

Molière avait-il prévu que cette fête serait le triomphe de sa femme quand il l'a peinte ainsi par la voix d'Euryale : « Ah! Moron, je te l'avouë, j'ay esté enchanté, et jamais tant de charmes n'ont frappé tout ensemble mes yeux et mes oreilles. Elle est adorable en tout temps, il est vray : mais ce moment l'a emporté sur tous les autres, et des grâces nouvelles ont redoublé l'éclat de ses beautez. Jamais son visage ne s'est paré de plus vives couleurs, ny ses yeux ne se sont armés de traits plus vifs et plus perçans. La douceur de sa voix a voulu se faire paroître dans un air tout charmant qu'elle a daigné chanter, et les sons merveilleux qu'elle formoit passoient jusqu'au fond de mon âme et tenoient tous mes sens dans un ravissement à ne pouvoir en revenir. Elle a fait éclater ensuite une disposition toute divine, et ses pieds amoureux sur l'émail d'un tendre gazon traçoient d'aimables caractères qui m'enlevoient hors de moi-même, et m'attachoient par des nœuds invincibles aux doux et justes mouvemens dont tout son corps suivoit les mouvemens de l'harmonie. »

Ce fut l'opinion de messieurs les marquis.

Après avoir parlé ainsi, la princesse Armande, dans un monologue, tout en regardant messieurs les marquis, joua bien mieux encore quand elle dit en changeant de figure, la pâleur sur les joues, le cœur oppressé : « De quelle émotion inconnuë sens-je mon cœur atteint, et quelle inquiétude secrette est venuë troubler tout d'un coup la tranquillité de mon âme! Si ce n'est pas de l'amour que je ressens maintenant, qu'est-ce donc que ce peut être, et d'où vient ce poison qui me court par les veines? »

Oui, c'était le poison : la vertu d'Armande en prit trop ce jour-là, aussi en mourut-elle bientôt. L'amour n'est pas un poison lent. Bien à propos, Molière fit chanter une chanson dont voici le refrain :

> *Quelque fort qu'on s'en défende,*
> *Il y faut venir un jour ;*
> *Il n'est rien qui ne se rende*
> *Aux doux charmes de l'amour.*

Après la pièce, seigneurs et comédiens, grandes dames et comédiennes furent çà et là du même monde. Peut-être est-ce pendant que Molière faisait le beau avec Mme de Montespan, qui lui fut toujours charmante, que sa femme faisait la belle avec Lauzun ou tout autre. Quoi de plus naturel d'ailleurs! c'était son droit; c'était son jeu. J'ai connu des femmes vertueuses qui, une fois à la Cour, eussent trouvé ridicule de ne pas faire comme les autres. C'était un entr'acte dans leur vie. Une fois revenues à la maison, elles reprenaient leur vertu comme si de rien n'était. Ce fut bien, je crois, l'histoire d'Armande Béjart. Je ne doute pas qu'une fois chez elle, se sentant chez Molière, elle ne fût toute à son devoir de par l'épiderme; mais, par malheur pour Molière, elle ne s'attardait pas dans sa chambre à filer de la laine.

Ceux qui la représentent à son petit lever, avec des ducs et des marquis dans sa ruelle, font sans doute du roman. Molière d'ailleurs ne se fût pas contenté de ce régime. Si Armande fut emportée par ses passions, ce fut toujours loin de Molière. Elle respecta du moins la maison nuptiale; ce que ne fit pas Molière, puisque Mlle De Brie, confidente tantôt de la femme, tantôt du mari, sinon des deux à la fois, était souvent chez Molière quand Armande courait les aventures.

Armande avait donc toutes les séductions, celles de la comédienne comme celles de la femme, pour prendre et reprendre Molière.

XI

Louis XIV fut grand par la grandeur de ses contemporains; mais il était excellent chef d'orchestre dans la symphonie de son règne, un opéra presque féerique. Au premier acte, son génie — c'en est un — fut de mettre tout le monde à sa place. Un railleur ne manquerait pas de dire ici qu'il s'est mis à sa place lui-même quand il a servi à déjeuner à Molière; mais ayons le respect de la grandeur en toute chose.

Il était bien naturel que la Comédie et l'Opéra fussent créés sous Louis XIV, qui aimait avant tout la comédie-ballet, car chaque fois que Molière travaillait pour lui, il donnait du ballet au grand roi : « *Aimez-vous le ballet? on en a mis partout.* »

La comédie de Molière ne plaît pas à Louis XIV s'il n'y entend les violons de Lulli. Il ne faut pourtant pas nier au roi l'amour du sérieux. Il défendait Molière par ses œuvres devant ses courtisans. Il faisait jouer *Tartufe* malgré tout le monde. Il admirait *les Femmes savantes* et comprenait *le Misanthrope;* mais il aimait tant le ballet qu'un peu plus il obligeait Alceste à danser un pas.

Sous prétexte de mettre Louis XIV à sa place, les historiens le font trop descendre des hauteurs de sa renommée. Il y avait en lui du roi Salomon, du moins dans sa jeunesse. Il tenait haut et ferme le drapeau de la France. S'il disait : « L'État, c'est moi », c'était pour mieux rendre la justice. Les révolutionnaires qui le méprisent devraient reconnaître qu'il a donné à Molière le droit de tout dire en religion et en politique. Il fallait que le mauvais prêtre et le mauvais gentilhomme entendissent la vérité comme le mauvais médecin. Qui donc aujourd'hui en dirait plus que Molière, parlant de la noblesse devant tous les gentilshommes qui se mettaient en scène jusque sur le théâtre : « Qu'avez-vous fait pour être gentilshommes ? croyez-vous qu'il suffise d'en porter le nom et les armes ? L'éclat de vos aïeux n'en rejaillit sur vous qu'à votre déshonneur. Leur gloire est un flambeau qui éclaire la honte de vos actions. La vertu est le premier titre de noblesse. Je regarde bien moins aux actions qu'on signe qu'aux actions qu'on fait. Je ferois plus d'état du fils d'un crocheteur, s'il étoit un honnête homme, que du fils d'un monarque qui vivroit comme vous. »

Tout ceci est aujourd'hui une monnaie courante; mais quand Molière la frappait à son effigie, dans la France de Louis XIV, il lui fallait une main hardie.

C'est là d'ailleurs la force éternelle de la comédie. Elle ose parler haut, même quand tout le monde se tait. Elle est le réveil de l'esprit et la sauvegarde du cœur, car c'est la sentinelle avancée, — la sentinelle de la vérité, — qui, dans le danger, crie aux armes !

Mais il fallait pour parler haut avoir le prestige royal dans le prestige du génie. Au temps où Louis XIV commençait à s'inquiéter de ce qui se disait à Paris, les Parisiens regardaient toujours du côté de Versailles. Ils ne vivaient pas encore de leur vie à eux, sans vouloir respirer l'air de la Cour. Le Roi-Soleil répandait ses rayons sur le cœur de la grande ville. On peut s'étonner aujourd'hui que Versailles ait joué la comédie de l'Olympe, mais on ne peut pas nier que les Parisiens, tout railleurs qu'ils fussent, n'aient été pris à cette comédie-là. Heureusement Molière, qui débrouillait les nuages, se jetait en pleine vérité, avec la brusquerie d'un révolutionnaire; non pas que Molière voulût s'attaquer au roi et à Dieu, comme on l'a dit; car c'était un révolutionnaire pacifique, armé pour la vérité, mais rien que pour la vérité.

Les amours de Molière semblent n'avoir eu pour théâtre que son théâtre. J'ai vu, je ne sais plus où, qu'une grande coquette du théâtre de Louis XIV, Mme de Montespan, s'était montrée très-souriante à Molière pendant les fêtes de Versailles, mais je ne crois pas qu'il eut sa part des plaisirs de l'Ile enchantée. Ce fut sans doute l'esprit de Molière bien plus que sa figure qui prit la belle marquise. Molière était jeune encore, mais il avait surmené la vie; à force de jouer toutes les figures, il avait fané la sienne sous les grimaces. Toutefois, il est impossible ici de rien affirmer : les comédiens ont leurs heures, surtout avec les curieuses comme Mme de Montespan.

Pourvu que sa comédie fût en fête, Molière était content; aussi donnait-il tête baissée dans les travers des courtisans. Il laissait son cœur chez lui à moins qu'il le donnât en passant à Mme de Montespan — ce beau rêve de comédie.

Toutes les descriptions idéales des contes de fées sur les palais des Génies ne rappellent que de loin les merveilles des fêtes de Louis XIV. Il est à remarquer d'ailleurs que Charles Perrault et Mme d'Aulnoy ont écrit leurs contes au temps des féeries du grand roi. Mais quel est le conte qui puisse lutter avec *les Plaisirs de l'Ile enchantée* qui ont pour ainsi dire inauguré Versailles pendant sept jours? Louis XIV voulait-il débrouiller le chaos de son cœur?

L'histoire dit que ces fêtes furent données par le roi à la reine; la reine, ces jours-là, c'était Mlle de La Vallière. On était encore aux premières aubes de l'amour, le roi-soleil croyait n'avoir pas assez prouvé à sa maîtresse qu'il était plus magnifique que Fouquet. La fête de Vaux n'avait duré qu'un jour, la fête de Versailles devait durer toute une semaine. Fouquet avait eu Molière. Le roi eut Molière et Corneille, Lulli et Quinault : toute la Comédie et tout l'Opéra. Mlle de La Vallière, qui aimait l'Arioste, fit rebâtir le palais d'Alcine. La belle romanesque trouvait charmant de vivre quelques jours dans les belles imaginations du poëte italien. En ce palais merveilleux, le roi représenta Roger, cuirasse couverte de riches broderies d'or et d'argent, où on lisait ces vers de Benserade :

> *Quelques beaux sentimens que la gloire nous donne,*
> *Quand on est amoureux au souverain degré,*
> *Mourir entre les bras d'une belle personne*
> *Est de toutes les morts la plus douce à mon gré.*

Mme Molière se familiarisa à cette morale de cour en jouant *la Princesse d'Élide*. Selon Voltaire, « la comédie de *la Princesse d'Élide*, quoiqu'elle ne soit pas une des meilleures de Molière, fut un des plus agréables ornements de ces jeux, par une infinité d'allégories fines sur les mœurs du temps, et par des à-propos qui font l'agrément de ces fêtes, mais qui sont perdus pour la postérité ». Molière, dans *la Princesse d'Élide*, compare Mlle de La Vallière à Diane, par la bouche d'Euryale embrasé de l'amour du roi :

> *Je vis tous les appas dont elle est revêtue,*
> *Mais de l'œil dont on voit une belle statue ;*
> *Sa brillante jeunesse observée à loisir*
> *Ne porta dans mon âme aucun secret désir.*
> *On publie en tous lieux que son âme hautaine*
> *Garde pour les amours une invincible haine*
> *Et qu'un arc à la main, sur l'épaule un carquois,*
> *Comme une autre Diane, elle hante les bois.*

Molière va maintenant conseiller l'amour à la Diane invulnérable; c'est Cynthie, cousine de la princesse, qui lui parle; je me trompe, c'est Mlle d'Artigny :

> *Jusques à quand ce cœur veut-il s'effaroucher*
> *Des innocens desseins qu'on a de le toucher*
> *Et regarder les soins que pour vous on se donne*
> *Comme autant d'attentats contre votre personne?*

O poëtes! — Grands poëtes de cour! — Voilà comme le théâtre est l'école des mœurs — au palais de Versailles! Mais Molière sait que le chemin de la vérité n'était pas alors le chemin de traverse. Et puis en cette belle année Molière est content de tout : du roi, de lui-même, de sa femme. C'est que Mme Molière n'était pas encore descendue de « l'île escarpée »; mais la princesse de théâtre, à la Cour, se réveillant demain Mme Molière, chez elle, voudra retourner dans l'Ile enchantée, quel que soit le compagnon s'il est de la Cour.

Après le spectacle, le roi « pria Colbert de lui amener M. de Molière pour lui exprimer son contentement et pour le garder à souper ». On avait bâti pour le souper un temple digne de Salomon et de la reine de Saba. Les mille lumières qui brillaient au centre du rocher répandaient des prismes sur les nappes d'eau et donnaient à chaque goutte l'éclat du diamant. Ce qui contrastait avec le rocher moussu, c'était un beau groupe en marbre d'Apollon et des Muses qui semblaient descendus de l'Olympe pour fêter Louis XIV. Mlle de La Vallière se plaça par hasard vis-à-vis du roi. Mais, où soupait donc la reine? Sous une simple tente, avec Madame et Mademoiselle. Quand le roi prenait du plaisir, il n'aimait pas que la reine fût de moitié.

Molière avait sa table et présidait sa compagnie. Au dessert, les ambassadeurs se trompèrent de grotte et allèrent prendre des leçons de Français — et de Françaises.

J'oublie de parler de toutes ces belles femmes, épaules nues, chevelures abandonnées, la joie aux yeux, le rire sur les dents. Ici, La Vallière qui se souvient; là, Montespan qui espère. Qui donc a payé tous ces diamants qui brûlent les regards, toutes ces dentelles qui sortent de la main des fées, toutes ces robes venues des Indes? Ah! *George Dandin*, dans quel pays es-tu joué?

Ne semble-t-il pas que toutes les étoiles du ciel sont de la fête? Les voyez-vous qui vont et viennent, qui montent, qui descendent? Le cercle de feu se rapproche : tout le monde a peur. Colbert a-t-il eu des distractions? On se précipite sous les bosquets, les hommes avec les femmes, le roi avec Mlle de La Vallière. C'est le bouquet! Mais on n'a que le temps de s'embrasser au vol. Colbert n'a jamais de distraction : il n'a voulu que faire une surprise. La musique de Lulli achève d'enivrer tout ce beau monde, qui ne pense pas un seul instant que près de là, à la grille même du château des merveilles, une pauvre femme prie et pleure, tout affamée, pour ses enfants! Passe ton chemin et reviens plus tard. Comment t'appelles-tu, bonne femme? — Je m'appelle la France : je reviendrai.

Cette fête n'eut pas de lendemain pour Mlle de La Vallière, parce que le lendemain de cette fête Mme la marquise de Montespan rencontra le roi dans le labyrinthe. N'est-ce pas ce jour-là qu'elle fut gracieuse à Molière, peut-être pour se faire les griffes et les mieux marquer sur le roi.

Molière aimait la Cour comme l'aimait Mme Molière, mais non pas comme elle pour s'y laisser prendre. Comédien, il y trouvait le plus beau parterre; poète, il était le premier — après Benserade — et il trouvait tout autour de lui des originaux à mettre en scène. L'homme, il est vrai, n'était pas chatouillé aussi agréablement, surtout s'il regardait les marquis « cajolant sa femme ». Aussi, quand Mme de Montespan ne jouait pas son jeu pour lui, je crois qu'il aimait encore mieux le coin du feu de sa chambre à coucher, où s'agitaient les chefs-d'œuvre à faire, et le coin du feu de Boileau, où l'on discutait les chefs-d'œuvre de tout le monde.

Molière eut d'ailleurs de rudes déboires à la Cour où il n'était pas aimé des hommes; selon l'auteur de la *Vie de Molière* écrite en 1724, le duc de La Feuillade, « un jour qu'il vit passer Molière, l'aborda avec les démonstrations d'un homme qui voulait lui faire caresse. Molière s'étant incliné, il lui prit la tête, et en lui disant : *Tarte à la crème*, Molière, *tarte à la crème*, il lui frotta le visage contre ses boutons et il lui mit le visage en sang ». En ce temps-là, quand on était Molière, on avait le tort de s'imaginer qu'il fallait laisser faire les ducs. Plus tard, Voltaire voulut se battre à l'épée avec le duc de Rohan, mais le duc de Rohan le fit bâtonner par ses gens. Comment Molière, par exemple, n'étrangla-t-il pas un peu ce valet de chambre qui refusait de faire avec lui le lit du roi, et aussi ces autres valets qui ne daignaient pas manger avec lui à la même table? Louis XIV s'indigna de ces outrages : voilà pourquoi, un « matin, ayant ordonné à Molière de s'asseoir, il coupa une volaille, lui servit une aile et en prit une pour lui ».

Quelques-uns diront que « l'amitié » de Louis XIV pour Molière devait donner à la femme de Molière une grande idée du mari; mais il faudrait encore s'entendre sur cette amitié. C'était tout justement au temps du mariage que fut publiée la liste des poètes et historiens reconnus par Louis XIV, reconnus, c'est-à-dire pensionnés. Or, que dut penser Mme Molière? Que si le sieur Molière était porté pour mille francs, comme excellent poëte comique, le sieur Ménage, excellent pour la critique des pièces, était porté pour deux mille francs, et le sieur Chapelain, « le plus grand poëte français qui ait jamais été », pour trois mille francs. Voltaire s'est étonné tout le premier de cette demi-protection : « Molière n'eut en vérité qu'une pension de mille livres et sa troupe n'en eut qu'une de sept. » Sept mille francs de subvention!

Mais Molière se soumettait à « la force des choses ».

Ceux qui ont voulu faire de lui un libre-penseur ont mis en doute son service de valet de chambre du roi; mais il n'y a point de doute. Il est bien certain que Molière ne prenait pas grand plaisir à ces fonctions indignes de lui; mais il se croyait ainsi plus près de la faveur royale pour être abrité en ses jours d'orage. Le valet de chambre servait le comédien et le poëte. On s'indigne quelque peu de lui voir toujours, jusqu'à sa mort, prendre le titre, dans les actes publics, de « valet de chambre du roi ». Mais il obéissait à la même idée. Pourvu de la charge, il devait l'accepter tête levée. N'a-t-on pas vu d'ailleurs les chambellans du xixe siècle tout fiers de leur titre ? Certes, Armande avait un autre orgueil : le titre de gentilhomme du roi donné à Lulli pouvait bien être donné à Molière, mais chaque fois qu'elle a dû faire cette remarque, Molière, qui avait bien plus le souci d'être gentilhomme de France que d'être gentilhomme du roi, criait à Célimène, comme dans l'*Impromptu de Versailles* : « Taisez-vous, ma femme, vous êtes une bête. »

XII

Fut-ce Molière qui donna la comédie à Louis XIV, ou le grand Roi qui la donna à Molière, car ils étaient comédiens tous les deux? Si Molière était toujours en scène au Palais-Royal, Louis XIV ne jouait-il pas tous les jours au palais de Versailles, avec toute la France et toute l'Europe pour spectatrices? Molière, au moins, avait des heures d'abandon, dans son cabinet, en face des figures qu'il créait, ou chez ses amis, dans la gaieté de cœur des belles heures insouciantes. Ce qu'il serait bien intéressant de savoir, c'est l'amitié plus ou moins franche de ces deux illustres comédiens. Comment Molière parlait-il au roi, comment le roi répondait-il à Molière? Y eut-il entre eux de ces quarts d'heure de familiarité entre maître et valet de chambre, entre demi-dieu et grand poëte? Il faut le croire, car ces deux hommes de théâtre se voyaient dans la coulisse. Quoique le roi fût toujours sur ses gardes, ses passions le jetaient aux pieds des femmes, le rendaient plus humain et lui montraient la vanité des grandeurs. Molière, qui osait écrire *Don Juan* après avoir traduit Lucrèce, n'était pas de ceux qui tremblent devant les majestés divines et humaines; son caractère d'ailleurs nous donne le témoignage qu'il osait parler. Quelle page précieuse pour l'histoire, si on avait une conversation de Louis XIV et de Molière prise mot à mot un jour de laisser-aller!

Quoi qu'il en soit, Molière fut un poëte de cour par son métier de comédien comme par sa charge de valet de chambre de Louis XIV. Espérons que le roi se détachait du rivage de sa grandeur pour être bon prince avec Molière. Il semble d'ailleurs que le comédien fût toujours de belle humeur dans les régions de la Cour.

Pendant les représentations de Versailles, Molière, tout à son génie et à son jeu, s'abandonnait à cette ivresse de vivre les heures surabondantes. Mais dès que venait l'entr'acte, l'amertume lui revenait aux lèvres. Il amusait la Cour, mais pourquoi lui, Molière, le créateur de la comédie en France, ne pouvait-il aller de pair à compagnon avec tous ces esclaves du roi qui le regardaient d'un peu haut? C'est qu'il n'était plus que le comédien Molière. On pensait bien peu au poëte, qui ne s'était pas illustré par une seule tragédie, car la tragédie était alors la marque suprême des fiers esprits. Heureusement, n'en doutons pas, celui qui a signé tant de chefs-d'œuvre avait la prescience de son apothéose. Un jour viendrait où, pour être écouté dans le monde, il ne faudrait plus que le comédien précédât le poëte :

Molière avec Tartufe y doit jouer son rôle.

De tous les personnages de la Cour, le meilleur à Molière fut Louis XIV. Peut-être la libre parole de l'auteur de *Don Juan* et de *Tartufe* ne déplaisait-elle pas à ce demi-dieu, qui ne permettait rien aux plus grands seigneurs de son cortége. Plût à Dieu que Molière ne fût pas mort sitôt, puisqu'il a eu, çà et là, l'oreille du roi. L'amoureux perpétuel des femmes de son théâtre n'eût certes pas reproché au roi les Montespan et les Fontanges, après les Mancini et les La Vallière, mais il ne se fût pas agenouillé comme Racine dans l'oratoire de Mme de Maintenon. Il eût relevé Louis XIV en face de son passé, lui représentant, soit par ses comédies, soit par sa cordiale parole, les empiétements nocturnes des gens d'église qui le conduisaient tout droit à une seconde Saint-Barthélemy.

On a dit que Louis XIV ne s'était pas contenté de danser dans les intermèdes de Molière. Plus d'une fois, en effet, il a pu être de sa comédie par un mot bien dit ou par une scène indiquée, témoin celle de M. de Soyecourt dans *les Fâcheux*[*].

Donc le roi était son ami, tous les grands esprits du siècle saluaient son génie, il

---

[*] Molière, tout gracieux qu'il fût, n'écoutait que lui-même à la Cour. Il n'acceptait pas les conseils, même ceux de Madame Henriette d'Angleterre, qui lui avait demandé d'ôter du *Misanthrope* : « Ce grand flandrin qui crachoit dans un puits pour faire des ronds. Elle regardoit cet endroit comme indigne d'un si sérieux ouvrage; mais Molière résista, il avoit son original et vouloit le donner à son théâtre. » Et pourtant Molière n'était point vaniteux de ses œuvres; lisant ce vers de Boileau :

Il plaît à tout le monde et ne sauroit se plaire,

il s'écria, serrant la main du satirique : « Voilà la plus grande vérité que vous ayez jamais dite ; je ne suis pas du nombre de ces esprits sublimes dont vous parlez ; mais tel que je suis, je n'ai jamais rien fait dont je sois véritablement content. »

LE TARTUFFE

avait rempli sa vie de belles œuvres et de belles actions. A son zénith, c'était le grand homme et c'était l'homme. Rien ne manquait à sa gloire, mais tout manquait à son bonheur. Il a pu s'écrier, comme Salomon dans sa magnificence : « Vanité, vanité, tout est vanité ! » ou encore comme Shakespeare : « Perfide comme l'onde ! » ou encore comme Jésus : « Je suis triste jusqu'à la mort. » C'est que les joies du cœur sont les seules joies de la vie. A quoi bon l'amitié d'un roi, à quoi bon l'amitié des princes, à quoi bon tant de chefs-d'œuvre, si tout cela ne lui sert pas même à se faire aimer de sa femme ?

Molière va bientôt dire à Chapelle : « Je me suis déterminé à vivre avec Armande comme si elle n'était pas ma femme ! » Alors de qui était-elle la femme ? La maison de la Comédie s'ouvrait sur la terrible comédie du Dante.

XIII

CELUI qui était devenu le grand Molière avec sa couronne de laurier, comme il est représenté dans quelques-uns de ses portraits, devait regretter amèrement le Molière emporté par sa jeunesse, courant les aventures du *Roman comique* avec ces belles amoureuses qui jouaient pour son cœur ardent toutes les symphonies des jeunes années.

Je n'ai jamais relu *le Roman comique* sans une émotion profonde; c'est que j'y retrouvais la jeunesse de Molière. Sous les gais tableaux du conteur, on sent battre le cœur du futur *Misanthrope*. Molière avait pu s'embarquer follement dans cette odyssée incomparable, mais il se sentait déjà « quelque chose là », et il ne marchait pas dans l'imprévu sans être escorté d'un compagnon sévère qui le rappelait à lui-même dans les jours troublés; ce compagnon sévère, c'était son génie.

Son génie lui restait, mais où était son cœur ?

Il ne voulut pas encore chanter son *De profundis* en face d'Armande rebelle. Il se retourna vers le passé. Il ne pouvait plus renouer avec Geneviève Béjart, il ne pouvait même plus ouvrir son cœur à Madeleine Béjart, mais n'avait-il pas encore sous la main, au théâtre même, ses anciennes maîtresses, la Du Parc et la De Brie? Mais la Du Parc avait déjà pris parti pour Armande contre Molière par haine de la De Brie. Toutes les deux d'ailleurs furent les confidentes d'Armande, la bonne et la mauvaise.

Ces quatre strophes, qui sont quatre petits chefs-d'œuvre, — Alfred de Musset les savait par cœur, — sont-elles adressées par Molière à la Du Parc ou à la De Brie*?

C'est un amant, ouvrez la porte !
Il est plein d'amour et de foi.
Que faites-vous, êtes-vous morte ?
Ou ne l'êtes-vous que pour moi ?

Si vous n'êtes pas éveillée,
Je ne veux point quitter ce lieu ;
Si vous n'êtes pas habillée,
Que je vous voie... et puis adieu !

Voulez-vous qu'ici je demeure
Demi-mort, tremblant et jaloux ?
Hélas ! s'il vous plaît que je meure,
Que ce soit au moins de par vous !

Ah ! vous ouvrez, belle farouche !
J'entends la clé, c'est votre voix...
O belle main ! ô belle bouche !
Que je vous baise mille fois !

---

* Quand Molière ne fut plus de ce monde, Mlle De Brie fut sacrifiée, malgré son talent, par l'influence d'Armande. « Mlle De Brie fut ainsi réduite à une demi-part, dit M. Édouard Thierry. Il est assez singulier de

Si Armande fut cruelle à Molière, Mlle De Brie fut le sourire perpétuel qui le consola toujours, — s'il pouvait être consolé! On sent qu'elle n'avait vécu que pour Molière dès le premier jour de leur rencontre. Elle avait une douceur inaltérable qui désarmait jusqu'à Mlle Molière, après avoir désarmé Madeleine Béjart, après avoir « désarmé La Forest * ».

Qui donc a dit : Contre la force il n'y a pas de résistance? C'est à la douceur qu'on ne résiste pas. Il y a des femmes qui fomentent la guerre partout; de vrais diables, jetant feu et flammes; il en est qui apaisent toutes les rébellions. Le comédien De Brie n'avait rien à répliquer à une femme qui lui répondait par un sourire; pour lui d'ailleurs Molière était un demi-dieu; il ne voulait pas être plus jaloux qu'Amphitryon ne le fut de Jupiter. Et puis il espérait bien n'être qu'un cocu imaginaire; en effet, Mlle De Brie semblait bien plutôt la sœur de Molière que sa maîtresse. Il n'est pas douteux d'ailleurs que De Brie, n'étant plus le mari de sa femme, l'était devenu de plusieurs autres.

Mlle De Brie était le contraire de la femme de Molière : autant Armande se montrait hautaine et dédaigneuse, autant Catherine était tendre et pénétrante. La femme était l'esprit, la maîtresse était le cœur; Molière s'obstinait à vaincre l'esprit, mais dans ses

---

voir Mlle De Brie avec une demi-part. Jusqu'alors elle et son mari avaient eu la part entière, elle pour son talent, lui à cause de sa femme. La troupe nouvelle trouva le mari trop bien traité. Elle avait raison, mais on eut peur du comédien qui jouait les bretteurs d'après le naturel (La Rapière dans *le Dépit amoureux*, le maître d'armes dans *le Bourgeois gentilhomme*), et on n'osa pas réduire sa part de moitié. Mlle De Brie, toujours douce, prit la réduction pour elle. Elle but le calice en souvenir de Molière. »

Ce fut Mlle De Brie qui créa au théâtre *les ingénues*; elle y mit tant de malice et tant de vérité que tout le monde fut pris à son innocence. Et cette innocence eut éternellement dix-sept ans. Ce fut à ce point que quarante ans plus tard, Mlle De Brie jouait encore les Agnès. Ses camarades la trouvèrent décidément trop jeune et donnèrent son emploi à Mlle Du Croisy; mais quand celle-ci parut sur la scène, les spectateurs se récrièrent et voulurent encore Mlle De Brie; en ce temps-là le parterre était si absolu qu'on fut forcé d'aller chercher l'amie de Molière; on l'entraîna malgré elle et on la força de jouer « dans son habit de ville ».

Ce fut le plus beau jour de sa vie — au théâtre. Elle en avait eu d'autres avec Molière. C'est de ce temps-là que date le quatrain bien connu :

> Il faut qu'elle ait été charmante
> Puisqu'aujourd'hui, malgré ses ans,
> A peine des attraits naissans
> Égalent sa beauté mourante.

* Mlle De Brie était grande et bien sculptée, tour à tour belle et jolie avec la désinvolture de la grâce. Sa douceur effaçait son esprit ; mais en pénétrant son cœur, on ne s'y trompait pas. C'était la meilleure créature du monde. Molière la prenait, l'abandonnait, la reprenait, retrouvant toujours le même cœur et le même sourire. Il aurait pu l'appeler le chien de la maison. Mais le chien de la maison ne vivait pas au même étage. C'est encore une calomnie d'accuser Molière d'avoir logé l'adultère.

Combien de temps Mlle De Brie demeura-t-elle dans la même maison? Jeanne-Catherine, fille de Romain Toutbel, née le 26 août 1669, eut pour parrain, à Saint-Roch, le 10 septembre suivant, « Jean-Baptiste Poplain Molière, valet de chambre du Roy, demeurant rue Saint-Honoré, paroisse Saint-Germain », et pour marraine « Catherine du Rozet, femme d'Edme de Brix, officier du Roy, demeurant dicte rue ». — On peut dire : même numéro. — Catherine signa cet acte : « Catherine du Rozet. » Le 12 décembre 1675, elle fut encore marraine, avec Molière, d'une des filles jumelles de La Grange. En ce temps-là on était bon camarade avec sa commère ; on festoyait et on s'embrassait à tour de bras. On voit que Molière ne faisait pas de façons pour cacher son amitié pour Mlle De Brie ; on voit aussi que La Grange n'avait pas peur d'offusquer la femme de Molière en la choisissant elle-même pour la marraine d'une de ses filles quand il avait choisi pour l'autre la maîtresse de Molière.

défaites il lui était doux de trouver au moins l'esprit du cœur. Combien de fois il a dû se jeter avec effusion dans les bras de Mlle De Brie, après avoir refroidi son sein à cette cuirasse d'acier qui s'appelait Armande! Il était trop philosophe et trop humain pour ne pas comprendre la loi fatale de l'amour. On ne triomphe d'une femme ni par la colère, ni par la raillerie, ni par les larmes : l'amour seul a raison de l'amour; Molière pouvait-il imposer une passion, sinon une passion romanesque, au moins un amour sérieux, à une femme enivrée de sa beauté, à cette grande coquette qui avait une cour même à la Cour, lui qui ne retrouvait que la jeunesse du cœur, l'éternelle jeunesse du génie, lui qui ne présentait plus à cette gourmande d'illusions que les soucis du travail, les pâleurs des nuits agitées, les rides de la cinquantième année? Mlle Molière n'avait pas l'enthousiasme de ces âmes brûlantes qui se passionnent pour la renommée; que lui importait la couronne de laurier que Mignard, Bourdon ou Lebrun peignait sur ce front glorieux! Elle ne vivait pas de cet idéal. Lauzun lui paraissait bien plus poëte que son mari dans sa jeunesse altière et victorieuse. — Et Molière comprenait cela, aussi se frappait-il douloureusement le cœur en s'écriant : C'est ta faute, ô mon cœur!

Et Mlle De Brie arrivait. Il avait été jeune avec elle, il lui semblait doux dans son désespoir de ressaisir le rêve du passé pour oublier le présent.

Ce fut avec une tout autre figure que Mlle Du Parc mit le feu aux quatre coins de Paris et de Versailles, mais ce qui lui donne sa renommée rayonnante, c'est qu'elle mit la passion au cœur de quatre hommes de génie s'il en fut, Molière, Corneille, Racine et La Fontaine; ce fut là une gloire sans pareille, dirait Célimène.

Car ces quatre hommes de génie ne mirent pas l'épée à la main pour se la disputer, mais ils se brouillèrent, hormis La Fontaine qui ne se brouillait qu'avec sa femme, car celui-là était plus philosophe encore qu'il n'était amoureux.

Quel beau roman à faire, cette comédienne entre ces quatre amoureux illustres et jouant avec eux de l'éventail de Célimène, même quand il faut cacher ses chutes sous l'éventail! Ses chutes, il faut en constater deux : une avec Molière, une avec Racine : la comédie et la tragédie.

La Fontaine s'arrêta aux bagatelles de la porte; Corneille se consuma dans le platonisme douloureux, trop préoccupé de sa couronne de cheveux blancs. C'est toute une élégie en larmes que ce désespoir tempéré par la dignité du génie, par la fierté du nom. Combien d'amères souffrances éclatent dans les beaux vers du poëte! Comme il est jeune pour aimer et comme il faucherait avec la Du Parc le regain de l'amour si elle ne le condamnait à mourir d'idéal!

Chapelle a conté gaiement que ce grand homme, qui était trop un homme avec les femmes, fut dans sa jeunesse, comme le Jupiter d'Homère pendant le siège de Troie, aux prises avec Junon, Minerve et Vénus :

Voilà l'histoire, que t'en semble!
Crois-tu pas un homme avisé?
Vois par là qu'il n'est pas aisé
D'accorder trois femmes ensemble!
Fais-en donc ton profit. Surtout
Tiens-toi neutre, et, tout plein d'Homère,
Dis-toi bien qu'en vain l'homme espère
Pouvoir venir jamais à bout
De ce qu'un grand dieu n'a su faire.

Junon, c'était Geneviève Béjart qui ne voulait pas qu'on touchât à Molière; Minerve, c'était la belle Du Parc, sur son piédestal de marbre; Vénus, c'était la blonde et voluptueuse De Brie, une pêche fondante, un rayon d'orage, l'amoureuse inespérée.

Ce fut à Lyon que Molière avait ouvert les premières pages de ce roman à trois femmes qu'il continua longtemps. « Quand ils furent arrivés à Lyon, ils y trouvèrent une autre troupe de comédiens establie, dans laquelle estoient la Du Parc et la De Brie. Molière fut d'abord charmé de la bonne mine de la première; mais leurs sentimens ne se trouvèrent pas conformes sur ce chapitre, et cette femme qui, avec justice, espéroit quelque conquête illustre, traita Molière avec tant de mespris, que cela l'obligea de tourner ses vœux du côté de la De Brie, dont il fut reçu plus favorablement. »

Ceci prouverait que Molière n'était pas entêté; il suivait doucement la philosophie de ses maîtres : Épicure, Lucrèce, Gassendi. Mais Molière n'était pas un ingénu; il savait ce qu'e vaut la vertu d'une grande coquette courant les provinces sur le chariot du *Roman comique*. Si la Du Parc l'eût traité « avec tant de mespris », il ne l'eût pas prise dans sa troupe avec la De Brie. Que pouvait donc espérer de mieux que Molière la femme de Gros-René, cette futaille roulante ? Molière, en ce temps-là, était le beau Molière, celui que Mignard représentait, à Avignon, drapé à l'antique et couronné de lauriers comme un César.

Comment Molière, qui était alors le beau et victorieux Molière, eût-il été si malmené par cette femme qui ne malmena jamais que son mari? Je crois que Molière conduisait les femmes de sa troupe comme le Turc mène son harem. Il avait comme toutes les aspirations de la jeunesse; il avait soif d'amour comme il avait soif de gloire; l'éternel féminin le passionnait à toute heure, comme l'éternelle création du génie. S'il a voulu la Du Parc, il l'a eue. Et comment ne l'aurait-il pas voulue cette autre héroïne du roman égarée en province ?

Il ne faut pas douter que plus tard, s'il s'est sérieusement brouillé avec Racine, c'est parce que Racine lui enleva la Du Parc, qui n'était pas seulement de son théâtre, mais qui était de sa maison.

Aimable et divine personne,
Dont un dieu seroit enchanté,
Vous porteriez une couronne
Si l'on couronnoit la beauté.

Quoique d'amour je sois malade,
Qu'une autre règne dans mon cœur,
Vous pouvez, d'une seule œillade,
Me rendre votre adorateur.

Je crois que sans être infidèle,
Je puis adorer vos appas,
Puisque Philis ne paroît belle
Que quand vous ne paroissez pas.

C'en est fait, ma belle maîtresse,
Je vous suis un esclave acquis :
Si vous êtes ma vicomtesse *,
Je veux être votre marquis **.

Dès les premières fois que Molière joua *les Précieuses ridicules* avec la Du Parc, ne fut-ce pas lui qui s'amusa à rimer ces jolies stances qui ont le ton français et la désinvolture italienne? C'était encore aux belles heures poétiques, quand la jeunesse se répand impétueuse par toutes les prodigalités du cœur et de l'esprit. En ce temps-là

---

* *La Vicomtesse Cathos*, jouée par Mlle Du Parc.
** *Le Marquis de Mascarille*, joué par Molière.

AMPHITRYON.

Molière aimait, chantait, soupirait; il ouvrait les bras sur toutes les femmes, y compris les Muses. Quelle jolie chanson il chanta à la Du Parc, qui sans doute lui avait payé son droit de seigneur, mais qui gardait toujours ses grands airs d'impeccable! Elle avait bien voulu cueillir l'heure, mais elle n'avait pas voulu s'attarder dans une passion. Tout à l'heure il l'appelait *Philis*, maintenant il l'appelle *Isabelle* :

> *La beauté de cette cruelle*
> *Est fameuse par cent trépas;*
> *Mes yeux me disent qu'elle est belle,*
> *Mais mon cœur ne me le dit pas.*
>
> *Mille amans d'une ardeur fidèle*
> *Accompagnent toujours ses pas;*
> *Mes yeux me disent qu'elle est belle,*
> *Mais mon cœur ne me le dit pas.*

D'autres vers attribués à Molière pourraient prouver la vertu de la Du Parc, si on n'avait pas l'art de les bien lire : Molière ne faisait pas ces strophes comme les amoureux transis, qui les adressent sans espoir de retour. Il devait crayonner ces choses-là, sous les yeux mêmes de la Du Parc, plus ou moins en présence de son mari. C'est que Gros-René n'y allait pas de main morte : s'il fût tombé sur Molière dans un transport de jalousie, il l'aurait étouffé. Je crois fermement à cette comédie : Molière jouant l'amoureux qui soupire toujours pour cacher ses larcins.

Mais au temps où Molière cherchait l'oubli de ses chagrins par sa femme dans d'autres chagrins peut-être, sinon dans ses chefs-d'œuvre, Mlle Du Parc devint la maîtresse de Racine. Ce fut de cet amour-là qu'elle mourut.

Racine fut à son convoi, mais je ne sais pas si Molière accompagna jusqu'aux Carmes celle qui avait créé tant de rôles dans ses pièces : Doriméne, Aglante, Arsinoé, où elle enlevait tous les cœurs dès que sa beauté entrait en scène. Mais quoiqu'elle fût passée à Racine avec armes et bagages, quoiqu'elle eût entraîné à l'Hôtel de Bourgogne ses adorateurs du Palais-Royal, je suis sûr que Molière, presque toujours gouverné par son cœur dans les actions de sa vie, donna une vraie larme à cette femme qui était une des plus fraîches images de sa jeunesse.

Mais qu'était-ce que ces images du temps passé en face de cette irritable et charmeuse figure d'Armande, qui lui donnait l'éternelle soif de l'amour dans l'éternel enfer des jalousies et des désespérances!

LIVRE IV

MOLIÈRE PEINT PAR LUI-MÊME

QUE MOLIÈRE FUT LE MEILLEUR HISTORIEN DE MOLIÈRE

I

OLIÈRE s'est-il peint dans ses comédies? Faut-il y retrouver le roman de son cœur? A-t-il, à son insu, marqué les stations tour à tour gaies et douloureuses de son chemin à travers la vie? Ou ne faut-il trouver dans ses vives peintures, soit de *l'École des Femmes*, soit du *Misanthrope*, que des rencontres inconscientes, des phases de son histoire amoureuse, qui tient tant de place dans le livre de sa vie? On peut répondre oui et non. Comme tous les créateurs, Molière s'élevait du point de départ à toute la grandeur de l'idéal. Une scène entrevue ou ressentie n'était pas reproduite par lui dans le cadre étroit du mot à mot; il savait bien que la vérité voit de haut, sans tenir compte des commérages, des infiniment petits. Tout chef-d'œuvre est fait de réel et de poésie; c'est le corps et l'âme. Combien de peintres au théâtre ont été plus exacts que Molière, sans s'élever jusqu'à la vérité! Un géomètre n'est pas un paysagiste; un gazetier n'est pas un historien.

Molière a pu permettre à son cœur d'éclater, parce que sa passion ne devait pas être perdue pour son œuvre; mais il n'a pris à lui-même que ce qui devait donner une âme à son œuvre. Il était trop grand créateur pour subordonner son œuvre à sa passion.

Toutefois, pour les pénétrants, beaucoup de scènes de la comédie de Molière dévoileront plus intimement les secrets de son cœur.

On a écrit mille volumes pour pénétrer Molière; le plus souvent on est passé à côté de lui. C'est que Molière n'a pas dit son secret; ou plutôt, si Molière a parlé, c'est sous le masque de ses personnages. La Grange, qui vivait familialement avec lui, mais toutefois comme un fils qui n'oserait interroger son père, a surpris çà et là des cris du cœur. Il a dit dans la préface de la fameuse édition de 1682 : « Molière faisait d'admirables applications dans ses comédies où l'on peut dire qu'il a joué tout le monde, puisqu'il s'y est joué le premier en plusieurs endroits sur les affaires de sa famille. C'est ce que ses plus particuliers amis ont remarqué bien des fois. » Mais le très-discret La Grange n'en dit pas davantage ; sans doute il avait tout vu, mais Molière était là qui veillait en sentinelle altière sur le fantôme de la vertu de sa femme. La Grange a renfermé dans son cœur, avec le souvenir de son cher maître, l'histoire des mésaventures de Molière. Mais, pour quiconque sait bien lire, toute l'histoire de cet homme illustre est écrite dans ses œuvres [*].

Depuis La Grange, on a gardé pieusement la tradition au Théâtre-Français. Molière est encore là tout vivant dans ses leçons, dans son caractère, dans son jeu. C'est le génie du comédien comme le génie du poète qui a survécu à tant de choses mortes en chemin. Il est certain que Molière n'étant plus là en 1673, Baron et les autres le continuèrent. Et ce fut toujours ainsi : puisque tous ne mouraient pas à la fois, le plus vieux enseignait au plus jeune; l'école de Molière fut donc toujours ouverte. Comment son histoire est-elle si mal connue, puisque ceux qui l'ont vu au jour le jour ont pu la raconter mot à mot à leurs successeurs ? C'est que le mot n'est pas du bruit du vent. Si La Grange, qui savait tout, qui marquait si bien les chiffres, eût été moins paresseux à écrire, nous aurions la vérité lumineuse. Aussi je n'ai pas pour La Grange l'admiration religieuse que d'autres professent pour lui. Je lui en veux beaucoup d'avoir eu sous la main, par exemple, le testament littéraire de Molière, d'avoir possédé tant d'œuvres commencées, tant d'ébauches déjà rayonnantes, tant de brouillons de lettres qui sont des échappées du cœur, tant de lettres de personnages contemporains adressées à Molière, tout cela pour ne rien conserver à la France. Lord Lytton me disait : « Je donnerais un million des papiers de Molière confiés à La Grange. » Il faut avouer que La Grange a été un singulier exécuteur testamentaire. On le trouve sublime pour avoir raconté en dix lignes, style de notaire, la mort de son illustre ami; mais tout autre à sa place eût, même sur les marges de son Registre, jeté ce jour-là le cri profond de la France en deuil et de l'amitié désolée !

---

[*] Par ses œuvres on connaît son cœur, par son cœur on connaît sa vie. M. Édouard Fournier parle ainsi dans le roman de Molière. C'est donc toujours à Molière qu'il faut demander les secrets de son histoire. C'est lui qui nous dit dans l'École des Femmes comme dans les Fourberies de Scapin le mystère de la naissance d'Armande. Pourquoi ne dévoile-t-il pas ce mystère ? Parce que ce n'est pas le secret de la comédie. Madeleine Béjart seule avait le droit de parler, mais n'avait-elle pas — pour M. de Modène comme pour Molière — enfoui son cœur dans le silence ?

Comment n'a-t-on pas retrouvé ces papiers, véritables trésors littéraires qui seraient aujourd'hui dans un sanctuaire de la Bibliothèque nationale! Ne désespérons pas encore *.

Un des commentateurs de Molière a dit que, pour entendre Molière, il faut connaître sa vie, ses habitudes, sa société et son siècle. C'est une bêtise du commentateur : Molière se fait entendre tel qu'il est, sans préface ni post-face. A peine le rideau est-il levé qu'on pénètre d'un pied ferme dans toute la vie de son temps. Le commentateur aurait dû dire que pour pénétrer, non pas le génie de Molière, mais le cœur de Molière, il faut reconstituer sa maison, meubler son cabinet de travail et sa chambre à coucher, ouvrir ses livres et feuilleter ses papiers, s'asseoir à sa table hospitalière et écouter comme un écho lointain les gais propos du dîner et du souper.

Un contemporain, Guéret, dans ses *Promenades de Saint-Cloud*, dit que Molière a le secret d'ajuster si bien ses pièces à la portée de ses acteurs, « qu'ils semblent être nés pour tous les personnages qu'ils représentent ; sans doute qu'il les a tous dans l'esprit quand il compose ; ils n'ont pas un défaut dont il ne profite ». Si bien que Molière crée Célimène en voyant sa femme. Voyons donc aujourd'hui Armande et Molière par Célimène et par Alceste **.

Ce rôle de Célimène a dû traverser longtemps l'esprit de Molière avant d'être coulé en bronze.

C'est en vain que Molière est grand comédien et grand poëte : combien de chefs-d'œuvre ! On les admire sans les compter. Eh bien ! tant de belles comédies, où la femme de Molière a mis en scène sa beauté et son esprit, n'ont pu l'attacher, même par une chaîne de roses, à ce mari charmeur pour toutes celles qui n'étaient pas sa femme. La jolie curieuse ouvrait sa fenêtre dès qu'elle mettait le pied au logis.

C'est en vain que Dieu a mis des enfants dans sa maison : Armande ne se reconnaîtra un cœur de mère que pour le fils de son second mari, en 1678. C'est qu'alors elle sera exilée du tourbillon d'or valsant dans le bleu ; c'est qu'alors elle n'ouvrira plus sa fenêtre pour voir passer les fêtes de la vie ; c'est qu'alors elle portera le deuil de sa jeunesse loin de cette nichée d'Amours que Mignard dessinait autour de son portrait.

Cependant Molière joue tour à tour l'oubli ou le dédain, mais il ne peut dominer son cœur. Çà et là, elle lui fait l'aumône d'une douce parole, il cueille un regard attendri ou un sourire radieux dans ce champ d'amour ravagé par tant d'autres ; mais s'il se démasque et lui rouvre ses bras, c'est elle qui reprend son masque d'acier. Et Molière, indigné contre elle et contre lui-même, referme ses bras et va pleurer sur le cœur de la De Brie.

Un vrai cœur, celui-là. Mais l'amour de la De Brie ne console pas Molière de n'être pas aimé par Armande, parce qu'il aime Armande. Éliante ne console pas de Célimène.

---

* Le notaire de la Comédie m'avait promis, il y a vingt-cinq ans, que des recherches seraient faites dans toutes les études de Paris ; mais qui a fait les recherches ? Un esprit sérieux, Eudore Soulié, qui avait le sentiment et la religion de l'histoire.

** On peut remettre ainsi Molière en face d'Armande dans presque toutes les comédies où ils jouaient tous les deux, mais quel lecteur ne fera lui-même ce travail, puisqu'il n'est pas une pièce de Molière qui ne soit gravée dans la mémoire de ceux qui liront ce livre ?

Mlle MOLIÈRE DANS MÉLICERTE.

Pour mieux faire transparaître l'âme de Molière dans *le Misanthrope*, démasquons les noms pour un instant, en changeant la scène.

Molière et Chapelle devisent tous deux des choses du cœur comme des choses du jour dans la chambre du grand comédien. Chapelle, tout en constatant que Mme Molière amuse son mari, constate qu'elle donne, par son humeur coquette et son esprit médisant, dans les mœurs du jour : « Ne la voyez-vous pas telle qu'elle est ? »

MOLIÈRE

Mais avec tout cela, quoi que je puisse faire,
Je confesse mon foible, elle a l'art de me plaire.
J'ai beau voir ses défauts et j'ai beau l'en blâmer,
En dépit qu'on en ait elle se fait aimer*.
Je ne l'aimerois pas si je ne croyois l'être.

CHAPELLE

Et si son amitié pour vous se fait paroître,
D'où vient que vos rivaux vous causent de l'ennui ?

MOLIÈRE

C'est qu'un cœur bien atteint veut qu'on soit tout à lui.

Ce seul vers peint toute la passion de Molière. Oui, c'est un cœur bien atteint, il ne vit plus que par sa blessure ; aussi sa jalousie le dévore ; il souffrirait avec délices du doux mal d'aimer ; mais aimer dans la jalousie, c'est le dernier des supplices.

Et maintenant, nous allons voir venir Mme Molière.

MOLIÈRE

Vous avez trop d'amans qu'on voit vous obséder,
Et de cela mon cœur ne peut s'accommoder.

Mme MOLIÈRE

Des amans que je fais me rendez-vous coupable ?
Puis-je empêcher les gens de me trouver aimable ?

Vous voyez d'ici le beau sourire railleur de la coquette qui se mire dans sa beauté. Après une pause, elle continue :

Et lorsque pour me voir ils font de doux efforts,
Dois-je prendre un bâton pour les mettre dehors ?

Elle est tout à fait dans le style, on pourrait dire dans la raison de Molière ; mais Molière est trop amoureux pour s'accommoder de la raison.

Voyez sa réplique, ce n'est pas l'esprit, c'est le cœur qui parle :

MOLIÈRE

Non, ce n'est pas, Armande, un bâton qu'il faut prendre,
Mais un cœur à leurs vœux moins facile et moins tendre.

---

* Nous passons des vers ; c'est un sacrilège, car il n'est pas un seul vers de ce chef-d'œuvre qui ne soit un battement de cœur.

Votre accueil retient trop ceux qu'attirent vos yeux,
Et sa douceur offerte à qui vous rend les armes
Achève sur les cœurs l'ouvrage de vos charmes.
Mais au moins dites-moi, madame, par quel sort
Votre de Guiche a l'heur de vous plaire si fort !
Sur quel fonds de mérite et de vertu sublime
Appuyez-vous en lui l'honneur de votre estime ?
Est-ce par l'ongle long qu'il porte au petit doigt
Qu'il s'est acquis chez vous l'estime où l'on le voit ?
Vous êtes-vous rendue avecques tout le monde
Au mérite éclatant de sa perruque blonde ?
Sont-ce ses grands canons qui vous le font aimer ?
L'amas de ses rubans a-t-il su vous charmer ?

Mme MOLIÈRE

Qu'injustement de lui vous prenez de l'ombrage !
Mais de tout l'univers vous devenez jaloux.

MOLIÈRE

C'est que tout l'univers est bien reçu de vous.

Mme MOLIÈRE

C'est ce qui doit rasseoir votre âme effarouchée,
Puisque ma complaisance est sur tous épanchée.

Molière ici se plaint de n'avoir que ce que tous les autres ont : les bonnes grâces de l'éventail. Mme Molière lui dit : N'avez-vous pas le bonheur de vous savoir aimé ? — Hélas ! s'écrie Molière, ne dites-vous pas la même chose à tous les autres ?

Mme MOLIÈRE

De tout ce que j'ai dit je me dédis ici,
Et rien ne sauroit plus vous tromper que vous-même.

Et elle ajoute : Soyez content.

MOLIÈRE

Si jamais de ses mains je rattrape mon cœur !
Mais c'est pour mes péchés que je vous aime ainsi.

Mme MOLIÈRE

Il est vrai, votre ardeur est pour moi sans seconde.

MOLIÈRE

Oui, je puis là-dessus défier tout le monde,
Mon amour ne se peut concevoir, et jamais
Personne n'a, madame, aimé comme je fais !

C'est le cri du cœur de tous les amants, mais chez Molière c'est le cri de la vérité.
Il est étrange de voir Molière jouer avec son cœur comme le lion avec l'oiseau blessé : jeu cruel, car le cœur saigne à chaque coup de griffe. C'était pour mieux peindre le cœur humain.

A la plupart de ses représentations, il s'amusait à cette terrible leçon d'anatomie avec l'œil lumineux de Rembrandt, remuant le fer dans la plaie, mais riant de son beau rire pour prouver qu'il était philosophe. Il jetait le malade sur la scène, et armé du scalpel le plus aigu, il disséquait le cœur du patient. Or, le patient, c'était lui-même. Certes, Molière ouvrait les yeux à toute heure et en tout lieu, pour voir et pour étudier les caractères et les actions de l'humanité ; mais, tout en observant les autres, il se voyait sans cesse.

MOLIÈRE

Ah ! toutes les horreurs dont une âme est capable
A vos déloyautés n'ont rien de comparable ;
Et le sort, les démons et le ciel en courroux
N'ont jamais rien produit de si méchant que vous !

Mme MOLIÈRE

Voilà certainement des douceurs que j'admire !
D'où vient donc, je vous prie, un tel emportement ?
Avez-vous, dites-moi, perdu le jugement ?
De quelle trahison pouvez-vous donc vous plaindre ?

MOLIÈRE

Ah ! que ce cœur est double et sait bien l'art de feindre !
Mais pour le mettre à bout j'ai des moyens tout prêts :
Jetez ici les yeux et connoissez vos traits.
Ce billet découvert suffit pour vous confondre,
Et contre ce témoin on n'a rien à répondre.

Ici Molière montre à sa femme la lettre qu'elle avait écrite au comte de Guiche. Mais la coquette était trop femme pour se laisser confondre.

Mme MOLIÈRE

Pourquoi désavouer un billet de ma main !
Je vous trouve plaisant d'user d'un tel empire
Et de me dire au nez ce que vous m'osez dire.

MOLIÈRE

Non, sans vous emporter prenez un peu souci
De me justifier les termes que voici.

Ici Mme Molière, qui a déjà reconquis son air dégagé, le reprend de plus haut encore. Qu'a-t-elle à craindre ? Elle ne demande qu'à rompre. Il ne faudra pas que Molière prenne un bâton pour la mettre à la porte.

Mais il ne veut pas rompre et il s'est déjà adouci ; il ne demande plus qu'à être convaincu que le billet n'est pas d'une parjure, que c'est un jeu de grande coquette et qu'il n'est pas adressé au comte de Guiche ; mais Mme Molière monte encore plus haut dans sa colère et ses dédains.

Mme MOLIÈRE

Non, il est pour de Guiche et je veux qu'on le croie.
Je reçois tous ses soins avec beaucoup de joie,
J'admire ce qu'il dit, j'estime ce qu'il est.

Vous comprenez l'injure; elle l'estime parce qu'il est grand seigneur et elle parle à son mari qui est un comédien :

> *Oui, je tombe d'accord de tout ce qu'il vous plaît.*
> *Faites, prenez parti, que rien ne vous arrête,*
> *Et ne me rompez pas davantage la tête.*

C'est ici que Molière éclate en sa douleur :

> *Ciel ! rien de plus cruel peut-il être inventé,*
> *Et jamais cœur fut-il de la sorte traité ?*
> *Quoi ! d'un juste courroux je suis ému contre elle,*
> *C'est moi qui me viens plaindre et c'est moi qu'on querelle,*
> *On pousse ma douleur et mes soupçons à bout,*
> *On me laisse tout croire, on fait gloire de tout,*
> *Et cependant mon cœur est encore assez lâche*
> *Pour ne pouvoir briser la chaîne qui l'attache.*

Toute la lâcheté de l'amour, comme l'a dit Molière lui-même ; il effacerait avec ses larmes les trahisons de sa femme.

On s'imagine que Mme Molière va lui tomber dans les bras, non pas sans péché, mais avec cette effusion des grands cœurs qui méritent le pardon, car la bonté les entraîne quand ce n'est pas l'amour. Mais point.

Elle se met à discourir pour se donner raison. Après avoir parlé dans le vide, elle finit ainsi :

> *Je suis sotte et veux mal à ma simplicité*
> *De conserver encor pour vous quelque bonté.*
> *Je devrois autre part attacher mon estime*
> *Et vous faire un sujet de plainte légitime.*

Elle dit si bien cela, la haute coquette, que Molière se rapproche, ses yeux éclatent, le sourire reprend ses lèvres :

> *Ah ! traîtresse ! mon foible est étrange pour vous,*
> *Vous me trompez sans doute avec des mots si doux.*
> *Mais il n'importe, il faut suivre ma destinée.*
> *A votre âme mon âme est tout abandonnée.*

Les beaux vers ! ils jaillissent du cœur comme une source vive ; c'est le cri de l'amour même. Ce qui n'empêche pas Mme Molière de dire à son mari :

> *Non, vous ne m'aimez point comme il faut que l'on m'aime.*

MOLIÈRE

> *Ah ! rien n'est comparable à mon amour extrême,*
> *Et dans l'ardeur qu'il a de se montrer à tous,*
> *Il va jusqu'à former des souhaits contre vous.*

Et comme tous les insensés qui rêvent tous les sacrifices à la femme, il lui dit qu'il la voudrait réduite « en un sort misérable » :

> *Que le ciel en naissant ne vous eût donné rien ;*
> *Que vous n'eussiez ni rang, ni naissance, ni bien.*

Car il voudrait qu'elle tînt tout des mains de son amour. Elle pourrait embrasser Molière pour tout ce qu'il lui dit, mais elle ne veut pas s'attendrir une seule fois :

C'est me vouloir du bien d'une étrange manière.
M'en préserve le ciel...

Et ces scènes où Molière donnait ses larmes, où Mme Molière ne donnait que son dédain, se renouvelaient tous les jours. Les rivaux de Molière, ils les voyaient sans cesse, non-seulement quand il jouait à la Cour, mais encore sur la scène de son théâtre. Les Oronte, les Acaste, les Clitandre papillonnaient tout autour de Célimène, de la princesse d'Élide, de Psyché : car Molière avait fait d'Armande une grande comédienne. Il n'était certes pas son père, mais c'était lui qui l'avait créée à l'art. C'était son œuvre quand elle était en scène. Hélas! ce n'était pas pour lui que Galatée était descendue de son piédestal.

Un jour enfin Molière, à bout de souffrances, ne pouvant arracher l'amour de son cœur et ne pouvant vivre face à face avec cette femme qui le tuait à petit feu, fou d'amour et de haine, veut une dernière explication. Il a longtemps gardé le silence sur toutes ces coquetteries cruelles qui lui font croire à cette parole d'un Italien : « Il y a dans le sang de la femme une goutte du sang de la vipère. » Cette avant-dernière scène du *Misanthrope* peint encore cette âme malheureuse; on peut la marquer au jour où Molière eut une querelle conjugale sur le théâtre même, devant ses amis les comédiens :

Mme MOLIÈRE

Je sais bien que je dois vous paroître coupable,
Que toute chose dit que j'ai pu vous trahir
Et qu'enfin vous avez sujet de me haïr.
Faites-le, j'y consens.

MOLIÈRE

Hé! le puis-je, traîtresse !
Puis-je ainsi triompher de toute ma tendresse !
Et quoique avec ardeur je veuille vous haïr,
Trouvé-je un cœur en moi tout prêt à m'obéir ?

Ici Molière se tourne vers ses amis et laisse tomber de son cœur blessé ces admirables vers que vous savez, où il sacrifie tout à son amour : tout, jusqu'à sa dignité. Il pardonne encore à Armande, en lui disant qu'il va fuir le monde avec elle, jusque dans le désert. Traduisons *désert* par le coin du feu. Molière demandait à Armande qu'elle vécût chez lui et pour lui; mais elle voulait vivre dehors et pour tous. Enfermée dans la maison de Molière ! quelle prison ! Dans l'amour de Molière ! quel cachot !

Mme MOLIÈRE

Moi, renoncer au monde avant que de vieillir,
Et dans votre désert aller m'ensevelir !

MOLIÈRE

Et s'il faut qu'à mes feux votre flamme réponde,
Que doit vous importer tout le reste du monde !
Vos désirs avec moi ne sont-ils pas contens ?

Mme MOLIÈRE

La solitude effraie une âme de vingt ans !

Ces grandes coquettes ont rêvé l'infini; elles ne peuvent circonscrire leurs désirs inapaisés. Ce sont les Messalines de l'esprit, comme il y a les Messalines du corps *.

Quiconque a vu jouer Célimène par Mlle Mars a vu non-seulement l'image de Célimène, mais l'image de Mme Molière. Elle le savait bien; il y a là-dessus une causerie entre elle et Mlle Doze. La grande comédienne du XIXe siècle, qui avait ses racines profondes dans le passé, n'était-elle pas la tradition vivante sous sa grâce toujours rajeunie? Nulle depuis n'a eu son beau dédain, son regard d'acier, sa raillerie qui frappait comme un poignard; nulle n'a si finement montré la domination, le despotisme, la tyrannie de la femme. C'est que pas une n'avait sa beauté, son esprit et son jeu. Si Mlle Doze renonça au théâtre, ce fut bien moins parce qu'elle épousa Roger de Beauvoir que parce qu'elle désespéra de succéder à Mlle Mars. Elle était ambitieuse; elle avait débuté par les ingénues, mais elle voulait aborder les grandes coquettes, les vraies reines de la comédie. Or, Mlle Mars, tout en l'initiant à l'art des fourberies féminines, au point de vue du théâtre, ne lui donna pas l'arme aiguë du sourire, ni la foudre du regard; elle ne lui donna même pas, à cette charmante ingénue qui ne voulait pas s'éterniser dans les Agnès, ce jeu de l'éventail qui pourrait s'apprendre dans les salles d'armes, tant il doit être cruel à certaines répliques. M. Jules Loiseleur rappelle fort à propos que Mlle Mars jouant Célimène, et voulant avoir le dernier mot même quand Molière ne l'a pas donné à sa femme, trouvait sa réplique « par un coup d'éventail dédaigneusement jeté par-dessus l'épaule et qui voulait dire : Je m'en moque, d'autres me consoleront de ses dédains, lui-même si je le veux bien viendra les abjurer à mes pieds ». Avec Mlle Mars, *le Misanthrope* était un drame, tant elle était cruelle dans sa beauté, comme le fut Armande Béjart.

Il n'est donc pas de meilleur historien de Molière que Molière lui-même.

Non-seulement Molière se cherche dans le passé, mais encore dans l'avenir; l'école des femmes est pour lui l'école des maris, ou encore l'école des hommes. Il n'est pas plutôt marié qu'il se donne tort, comme s'il pressentait déjà les infortunes. Sous toute Agnès il y a une Célimène, sous toute ingénue il y a une rouée. Il comprend que la science de l'homme même, s'il est philosophe, échoue aux caprices d'une femme. Rêver une traversée heureuse dans cette mer agitée qui s'appelle le mariage, c'est compter sans la tempête. Il faudrait s'embarquer dans l'hyménée sans prendre l'amour pour nautonier, mais alors à quoi bon s'embarquer? Quelle que fût sa passion pour Armande, Molière regrettait déjà, dès

---

* Ainsi parle Sainte-Beuve : « Vers le temps où Molière peignait le plus gaiement du monde Arnolphe dictant les commandements du mariage à Agnès, il épousait la jeune Armande Béjart. Malgré sa passion pour elle et malgré son génie, il n'échappa point au malheur dont il avait donné la vie à folâtres peintures. Don Garcie, le prince jaloux, était moins jaloux que Molière. George Dandin et Sganarelle étaient moins trompés. A partir de *la Princesse d'Élide*, où l'infidélité de sa femme commença à lui apparaître, sa vie domestique ne fut plus qu'un long tourment. Averti des succès qu'on attribuait à M. de Lauzun près d'elle, il en vint à une explication. Mlle Molière, dans cette situation difficile, lui donna le change sur Lauzun en avouant une inclination pour M. de Guiche et s'en tira, dit la chronique, par des larmes et un évanouissement. Tout meurtri de sa disgrâce, notre poète se remit à aimer Mlle De Brie. Alceste est ramené à Éliante par les rebuts de Célimène. »

Ici, Sainte-Beuve se trompe de date quand il ajoute, après avoir parlé de la représentation du *Misanthrope*, que Molière cheminait entre ses trois femmes, Madeleine, Armande et la De Brie, aussi embarrassé que Jupiter, au siège d'Ilion, entre les trois déesses. Chapelle n'avait risqué cette comparaison qu'au temps où Molière n'était pas marié.

LES AMANTS MAGNIFIQUES

la première année, d'avoir signé l'irrévocable contrat. Il avait déjà passé toutes les phases riantes et douloureuses, il n'était plus dans cette effusion qui lui faisait dire :

> *Sans cesse nuit et jour je te caresserai,*
> *Je te bouchonnerai, baiserai, mangerai...*
> *Jusqu'où la passion peut-elle faire aller ?*
> *Enfin à mon amour rien ne peut s'égaler :*
> *Quelle preuve veux-tu que je te donne, ingrate?*
> *Me veux-tu voir pleurer, veux-tu que je me batte?*

Tout ceci n'est encore que de la comédie ; mais Molière, qui croyait toujours pouvoir rire de ses chagrins, va pleurer pour tout de bon. Il ne battra pas sa femme, mais il se retiendra à quatre. Pourquoi n'a-t-il pas suivi le conseil qu'il se fait donner par Chrysalde :

> *Je devine à peu près quel est votre supplice,*
> *Mais le sort en cela ne vous est que propice.*
> *Si n'être point cocu vous semble un si grand bien,*
> *Ne vous point marier en est le vrai moyen.*

Par malheur, Molière était marié. S'il se mettait plus ou moins en scène, il ne craignait pas d'avoir les rieurs contre lui. Il savait trop que nul n'est impeccable et que tout homme doit subir les contre-coups du péché originel. Mais ce fut sur un autre théâtre — à l'Hôtel de Bourgogne — qu'il fut frappé en plein cœur, frappé mortellement. A l'Hôtel de Bourgogne on jouait surtout la tragédie; on voulut, comme par intermède, y donner la comédie aux dépens de Molière. Horrible comédie! On ne se contenta pas de nier le poëte et le comédien dans Molière, on le calomnia. Ce fut le point de départ de tout ce calvaire où on lui dit tout à la fois que sa femme était sa fille et qu'elle le faisait cocu, point du tout imaginaire. Ce fut le bruit de Paris et de la Cour. On sait que Montfleury — une mauvaise action qui le frappa à jamais — adressa une requête à Louis XIV pour accuser Molière d'être le père de sa femme et le mari de sa fille. Ce jour-là, le roi se montra l'ami de Molière en se faisant le parrain de son premier-né avec Madame Henriette d'Angleterre pour marraine. Ce fut la seule défense de Molière; je me trompe, il se vengea de ses ennemis en faisant des chefs-d'œuvre.

II

LE temps est un grand maître, mais c'est aussi un rude destructeur. De la même main il crée et ruine. Molière a été peint par trois grands portraitistes, pour ne parler que des grands : Mignard, Bourdon et Lebrun. Que sont devenus les portraits de Molière? C'est vainement qu'on les veut retrouver au Louvre, à la Comédie-Française, chez vingt moliéristes qui se font des illusions. Pour moi, c'est l'incertitude des incertitudes. Le seul portrait qui me parle, c'est encore le buste de Houdon. Dans tous les portraits peints, je ne reconnais qu'à moitié le poëte du *Misanthrope*. Tout le monde a son Molière dans l'esprit. Celui-ci juge qu'il est ressemblant dans tel portrait où celui-là ne le reconnaît pas. Quoi de surprenant d'ailleurs, quand on voit la photographie elle-même ne donner que des à peu près, tant la physionomie est mobile, tant l'air de tête est insaisissable et tant la ressemblance est chimérique*!

Les portraits qu'on donne en cette histoire sont ceux qui m'ont paru le mieux prendre les airs de la vérité. Quoique les trois bustes, celui de Houdon, le buste anonyme du Musée de Poitiers, le buste anonyme du cabinet Hydé, aient des physionomies dissemblables, ils rappellent Molière tous les trois. Le plus ancien est peut-être le seul qui ait été modelé sur nature; quoique un peu brutal d'accent, il crie la vérité. Les deux autres, celui de Houdon surtout, semblent avoir été inspirés autant par le génie de Molière que par sa figure.

On a reproduit ici le portrait à fracs du Théâtre-Français, pareillement la figure en pied de Molière du tableau « des plus célèbres farceurs français et italiens », dont on connaît trois exemplaires peints de la même pâte, à ce point qu'il est impossible de désigner l'original : celui de la Comédie-Française, celui d'un amateur de Nantes et celui que je possède moi-même.

On a donné aussi les figures les plus authentiques : celle de Molière en Apollon; celle de Molière jeune par Hédouin, d'après un original du temps ; la reproduction par Gervais du Molière de Coypel ou plutôt de la gravure de Fiquet, d'après une des premières épreuves avant la lettre. On pourra étudier aussi en ce volume une très-curieuse reproduction d'Albert Guilmet d'après l'entête d'une édition d'un Molière rarissime publiée à Francfort. Enfin, on retrouvera encore d'autres expressions de Molière très-heureusement saisies par Hanriot, dans les frontispices des chapitres, comme dans les scènes où il joue.

A la vente de la galerie Soleirol, on a vu la vieille comédie au grand complet, toute la troupe de Molière, les Italiens, le théâtre de la Foire, l'Opéra; il y avait tous ceux qui, depuis Floridor jusqu'à Geffroy, depuis Mlle Bruscambille jusqu'à Mlle Brohan, depuis Champmeslé jusqu'à Rachel, depuis Baron jusqu'à Talma, ont porté le poignard tragique ou le masque du rire. Ils étaient pêle-mêle les comédiens ordinaires du roi Louis XIV, avec les comédiens ordinaires de l'empereur des Français (Molière en tête avec sa robe à ramages, un portrait qui parle); l'opéra de Lulli avec l'opéra de Roqueplan, les belles folies aventureuses de Le Sage avec les déesses du Directoire, Mlle Gaussin coudoyant Beauvallet, Mlle Mars accrochée entre la Béjart et la De Brie, Mlle Guimard et Mlle de Camargo pirouettant au nez de Mlle Le Couvreur. Pour spectateurs de ce nouveau spectacle, j'ai reconnu des gens célèbres au parterre. Ces messieurs avaient plus envie de siffler que d'applaudir, car ces figures de théâtre étaient pour la plupart étrangement barbouillées. C'est un capitaine du génie revenu de la guerre et revenu des passions, qui s'est

---

* On dit avec beaucoup de raison que les peintres se représentent à leur insu dans tous les portraits qu'ils font : s'ils sont petits, ils ne peuvent faire grands; s'ils sont mélancoliques, ils peignent mal la gaieté dans l'expression. Par exemple, le portrait de Molière par Mignard pourrait être aussi bien le sien : même sourire attristé, même front pensif, même sentiment dans la rêverie. Il y a sur cette figure un nuage de mélancolie qui envelope l'âme de ces deux hommes célèbres qui se comprirent si bien; aussi à première vue on va droit à eux comme vers deux amis. C'est que, chez l'un comme chez l'autre, il y a le rayonnement du génie comme le magnétisme du cœur.

Sébastien Bourdon, lui aussi, a fait un Molière à son image ; ce n'est plus le Molière de Mignard, c'est pourtant encore Molière. Voyez aussi celui de Coypel, dans la belle gravure de Fiquet : vous trouverez l'air de famille, avec son peintre ; vous remarquerez en même temps que si l'expression a changé, les traits ne sont plus les mêmes : le nez, droit tout à l'heure, s'enfonce entre les deux yeux comme celui de Voltaire.

amusé à cette mascarade théâtrale. Il aimait la comédie et il avait réuni peu à peu avec une passion souvent malheureuse un millier de portraits : comédiens, comédiennes, danseuses, cantatrices, baladins, les petits et les grands, les illustres et les oubliés. Ce galant capitaine avait beaucoup d'imagination; quand il trouvait sur les quais une vieille toile cherchant aventure, il l'emportait dans son cabinet avec la joie de Gilles le Ravisseur; Racine n'a pas enlevé la Champmeslé avec plus d'émotion.

Il y avait beaucoup de portraits de Molière : Molière jeune avec de longs cheveux bouclés, quand il va courir les provinces; Molière dans le rôle d'Harpagon; Molière en dieu de l'Olympe; Molière la veille de sa mort. Soleirol a fait graver ces quatre portraits pour un volume qu'il a publié sous ce titre : *Molière et sa troupe,* mais ils n'en sont pas plus authentiques. Cent soixante-quatre portraits ou costumes de Molière, cent vingt-neuf peintures ou dessins et trente-cinq gravures, c'est de ce chaos que Soleirol partait pour disserter à perte de vue sur la figure de Molière. Ce qui nous reste de plus vrai, c'est encore le portrait à la plume de la Du Croisy : « Molière n'étoit ni trop gras ni trop maigre; il avoit la taille plus grande que petite, le port noble, la jambe belle, l'air sérieux, le nez gros, la bouche grande, les lèvres épaisses, les sourcils noirs et forts et le teint brun. Il marchoit gravement et donnoit à ses sourcils un mouvement qui rendoit sa figure extrêmement comique. » Soleirol commente ce portrait mot à mot. Il discute longtemps sur la moustache : — Était-elle tombante ou relevée? — Il finit par croire qu'elle n'existait pas, d'après ce compliment de Boileau : « Quoi! Molière, vous barbouiller le visage d'une moustache de Sganarelle pour venir sur un théâtre recevoir des coups de bâton ! » De la moustache, le commentateur passe aux sourcils et décide que Molière se les teignait pour que le mouvement en fût plus comique. Il constate que le Molière de la veille ne ressemblait pas au Molière du lendemain — sans parler ici de ses figures de théâtre. Le travail, les passions, les inquiétudes, les maladies le transfiguraient sans cesse. « Deux causes, dit sans malice Soleirol, ont dû produire le grave changement qui s'est opéré en lui : — son raccommodement avec sa femme, — et son mépris de la médecine, qui l'avait condamné au régime du lait. »

Il mourait de ne plus voir sa femme : il mourut de trop la voir!

Le passionné chercheur des physionomies de théâtre avait un portrait de Molière, quelque chose comme une apothéose, « peinte devant le lit de mort du grand comique ». Il accordait beaucoup de créance au portrait signé Sophie Chéron; mais est-ce bien le portrait de Molière? Il voulait aussi le reconnaître dans l'habit d'Harpagon. Il ne croyait guère au Molière de Charles Coypel, « ce peintre étant né vingt ans après la mort de Molière ». Coypel s'est inspiré du Molière qui est au Musée du Louvre, c'est la même figure; seulement Coypel a voulu l'historier en mettant Molière en action.

Au milieu de tous ses portraits de Molière, le vieux soldat disait d'un air attristé que la figure la plus connue et la plus accréditée pour être celle de Molière est une figure de convention, en un mot la figure d'un autre homme*. Ne lui en déplaise, on peut affirmer que ce beau type de Molière, idéalisé par les siècles, n'est pas la figure d'un autre homme.

---

* A propos des portraits à perruque à la Steinkerque de Molière, rappelons pour les renier que ces perruques ne devinrent à la mode que vers 1695, quand les beaux et les belles du royaume voulurent singer le maréchal de Luxembourg, les femmes par la cravate, les hommes par la perruque.

J'ai vu dix fois Molière, par Bourdon, Lebrun, Mignard, Coypel et les autres : j'ai toujours reconnu ce masque souverain du génie qui veille, qui souffre et qui sourit.

Cette figure a un tel caractère par la méditation, la raillerie doucement amère, la bonté franche du regard, qu'on le reconnaît, on pourrait dire, malgré le peintre. J'en ai deux parmi les plus beaux, un grand et un petit ; le grand peint Molière dans son temps le plus glorieux — 1672, — le petit à la gouache le représente en Apollon. On se demande au premier regard si ce n'est pas Louis XIV dans ce symbolisme orgueilleux, mais c'est bien Molière qui s'est laissé peindre lui-même un jour de vanité du poëte pour l'homme, car il était beau, et de l'homme pour le poëte, car il était illustre.

Molière, tant calomnié, n'échappa point aux caricaturistes à la plume [*]. Ne l'appelle-t-on pas « mangeur de vipères », comme s'il eût joué sur les tréteaux de l'Orviétan ? ne l'appelle-t-on pas « gueux à triple étage », pour avoir couru la province avec sa troupe légendaire ? Voyez ce portrait d'un autre ennemi qui veut supprimer la personnalité du plus grand des poëtes comiques :

« Voulez-vous tout de bon jouer Molière, il faut dépeindre un homme qui ait dans son habillement quelque chose d'Arlequin, de Scaramouche, du docteur et de Trivelin. Que Scaramouche lui vienne redemander sa démarche, sa barbe et ses grimaces, et que les autres viennent en même temps demander ce qu'il prend d'eux dans son jeu et dans ses habits. Dans une autre scène, on pourroit faire venir tous les auteurs et tous les vieux bouquins où il a pris tout ce qu'il y a de plus beau dans ses pièces. On pourroit ensuite faire paroître tous les gens de qualité qui lui ont donné des Mémoires sans compter tous ceux qu'il a copiés. » Et combien d'autres sottises imprimées !

Molière, qu'on a pu comparer à Pascal, a eu aussi ses visions et ses abîmes. Dans la scène III du premier acte d'*Élomire*, il se peint lui-même. C'est un ennemi qui le fait parler, mais un ennemi qui le connaissait bien :

> *Je vivois donc ainsi dans une paix profonde,*
> *Plus heureux que mortel qui fust jamais au monde,*
> *Quand un soir, revenant du théâtre chez moy,*
> *Un phantasme hideux que de loin j'entrevoy*
> *Se plante sur ma porte et bouche mon allée.*
> *Je n'en fais point le fier, mon âme en fut troublée,*
> *Et troublée à tel point qu'estant tombé d'abord,*
> *On ne me releva que comme un homme mort.*
> *Et vous voyez l'effet de cette peine extrême*
> *En ces yeux enfoncés, en ce visage blême,*
> *En ce corps qui n'a plus presque rien de vivant*
> *Et qui n'est presque plus qu'un squelette mouvant.*

Quand le Boulanger de Chalussay fit *Élomire hypocondre, ou les Médecins vengez*, pour se venger de Molière qui ne le jouait pas, il ne se doutait pas que cette satire calomnieuse viendrait jusqu'à nous et serait presque une page d'histoire littéraire. Il y a, en

---

[*] En ce XVIIᵉ siècle, où tant d'hommes de génie apparaissent comme un miracle de la nature, Corneille seul échappa, non pas aux injures, mais aux calomnies ; Racine, par exemple, ne fut-il pas accusé tout haut de plagiat et d'empoisonnement ?

LES FEMMES SAVANTES

effet, dans ces cinq actes, quelques scènes qui peignent la vérité sous la caricature, comme on devine la femme sous le masque :

> *Tout abreuvé d'affronts, ne sachant où m'en prendre,*
> *Je me vis mille fois sur le point de me pendre ;*
> *Mais d'un coup d'étourdy que causa mon transport,*
> *Où je devois périr, je rencontray le port.*
> *Je veux dire qu'au lieu des pièces de Corneille,*
> *Je jouay l'Étourdy qui fut une merveille.*
> *Car à peine on m'eut veu, la hallebarde au poing,*
> *A peine on eut oüy mon plaisant baragouin,*
> *Veu mon habit, ma toque, et ma barbe et ma fraise,*
> *Que tous les spectateurs furent transportés d'aise.*

Oui, « transportés d'aise » ! Et cela dura longtemps. Et cela durera toujours. Les nuages n'arrêtent pas le soleil, ils sont du cortége et le font plus radieux.

LES PRECIEUSES RIDICULES

LIVRE V

LA MORT DE MOLIÈRE

LE MALADE IMAGINAIRE — L'AGONIE — LE TOMBEAU

I

ouis XIV disait : « L'État, c'est moi »; Molière pouvait dire sous Louis XIV : « La France, c'est moi ». Oui, comme philosophe et comme poète, comme esprit et comme cœur, il était la représentation la plus vivante de la France du xviie siècle. Aussi quand tant de génie et tant de bonté descendirent au tombeau, la patrie en deuil pleura Molière. Qui donc oserait batailler aussi vaillamment contre la sottise ? Qui donc élèverait si haut la voix de la raison ? Qui donc consolerait, par le rire inextinguible des dieux, tous ceux qui sont opprimés par la bêtise humaine et par la misère humaine ? Le contemplateur était le consolateur. Sous les nuées encore sombres d'une civilisation qui cherchait sa voie, il répandait la lumière à pleines mains. Tout homme de génie a son action providentielle.

Les grands hommes du xviie siècle, Corneille, Racine, La Fontaine, Molière, n'assistèrent pas à leur apothéose comme Voltaire et Hugo. C'est à peine s'ils croyaient à leur lendemain. Corneille raccommodait ses chausses ; Racine ne voulait plus le souvenir de son théâtre; La Fontaine brûlait ses contes; Molière jouait ses comédies, mais il avait peur de n'être plus là pour la durée de son œuvre; il ne croyait pas qu'un autre pût y donner l'âme du théâtre.

Quoique Molière sentît la mort de près, il fut pour ainsi dire surpris par elle. La mort l'attaqua par un dernier coup sur le champ de bataille de sa vie. Ce fut sur la scène qu'elle le frappa, comme si elle eût choisi le moment où il contrefaisait la mort.*

Jour de douleur pour ses amis, pour la France, pour l'humanité : un homme de génie disparaissait dans un homme de bien.

Jour de douleur pour sa femme elle-même, car ce jour-là elle dut comprendre ! Des larmes tombèrent de ses yeux, de vraies larmes, telles que Molière n'en avait pas vu tomber devant son amour. Elle sentit enfin que cet homme qui l'aimait tant était toute sa force et toute sa renommée; elle aurait voulu racheter ses heures de défaillance et ses heures de colère. Sa fortune était atteinte profondément ; sans sa fortune et sans Molière que deviendrait-elle? Elle avait maudit sa prison, maintenant elle se trouvait trop libre; elle voyait l'abîme quand nulle main ne la retenait plus ; aussi fut-elle superbe devant le roi quand elle dit « qu'on ne pouvoit refuser un tombeau à celui auquel la Grèce eût élevé des autels ».

Tout s'attristait, à la comédie, en la dernière année de Molière : le 17 février, Madeleine Béjart mourait sans pouvoir dire adieu à Molière ni à sa fille Armande, parce que ce jour-là « la troupe étoit à Saint-Germain, pour le ballet du Roy ».

Déjà Molière ne croyait plus aux joies de ce monde, un beau livre déchiré, peut-être déjà trop lu, qu'il allait fermer bientôt. Avait-il le pressentiment qu'un an après, jour pour jour, il suivrait dans la mort sa première camarade ?

Ce ne fut pas le seul chagrin de Molière. Le mardi 11 octobre 1672, il perdit son petit garçon **. On fit relâche; mais le père n'avait pas le temps de pleurer, du moins il fallait qu'il prît ses heures pour cela : non-seulement le public attendait, mais la maison de Molière avait faim.

Molière eut encore quelques quarts d'heure de distraction; c'est ainsi qu'on le voit imaginant au milieu des éclats de rire de La Fontaine, de Boileau et de Mme de La Sablière qui lui avait donné à souper, cette réception légendaire, si bouffonne dans le comique et si comique dans le bouffon, du *Malade imaginaire*, avec tout le cérémonial des six apothicaires, des huit porte-seringue, des huit chirurgiens et des vingt-deux docteurs, ce qui était sans doute un nombre cabalistique.

On disait qu'alors Molière vivait en grand seigneur, dépensant 30.000 livres par an. On se trompait de moitié. Quelle était, en effet, la fortune de Molière ? Ses privilèges de tapissier du roi et de porteur de grains à la halle ne représentaient certes

---

* Il paraît que la mort n'aime pas qu'on la joue au théâtre. Avant que Molière jouât pour la troisième fois *le Malade imaginaire*, son camarade Joseph Béjart était mort après avoir joué un rôle où il contrefaisait la mort, le rôle de Pandolphe dans *l'Étourdi*.

** Ce fut en cette année 1672, le 11 octobre, que Molière perdit son dernier fils, Pierre-Jean-Baptiste-Armand Poquelin; il était né le jeudi 15 septembre et avait été baptisé le 1er octobre, ayant pour parrain Pierre Boileau, contrôleur de l'argenterie et des menus plaisirs du roi, et pour marraine Catherine Mignard, la fille du peintre ordinaire de Molière, cette belle Mme de Feuquières, dont le portrait rayonne à Versailles dans la galerie du XVIIe siècle.

pas 6.000 livres, et ses deux parts, pour lui et Mme Molière, ne donnaient alors qu'une moyenne d'à peu près 7.000 livres, selon le compte établi par La Grange de 1659 jusqu'en 1673. En effet, les quatorze années ne donnent à La Grange, qui avait une part entière, que 51.670 livres 14 sous.

Il faut ajouter au compte de Molière sa pension de 1.000 livres que lui faisait Louis XIV [*].

En outre, sans parler de sa pension de 300 livres que faisait Monsieur frère du roi à chaque comédien de sa troupe, il y avait les droits d'auteur très-variables. On donnait à Pierre Corneille 2.000 livres pour une tragédie. Molière ne voulait certes pas qu'on le payât mieux que Pierre Corneille. C'était encore environ 4.000 livres par an. Le théâtre payait, il est vrai, quelques dépenses forcées de Molière, qui était trop fier et trop bon camarade pour accepter autre chose que les dépenses du dehors occasionnées par le théâtre. A la mort de Madeleine Béjart, un an avant la mort de Molière, sa petite fortune s'arrondit un peu, puisque Madeleine laissa ce qu'elle avait à sa fille. Mais nous sommes encore loin des 30.000 livres de revenu.

Molière, qui avait des façons de grand seigneur, n'en tenait pas moins table ouverte à Paris et à Auteuil. Mais « table ouverte » dans ce temps-là, c'était le dîner de famille, le dîner de la Scarron, où l'esprit courait sur la nappe et remplaçait le gibier. Il ne fallait pas alors cinq ou six verres devant chaque convive pour boire gaiement le vin clairet d'Argenteuil.

Quand on voit l'appartement de Molière, rue de Richelieu, on demeure convaincu qu'on ne vivait pas là-dedans avec le luxe de la Cour. Le luxe de Molière, c'était son génie, c'était son théâtre; après son théâtre, c'était sa femme.

Il n'est même pas douteux pour moi que Molière, ce brave homme et ce grand cœur, mourait à la peine. Quand il parlait de sauver la vie, non-seulement des comédiens, mais des pauvres diables de son théâtre, il pensait aussi à sa maison. Il devait arriver malaisément à faire honneur à ses façons de grand seigneur. Les parts de 1671 à 1672 avaient été de 4.233 livres : elles furent de 4.585 livres de 1672 à 1673; mais les dépenses étaient beaucoup plus grandes. On avait beau jouer pour le bon plaisir du roi, Louis XIV, tout magnifique qu'il fût, ne donnait pas d'une main prodigue. Nous en avons encore la preuve par une page de La Grange où il additionne « l'argent que j'ay reçeu pour les habits des pièces qui ont esté faites pour les plaisirs du Roy ». Le roi lui a donné en tout, pendant quatorze ans, 2.000 livres pour onze habillements. Or, le pauvre La Grange ajoute : « Comme ce que le Roy donnoit n'estoit pas suffisant par la dépense qu'il falloit faire, lesditz habits m'ont cousté plus de deux autres mil livres. »

Molière fut, il est vrai, mieux partagé; mais encore une fois il faut en rabattre des générosités de Louis XIV qui, pareil aux princes magnifiques, n'avait jamais d'argent comptant.

Il faut additionner les dépenses forcées de Molière : la Comédie payait « son carrosse » pour le service du théâtre, mais non pour ses promenades. Dès qu'il avait une heure, il s'échappait de l'atmosphère du théâtre pour aller respirer l'air vif à Auteuil. Le

---

[*] « En ce mesme tems, M. de Molière, qui a reçu pansion du Roy en qualité de bel esprit, a esté couché sur l'Estat pour la somme de 1.000 livres. Sur quoy il fist un remerciment en vers pour Sa Majesté. »

carrosse était souvent sur la route; la maison d'Auteuil, toute simple qu'elle fût, était comme toutes les maisons d'artistes, un tonneau des Danaïdes. Et presque toujours le mari était d'un côté quand la femme était de l'autre. Comme devait dire La Forest : « On brûloit la chandelle par les deux bouts », sans compter les chandelles du théâtre, qui coûtaient fort cher. Molière était obligé à ceci et à cela ; il était parrain comme sa femme était marraine ; il protégeait les nouveaux venus et il était bon pour les anciens ; il donnait l'hospitalité aux religieuses, lui à qui l'Église ne voulut pas donner l'hospitalité. Si le roi payait mal les costumes de ses camarades, on pourrait dire que Louis XIV n'était pas assez riche pour payer ceux de Mme Molière. Voilà pourquoi le grand homme qui fonda la Comédie-Française devait courir, comme tous les hommes de génie, après un louis d'or, lui qui en donnait deux de si bon cœur pour récompenser la vertu du pauvre.

Et quelle inquiétude pour ce théâtre qu'il avait fondé ! C'était le navire dans la tempête. Les auteurs célèbres ou à la mode allaient à l'Hôtel de Bourgogne : Molière était seul. S'il jouait Corneille, il n'appelait pas le public parce que la troupe du Palais-Royal n'était pas la vraie troupe tragique.

Quoique les dépenses fussent très-augmentées, les recettes ne montaient pas. On avait sacrifié beaucoup d'argent pour monter *Psyché*, dont les frais journaliers s'élevaient à 351 livres. C'était la bataille perdue.

Molière donna *les Femmes savantes*, ce chef-d'œuvre, dans la meilleure saison de l'année ; la critique lui fut amère ; comme toujours, le public ne lui donna pas raison. A la seizième représentation, on tombait à 268 livres 10 sous ; aussi abandonnait-il la pièce à la dix-huitième. Il reprenait *Tartufe, le Bourgeois gentilhomme, l'Avare, M. de Pourceaugnac, le Misanthrope, Amphitryon, le Cocu imaginaire* ; mais il y avait des jours où le public n'apportait que 217 livres à *Tartufe*, 238 livres à *l'Avare*, 239 livres à *M. de Pourceaugnac*, 245 livres au *Misanthrope*, 187 livres à *l'Avare* et 128 livres au *Cocu imaginaire*, joué avec *le Médecin malgré lui* — et par Molière ! — Il est à remarquer qu'en cette dernière année Molière ne joue plus que Molière : « Moi, dis-je, et c'est assez. » Mais ce n'était pas assez.

Voilà pourquoi en janvier on joue *les Maris infidèles*, de M. de Vizé ; mais la pièce ne fait que 179 livres à la troisième et dernière représentation. Peu de pièces en cette année qui ne soient de Molière. Aussi travaille-t-il encore plus que de coutume. Ainsi, le vendredi 21 mars, la Comédie-Française donne la première représentation des *Femmes savantes*. Le vendredi 8 juillet, *la Comtesse d'Escarbagnac* prend la scène, et le vendredi 10 février, c'est *le Malade imaginaire*.

Quel labeur surhumain ! trois chefs-d'œuvre en un an ! chefs-d'œuvre de raison, de gaieté et d'esprit. Et quand on songe que cette année-là, Molière pleurait un de ses enfants, pleurait Madeleine Béjart et reprenait sa femme : des larmes encore !

Quand on songe qu'il lui fallait gouverner cette république de rois, cette cour de princesses qui s'appelle la Comédie-Française ; quand on songe au travail de la mise en scène ; quand on songe aux royales corvées où il fallait apporter tant de belle humeur et tant d'esprit, argent comptant, pour désennuyer le sultan et les sultanes de Versailles ; quand on songe que Molière était partout et à tous, qu'il jouait dans presque toutes les représentations, qu'il lui fallait, autre Salomon, inventer tous les jours des paraboles pour donner raison à tout le monde, on est pris de vertige devant ce rude génie. Qui donc eût traversé une pareille année s'il n'eût été Molière ? Et encore Molière tomba sur le champ de bataille !

Le jour de sa mort, Molière ne se faisait plus guère d'illusion. Jusque-là il avait trompé tout le monde, il s'était peut-être trompé lui-même, parce que sa vaillance ne l'abandonnait pas. Il se sentait emporté par son âme comme tous les hommes de bonne volonté, mais il finit par comprendre. Il commença par dire à Baron que c'en était fait de lui. Baron voulut vainement le réconforter. Il appela sa femme. Ici je laisse parler Grimarest, qui écrivit son histoire de Molière sur les souvenirs de Baron. Voici donc, selon Baron et Grimarest, les paroles de Molière :

« Tant que ma vie a été mêlée également de douleur et de plaisir, je me suis cru heureux; mais aujourd'hui que je suis accablé de peines sans pouvoir compter sur aucun moment de douceur, je vois bien qu'il me faut quitter la partie, je ne puis plus tenir contre les douleurs et les déplaisirs qui ne me donnent pas un instant de relâche. »

Ces paroles prouvent trop qu'Armande n'était pas redevenue la femme de son mari, pas même la sœur! Car cette douceur qui endort la vie et qui fait sourire la mort, cette douceur qui tombe des yeux, des lèvres et des mains de la femme, il ne la sentait pas tomber sur lui. Il ajouta : « Ah! qu'on souffre avant de mourir, car je sens bien que je finis! » L'ami et la femme conjurèrent Molière de ne point jouer ce jour-là. On sait que c'était *le Malade imaginaire*. Ils pensèrent sans doute que cette comédie de la mort pouvait devenir un drame funèbre.

« Comment voulez-vous que je fasse, leur dit-il, il y a cinquante pauvres ouvriers qui n'ont que leur journée pour vivre; que feront-ils, si l'on ne joue pas? Je me reprocherois d'avoir négligé de leur donner du pain un seul jour, le pouvant faire absolument. »

Armande et Baron se résignèrent; mais on avertit les comédiens que s'ils n'étaient pas prêts à quatre heures précises on rendrait l'argent. « Les comédiens tinrent les lustres allumés et levèrent la toile à quatre heures précises. » Encore une fois Molière cacha que celui qui faisait la mort allait mourir. Il voulut s'oublier jusqu'au bout. Mais en prononçant « *juro* » dans la cérémonie, il fut pris d'une convulsion et se sentit les pâleurs du tombeau. Il eut le courage de tout masquer encore par un éclat de rire. Quand la toile fut tombée, il s'enveloppa dans sa robe de chambre et alla dans la loge de Baron. Ici le poëte se réveilla sous le comédien, sous le mourant. « Que dit-on de la pièce, Baron? — Que toujours la même histoire. Plus on joue vos comédies, plus on les aime. » Et Baron ajouta en fixant Molière : « Vous allez plus mal que tantôt? — C'est vrai, j'ai un froid qui me tue. » Baron prit les mains glacées de Molière. « Il les mit dans son menton et envoya chercher ses porteurs pour qu'il arrivât plus vite chez lui. Baron ne quitta point sa chaise, de peur qu'il n'arrivât quelque accident du Palais-Royal à la rue Richelieu. »

Où donc était Armande? Elle avait joué son rôle, peut-être n'avait-elle pas fini de se déshabiller. « Quand Molière fut dans sa chambre, Baron voulut lui faire prendre du bouillon dont Mme Molière avoit toujours provision chez elle. Car on ne pouvoit avoir plus de soin pour sa personne. — Non, répondit-il, car les bouillons de ma femme sont de vraies eaux-fortes pour moi. Vous savez tous les ingrédiens qu'elle y fait mettre. » On se pose ici un point d'interrogation. Était-ce un philtre ou un élixir? Était-ce le bouillon des sorcières et des devineresses? Mais ce qui semble étrange, c'est que Molière demanda du fromage de parmesan. Ici on voit apparaître La Forest, car c'est elle qui apporte le fromage. Molière en mangea avec un peu de pain : fantaisie de mourant. « Il se fit mettre au lit. » Il voulait dormir. Sans doute sa femme était revenue du théâtre, car, selon l'historiographe, « il envoya demander à sa femme un oreiller rempli d'une drogue qu'elle lui avoit promis pour dormir ». Encore les sorcières et les devineresses. Molière dit alors : « Tout ce qui n'entre point dans le corps, je l'essaye volontiers; mais les remèdes qu'il faut prendre me font peur. » On sait le mot de Molière à Louis XIV : « Mon médecin m'ordonne des drogues, je ne les prends pas et je guéris. »

Molière se sentait bien mal, puisqu'il murmura : « Il me faut rien pour me faire perdre ce qui me reste de vie. »

L'oreiller vint; mais Mme Molière ne vint pas encore. Le pauvre grand homme essaya de dormir; mais « un instant après il lui prit une toux extrêmement forte ». Le sang ruissela de sa bouche, il demanda de la lumière. Baron n'avait-il pas laissé un seul flambeau allumé, ou bien Molière voulait-il dans l'horreur du tombeau qu'on allumât plusieurs flambeaux ? « Voici du changement », dit-il en indiquant à Baron le flot de sang qui inondait son lit. Baron eut un cri d'effroi : « Ne vous épouvantez point, mais allez dire à ma femme qu'elle monte. »

Décidément, Armande s'attardait beaucoup à son déshabillé du soir. Mais Molière ne mourut pas seul : c'est alors qu'on le voit « assisté de deux sœurs religieuses, de celles qui viennent à Paris quêter pendant le carême, et auxquelles il offroit l'hospitalité. Elles lui donnèrent à ce dernier moment de sa vie tout le secours édifiant que l'on pouvoit attendre de leur charité, et il leur fit paroître les sentimens d'un bon chrétien et toute la résignation qu'il devoit à la volonté du Seigneur. Enfin, il rendit l'esprit entre les bras de ces deux bonnes sœurs. Quand sa femme et Baron remontèrent, ils le trouvèrent mort ». Ainsi parle Grimarest, ainsi parlait Baron.

Il y a eu beaucoup d'autres versions. On avait d'abord dit que Molière était mort sur le théâtre. Mais celle-ci nous semble la plus vraie : selon son notaire, Me Levasseur, voici l'histoire de sa dernière heure : « Sur les neuf heures du soir, Molière s'étant trouvé mal, voulut dans le moment témoigner des marques du repentir de ses fautes et mourir en bon chrétien. » On n'alla pas chercher un médecin, on alla chercher un prêtre. Deux refusèrent de venir pour cet excommunié qui s'appelait Molière. Quand le troisième vint, Molière était mort « dans les sentimens d'un bon chrétien, ainsi qu'il a témoigné en présence de deux dames religieuses demeurant en la même maison, d'un gentilhomme nommé M. Couthon et de plusieurs autres personnes ». Par ce récit, qui doit avoir l'exactitude d'un acte de notaire, on voit d'abord que peut-être les deux religieuses logeaient dans la maison, mais sans pour cela loger chez Molière, car il y avait d'autres habitants au-dessus de lui. On voit ensuite que Molière fut soulevé dans ses étouffements par un voisin, sans doute, ce M. Couthon, qu'on ne voit apparaître que deux fois. Le notaire constate aussi qu'il y avait plusieurs personnes au douloureux spectacle de cette agonie. En effet, selon un autre récit, la fille de Molière, réveillée par les cris au dernier instant, était accourue et se cachait dans les jupes de La Forest, pendant que sa mère, venue trop tard, regardait tour à tour Molière et Baron avec effroi et avec surprise, comme si elle n'eût pas pressenti que la mort fût si proche.

II

MADAME Molière partit pour Versailles, tout éplorée, mais non tout échevelée, car elle savait ce qu'elle devait à son roi et à elle-même ; elle avait pris en passant le curé d'Auteuil ; elle espérait bien que ses larmes et sa beauté, sous la sauvegarde d'un prêtre, désarmeraient Louis XIV, quelque attaché qu'il fût aux choses de la religion.

Le roi ne fit pas de façon pour la recevoir, mais elle commença par parler un peu haut, s'indignant de l'injure que l'archevêque du Harlay faisait à la mémoire de son mari en lui refusant la sépulture chrétienne. Comme le roi gardait le silence, elle eut le mauvais esprit d'ajouter « que si son mari étoit criminel, ses crimes avoient été autorisés par Sa Majesté même ». Et toujours le roi gardait le silence. Mme Molière se tourna vers le curé d'Auteuil en lui disant du regard de parler à son tour. Mais il y eut là une vraie scène de comédie. Le curé d'Auteuil, s'imaginant qu'il était un personnage pouvant inquiéter l'Église et la Royauté, ne parla pas du tout de Molière : il était accusé de jansénisme dans sa paroisse ; il ne doutait pas, dans son orgueil, que cette accusation ne fût venue jusqu'à Louis XIV.

Il se mit donc à faire son éloge avec abondance de cœur. Le roi, qui n'aimait pas les scènes ridicules, fit signe au curé et à Mme Molière de se retirer, tout en disant à la femme de son ami que cela ne le regardait point, mais que pourtant il en dirait un mot à l'archevêque.

Au retour à Paris, le notaire et Aubry, le mari de Geneviève Béjart, signèrent la fameuse requête à l'archevêque de Paris :

« A Monseigneur l'Illustrissime et Révérendissime Archevêque de Paris,

« Supplie humblement Élisabeth-Claire-Grasinde Béjart, veufve de feu Jean-Baptiste Pocquelin de Molière, vivant valet de chambre et tapissier du Roy, et l'un des comédiens de sa trouppe, disant que vendredy, dix-septiesme du présent mois de febvrier mil six cent soixante-treize, sur les neuf heures de soir, ledict feu sieur de Molière, s'estant trouvé mal de la maladie dont il décéda environ une heure après, il voulust dans le moment témoigner des marques de ses fautes et mourir en bon chrestien, à l'effet de quoy avecq instances il demanda un prestre pour recevoir les sacremens, et envoya son valet et servante à Sainct-Eustache, sa paroisse, lesquels s'adressèrent à messieurs Lenfant et Lechat, deux prestres habitués en ladicte paroisse, qui refusèrent plusieurs fois de venir ; ce qui obligea le sieur Jean Aubry, beau-frère du deffunct, d'y aller luy-mesme pour en faire venir, en de faict, fist lever le nommé Paysant, aussi prestre habitué au dict lieu ; et comme toutes ces allées et venues tardèrent plus d'une heure et demye, pendant lequel temps ledict feu Molière mourut. Et ledict sieur Paysant arriva comme il venoit d'expirer ; et comme ledict sieur Molière est décédé sans avoir le sacrement de confession dans un temps où il venoit de représenter la comédie, monsieur le curé de Saint-Eustache luy refuse la sépulture ; ce qui oblige la suppliante à vous présenter la présente requeste pour luy estre sur ce pourvu.

« Ce considéré, Monseigneur, et attendu ce que dessus, et que ledict deffunct a demandé auparavant que de mourir un prestre pour estre confessé, qu'il est mort dans les sentimens d'un bon chrestien, ainsy qu'il l'a tesmoigné en présence de deux dames religieuses, demeurant en la mesme maison, d'un gentilhomme nommé M. Couton, entre les bras de qui il est mort, et de plusieurs autres personnes, et M. Bernard, prestre habitué en l'église Saint-Germain, luy a administré le sacrement à Pasques dernier, il vous plaira de grâce spéciale accorder à ladicte suppliante que son feu mary soit inhumé et enterré dans ladicte église Saint-Eustache, sa paroisse, dans les voyes ordinaires et accoustumées, et ladicte suppliante continuera les prières à Dieu pour vostre prospérité et santé, et ont signé :

« Le Vasseur et Aubry, avecq paraphe. »

« Et au-dessus est escript ce qui suit :

« Renvoyé au sieur abbé du Benjamin, nostre official, pour informer des faicts contenus en la présente requeste, pour information à nous rapportée estre enfinct ordonné ce que de raison.

« Faict à Paris, dans nostre palais archiépiscopal, le vingtiesme febvrier mil six cent soixante-treize.

« Signé : Archevesque de Paris. »

LA MORT DE MOLIÈRE

Voici un extrait des registres de l'archevêché de Paris :

« Veu ladicte requeste, ayant aucunement esgard aux preuves résultantes de l'enqueste faicte par mon ordonnance, nous avons permis au sieur curé de Sainct-Eustache de donner la sépulture ecclésiastique au corps du deffunct Molière dans le cimetière de la paroisse, à condition néanmoins que ce sera sans aucune pompe, et avec deux prestres seulement et hors des heures du jour; et qu'il ne se fera aucun service solennel pour luy, ny dans ladicte paroisse Sainct-Eustache ny ailleurs; mesme dans aucune église de réguliers, et que nostre présente permission sera sans préjudice aux règles du rituel de nostre église que nous voulons estre observées selon leur forme et teneur. Donné à Paris, ce vingtiesme febvrier mil six cent soixante-treize. Ainsy signé : Archevesque de Paris. »

« Et au-dessoubz : Monseigneur Morange, avecq paraphe. »

Avec paraphe!

Même dans le tombeau, Molière ne fut pas encore chez lui. Ce sage fut le bohémien par excellence. En effet, vous ne le voyez jamais fixé nulle part, ce comédien qui court les quatre coins de Paris et toutes les villes de la province. Sa charrette romanesque est sa vraie maison. Quand il revient à Paris il n'a pas encore son théâtre fixe : il joue dans la salle des gardes du Louvre, à l'hôtel du petit Bourbon, au palais Cardinal; mais si sa comédie déménage souvent, c'est lui surtout qui va de maison en maison. C'est à peine si quelques mois avant de mourir il se campe plus sérieusement rue de Richelieu, dans la maison qui est encore debout et où on peut étudier son intérieur. Fut-ce là seulement qu'il donna à Armande le célèbre lit à colonnes d'ébène couvert de brocart, garni de crépines d'or? Ce ne fut pas dans ce beau lit qu'il mourut, puisque c'était le lit d'Armande. Il n'y avait pas séparation de biens, parce que Molière lui donnait tout, mais il y avait toujours séparation de corps.

Et une fois mort on ne sait où ira Molière! Sa femme avait dit à Louis XIV : La France refuse un tombeau à celui à qui la Grèce aurait élevé un autel. Molière aura pourtant sa part de la terre sainte. Mais on l'enterrera la nuit comme un malfaiteur. Le tombeau ne sera sanctifié que dans ce rude hiver où Armande Béjart y fera brûler du bois pour les pauvres, ce qui fit du tombeau un autel, selon le mot de M. Édouard Thierry. Molière repose aujourd'hui dans le campo-santo du Père-Lachaise*. Espérons que c'est sa dernière station; mais ce n'est pas d'ailleurs au Père-Lachaise que ses coreligionnaires vont le trouver, c'est à la Comédie-Française où il est toujours vivant.

Il y eut, le jour de l'enterrement, une petite révolution devant la maison de Molière : ce fut un siège de tous les tartufes de la rue et de tous les coquins qui aiment le bruit. « La foule manifestoit énergiquement des intentions hostiles : Armande Béjart, effrayée, ne savoit que répondre. » Baron et La Grange, qui veillaient le mort avec les religieuses, tinrent conseil contre tous ces oiseaux de proie; ce n'était donc point assez de mourir, il fallait payer une contribution à la mort! On ouvrit les fenêtres pour parlementer. Baron, qui connaissait son monde, jeta quelques pièces d'argent parmi les plus mutins. Cette éloquence réussit, mais il fallut jeter jusqu'à 1.000 livres çà et là; « l'orage fut calmé; le peuple, s'épargnant une profanation, se dispersa, trouvant qu'on lui achetoit la paix plus cher qu'on avoit promis de lui payer la guerre ».

Pour conduire un pareil malfaiteur à son dernier gîte, on attendit que la nuit fût

---

* Le corps de Molière resta longtemps oublié au cimetière Saint-Joseph : en 1732, on lisait encore sur une pierre : POQUELIN MOLIÈRE; mais cette pierre fut confondue avec d'autres. « Et un corps qui n'est peut-être pas celui de Molière fut transporté en 1799, au Musée des Petits-Augustins. Plus tard, ses cendres furent portées au Père-Lachaise où elles sont encore à côté de celles de La Fontaine. » En 1877, on daigna inscrire sur deux pierres ces deux noms rayonnants, les plus aimés parmi les plus admirés.

bien noire. Enfin, le grand Molière fut emporté au cimetière de la chapelle Saint-Joseph, rue Montmartre, à l'angle du carrefour où se tient le marché. L'histoire ne nous dit pas si la bière fut portée par ses amis de la Comédie-Française. Deux prêtres marchaient en avant suivis de deux cents amis, tous ceux du théâtre, Baron, La Grange, La Thorillière, Beauval, les autres marchaient du même pas : Mignard, Aubry, Chapelle et Couthon, cet ami inconnu; « chaque suivant une torche à la main ». C'était beau par la tristesse et le recueillement; on eût entendu passer un fantôme. Si les prêtres priaient, c'était par la pensée. Si les amis pleuraient, c'était en étouffant leurs sanglots. Ainsi marchait ce cortège « silencieux et pour ainsi dire en cachette »; on trouve ce mot dans un des récits du temps : un curieux demanda à une femme du peuple qui on menait en terre. « Eh! c'est ce Molière », répondit-elle. Une autre commère qui l'entendit lui cria tout indignée : « Comment, malheureuse, il est bien monsieur pour toi puisqu'il l'est pour les pauvres *. »

Ainsi Molière, qui aurait voulu passer par l'église, n'eut qu'un enterrement civil, plus des prêtres muets. L'église Saint-Eustache ne voulut pas de l'ami de Louis XIV, non plus que l'église Saint-Roch.

Les prêtres pourtant voulurent bien dire des messes pour Molière; dans le registre de Hubert, qui administrait alors la Société, il porte aux frais du 28 février 1673 : « Pour deux messes, une livre dix sous. » Au lieu d'un obit, c'était deux messes noires.

L'oubli lui dit aussi ses messes noires. Molière mort, le silence se fait sur son tombeau. On joue ses comédies, on l'admire, on ne jure que par lui au théâtre, mais dans le monde littéraire on semble l'oublier; au temps même où Pierre Corneille raccommodait ses chausses, et où Thomas Corneille mettait *Don Juan* en vers, quelques polissons osèrent rimer des épitaphes comme celle-ci :

Jouant le médecin, je me suis échoué,
J'ai joué la mort même, et la mort m'a joué.

Ou comme celle-là :

Il excelloit surtout à faire le cocu,
*L'original et la copie**.*

Et c'était tout. On causait de lui dans les coulisses, mais pas trop haut, pour ne pas chagriner Mme Molière, qui médita bientôt ses secondes noces.

On retrouve le grand homme çà et là dans quelques lettres des contemporains;

---

* Il faut ici donner cette lettre recueillie par M. Édouard Fournier :

« Mardy 21 feburier, sur les neuf heures du soir, l'on a fait le convoy de Jean-Baptiste Poquelin Molière, tapissier, valet de chambre du Roy, l'illustre comédien, sans aucune pompe, sinon de trois ecclésiastiques; quatre prêtres ont porté le corps dans une bière de bois couverte du poêle des tapissiers. Six enfans bleus portant six cierges dans six chandeliers d'argent, plusieurs laquais portans des flambeaux de cire blanche allumée. Le corps, pris rue de Richelieu, devant l'hôtel de Crussol, a esté porté au cimetière Saincts-Joseph et enterré au pied de la croix. Il y avoit grande foule de peuple et l'on a fait distribuer de mil à douze cents livres aux pauvres qui s'y sont trouvés, à chacun 5 sols.

« Ledit Molière étoit décédé le vendredy au soir, 17 feburier 1673. M. l'archevesque avoit ordonné qu'il fust enterré sans aucune pompe, et mesme défendu aux curés et religieux de ce diocèse de faire aucun service pour lui. Néanmoins on a ordonné quantité de messes pour le défunt. »

** « Tartufe avait gardé sa rancune contre le poëte et vint jeter du poison sur sa fosse, en guise d'eau bénite. » (PAUL DE SAINT-VICTOR.)

LE MALADE IMAGINAIRE

mais c'est un mot en passant. Nul n'a l'idée d'écrire, ne fût-ce qu'en quelques pages, la vie de cet homme illustre, pour protester contre les polissonneries des libellistes et des ivrognes. Montfleury peut s'en donner à cœur joie, nul ne défendra le grand Molière. Il est vrai que toutes les semaines il se défend lui-même victorieusement en cette Comédie-Française, qui sera toujours la Maison de Molière.

Parmi les oraisons funèbres de Molière, il ne faut pas oublier celle-ci : Le grand Condé le pleurait, disant : « Ce n'est pas un ami, c'est l'ami. » L'abbé de la maison présenta au grand Condé une épitaphe pour Molière : « Ah ! s'écria le prince, que n'est-ce lui qui fait notre épitaphe ! »

C'était là le premier grand deuil du siècle de Louis XIV qui sera un jour le siècle de Molière.

LIVRE VI

LES LARMES D'ARMANDE

LE VEUVAGE D'ARMANDE
LA FEMME DE GUÉRIN — LA FIN D'UNE COMÉDIENNE
LES PÉNITENCES D'UNE GRANDE COQUETTE

I

T maintenant que Molière n'est plus là, nous allons étudier Armande pendant son veuvage. Elle n'ira pas, comme les veuves de la fable, mourir sur le mausolée de son mari. Portera-t-elle le deuil du grand Molière? Sans doute, mais en rose, puisqu'elle continuera à jouer la comédie. Comédienne avant tout, comédienne après tout !

Ce fut un rude coup de théâtre que la reprise du *Malade imaginaire*, quand on vit, quelques jours après la mort de Molière, Mme Molière jouant encore son rôle d'Angélique et pleurant cette fois de vraies larmes devant La Thorillière qui jouait le mort. On trouva que cette reprise venait trop tôt après la mort de Molière. On dut dire aussi que Mme Molière s'efforçait peut-être de montrer ses larmes au public.

Ceci ne fait pas un doute pour M. Jules Loiseleur. « Devenue directrice du théâtre que la puissante main de Molière ne soutenait plus, elle le rouvrit le 3 mars et reprit le jour même son rôle d'Angélique dans le Malade imaginaire. Si elle eût porté un autre cœur, de quelle horrible émotion n'eût-elle pas été saisie en voyant La Thorillière remplacer son mari dans ce fauteuil où elle l'avait vu étendu et contrefaisant le mort, alors qu'elle versait de feintes larmes sur ce faux trépas, devenu une si terrible réalité ! »

Il ne faut donc pas trop croire aux vraies larmes de cette femme quand mourut Molière. Je le demande à toutes celles qui ont aimé, comme à toutes les mères de famille : si son cœur eût quelque peu battu pour Molière, Armande, qui le voyait à toute extrémité, eût-elle joué le jour de sa mort ? Eût-elle repris son rôle treize jours après ? Un cœur brisé n'a pas ce vain courage. Ses défenseurs disent que ce fut pour donner du pain à sa troupe, suivant l'exemple de Molière. Ce serait alors une sainte ; mais sa conduite, au bout de trop peu de temps, prouve qu'elle ne sera jamais canonisée. D'ailleurs n'était-elle pas déjà la mauvaise mère que nous retrouverons bientôt ? S'il y eut un sacrifice, il ne fut que pour elle-même : celle qui devait s'enfermer pour pleurer toutes ses larmes dans le pieux souvenir de Molière aimait mieux les répandre en public. La comédienne reprenait le pas sur la femme, l'épouse n'avait eu qu'un vrai jour de deuil, ce jour où elle s'était jetée aux pieds de Louis XIV, qui lui-même ne s'était pas laissé prendre à sa douleur, quoique en ce moment-là elle fût belle dans ses pleurs, dans son indignation contenue, dans ses prières éloquentes.

La Grange semble être plus touché à la mort de Molière par les frais du *Malade imaginaire* que du grand malheur qui frappe la France et la Comédie ; deux fois il écrit : « Les frais ont été grands à cause du prologue et des intermèdes qui se sont montés à 2.400 livres. Les frais journaliers ont été grands à cause de douze violons, douze danseurs, trois symphonistes, sept musiciens ou musiciennes. Récompense à Mr Beauchan p^r les ballets, à Mr Charpentier p^r la musique, à Mr Barillon p^r les habitz. Ainsy lesdits frais se sont montés chaque jour à 250 livres. »

Quand on recommença, le 3 mars, les représentations du *Malade imaginaire*, « M^r de La Thorillière joua le roosle de Mr de Molière, la recette fut de 1.590 livres ». Et ainsi on joua *le Malade imaginaire* jusqu'au mardi 21 mars, où la recette tomba jusqu'à 663 livres 10 sols. Ce fut alors qu'on reçut la pension de 7.000 livres qui fut partagée en quatorze parts, « savoir douze partz pour les acteurs, une part pour M. de Molière comme autheur ».

On sait qu'alors la troupe de Molière fut chassée sans façon de son théâtre par l'opéra de Lulli. « Le Roy ayant trouvé à propos de donner la jouissance de la salle du Palais-Royal à M. Lully, intendant de la musique de Sa Majesté, la femme de Molière se trouva donc sans théâtre. Un peu plus c'en étoit fait de la troupe de la Comédie-Françoise « de la Maison de Molière », car MM. de La Thorillière et Baron quittèrent la troupe pendant les fêtes de Pâques ; Mlle de Beauval et son mari les suivirent. » Mais Armande ne désespéra pas : elle s'associa aux acteurs du théâtre du Marais, entre autres Rosimond et Mlle du Croisy. On acheta le théâtre du marquis de Sourdeac, « construit pour l'opéra dans le Jeu de Paume de M. de Laffemas, rue Mazarini, pour le prix de 14.000 livres ». Le théâtre fut inauguré le 9 juillet, par *Tartufe*, avec une recette de 744 livres 15 sols. Mme Molière triomphait encore, parce qu'elle était souveraine maîtresse sous l'ombre de Molière. Elle avait toujours ses caprices, car, suivant une note de La Grange, « Mme Molière ne voulut pas jouer dans *l'École des Maris* le mardy 24 octobre ». Pourquoi ?

On ne retrouve plus le nom de Mlle Molière dans le Registre de La Grange jusqu'au vendredi 4 mai 1674, « reprise avec partz d'autheur par Mlle Molière du *Malade imaginaire* : la recepte est de 802 livres ». En août, on songe à représenter *Circé* de « Corneille le Jeune ». Petite révolution à propos de cette pièce. M. Deauvilliers et Mlle Dupin ne voulaient point consentir qu'on jouât *Circé*. Beaucoup de losanges couleur de brique tracés par La Grange. On finit, « procès jugé », par exclure Deauvilliers et la Dupin. Le jour de la sentence, Mlle De Brie qui était un peu de la révolte, jalouse sans doute d'Armande, refusa de jouer dans *Panurge* « et fist la malade »; une autre sentence lui donna raison, car les révoltés rentrèrent dans la troupe sans s'opposer désormais aux représentations de *Circé*. Ce fut le 17 mars 1675 que la pièce fut jouée; jusque-là on n'avait vu un pareil succès au théâtre de Molière; les frais d'ailleurs avaient été extraordinaires puisqu'ils se montaient à près de 11.000 livres, somme fabuleuse au théâtre en 1675.

Ce rôle étrange fut le triomphe d'Armande. La pièce, jouée pendant six mois, atteignit au chiffre de 2.767 livres. Aucun des chefs-d'œuvre de Molière n'avait fait briller ce chiffre. On voit que déjà la féerie prenait le pas.

Un autre grand succès pour Mme Molière fut *la Devineresse*, de Thomas Corneille et de De Vizé, qui tint l'affiche depuis le 19 novembre 1679 jusqu'au 10 mars 1680. Armande jouait le rôle de la comtesse. « Ses toilettes mêmes, quoique un peu étranges, furent acceptées et recommandées par la mode [*]. »

Ce fut deux ans après la mort de Molière que sa femme, par le contre-coup de sa légèreté, subit cet affront de voir une courtisane, la célèbre la Tourelle, prendre son nom et sa figure pour faire illusion à un libertin. On connaît toute cette histoire du président Lescot, qui avait voulu se payer Mme Molière et qui n'en avait eu que l'ombre. On sait comment il voulut convaincre la veuve de Molière, en plein Théâtre-Français, d'être allée chez la Ledoux. Qui ne sait ce procès célèbre où la Tourelle et la Ledoux furent condamnées à être fouettées devant les fenêtres d'Armande! Or, cette étrange « réparation » ne consola pas Mme Molière de tout le chagrin que lui causa cette méprise. Sans doute, ce jour-là elle comprit le danger des coquetteries aventureuses; ce n'était pas la première fois qu'elle pleurait; mais ces larmes de vanité blessée, de repentir inconscient, de colères impérieuses, elle ne les versera qu'entre deux sourires.

Cette aventure de la Tourelle, qui est, à n'en pas douter, la première épreuve de la comédie du *Collier de la Reine*, a eu des historiens au temps même de l'histoire. Ce fut d'abord *l'Inconnu*, de Thomas Corneille, joué le 17 novembre 1675. Au troisième acte, en effet, de cette comédie, une bohémienne prédit ceci à la comtesse — la veuve de Molière remplissait ce rôle : —

Dans vos plus grands projets vous serez traversée,
Mais en vain contre vous la brigue emploîra tout,
Vous aurez le plaisir de la voir renversée
Et d'en venir toujours à bout.

Cette ligne qui croise avec celle de vie
Marque pour votre gloire un moment très-fatal ;
Sur des traits ressemblans on en parlera mal,
Et vous aurez une copie.

---

[*] On a fait graver ici la scène principale, d'après l'almanach de *la Devineresse*, car on lui fit les honneurs d'un almanach historique, où huit scènes de cette comédie étaient encadrées avec des légendes au milieu

II

Molière mourut pour avoir renoué avec sa femme : l'amour c'est la mort quand la femme ne donne que son sourire à celui qui donne ses larmes. Molière fut vengé : Mme Molière qui avait une cour — la cour éphémère des comédiennes — se laissa prendre au trébuchet d'un Léandre suranné, qui se réveilla, le lendemain des noces, métamorphosé en Cassandre. Celle qui avait été Mme Molière ne fut plus que Mme Guérin. Ce jour-là, elle comprit qu'elle avait perdu la baguette des fées; le temps était passé des maléfices amoureux. Le palais de la beauté ne fut plus qu'une maison vainement recrépite et badigeonnée; les pariétaires de l'oubli envahirent pour jamais les murs en ruines. Où êtes-vous, princesse d'Élide? où es-tu, Psyché?

Le souvenir du bien console de tout; le souvenir du mal désole tous les horizons. Armande n'avait pas eu assez de ces beaux mouvements qui l'avaient conduite aux pieds du roi pour que Molière eût, non point un autel, mais un tombeau; ces beaux mouvements qui, le jour où le peuple de Paris souffrait du froid, l'avaient ramenée à la tombe de Molière pour y allumer le feu des pauvres. Que ne s'inspira-t-elle toujours du grand souvenir de Molière!

Oui, Armande ressentit le grand coup qui frappait la France; elle voulut être la première dans la douleur. Mais la femme n'est qu'une femme : elle se console ou elle se laisse consoler. Celle qui s'appelait encore Mme Molière va s'appeler Mme Guérin. Elle s'imaginera peut-être que c'est encore Molière, puisqu'il joue la comédie. Ne savait-elle pas que Molière jouait la comédie, mais qu'il faisait la comédie? En un mot, Molière était Molière!

Dans son introduction, sur le Registre de La Grange, M. Édouard Thierry essaie de pardonner à Mme Molière : « Guérin épousa Mlle Molière qui eût peut-être bien fait pour l'histoire de ne jamais échanger ce grand nom. Mais avant de vivre pour l'histoire, n'a-t-on pas aussi quelque droit de vivre pour soi-même? » Et M. Édouard Thierry s'appuie sur l'opinion de M. Jal, qui est plutôt un savant armé de dates qu'un philosophe penché sur le cœur humain. « Sans doute, dit M. Jal, il eût été beau à Mlle Molière de garder le nom illustre de son époux; mais en 1677, ce nom n'avait pas encore tout l'éclat que lui ont fait deux siècles de gloire, et, pour Armande Béjart, l'auteur de *Tartufe* n'était qu'un grand comédien qui pouvait bien être remplacé par un homme de talent. »

La vraie raison est donnée dans ce quatrain bien connu :

Les grâces et les ris règnent sur son visage.
Elle a l'air tout charmant et l'esprit plein de feu.
Elle avait un mari d'esprit qu'elle aimait peu;
Elle en prend un de chair qu'elle aime davantage.

---

d'une espèce de ronde de sabbat; le *Mercure galant* en parle ainsi : « La Muse de la Comédie est en haut, qui se divertit à voir toutes sortes d'esprits follets sous diverses figures. »

« Ils tiennent divers cartouches dans lesquels on voit toutes les scènes de spectacle de cette pièce. Les plus excellens peintres et les meilleurs graveurs ayant esté employez pour faire les dessins de cet ouvrage et pour le graver, on n'en doit rien attendre que d'agréable et de curieux. »

Au mariage de Guérin et d'Armande, on ne voit apparaître aucune figure de la famille de Molière, ni même aucune figure de la famille Béjart. L'ancien comédien Béjart de l'Esguisé, son oncle, se fait remarquer par son absence. Voici l'acte de mariage : « Le lundy 31e jour de may (1677), après les fiançailles et la publication de trois bans, je soussigné, curé de la paroisse de la Sainte-Chapelle de Paris, ay, en l'église de la basse Sainte-Chapelle, interrogé M. Isaac-François Guérin, officier du Roy, fils de feu Charles Guérin et de Françoise de Bradane, ses père et mère d'une part, et Grésinde Béjart, veuve de Jean Pocquelin, officier du Roy, tous deux de cette paroisse; et leur consentement mutuel par moi pris, les ay solennellement, par paroles de présents conjoints au mariage, puis dit la messe des espouzailles, en laquelle je leur ay donné la bénédiction nuptiale, selon la forme de notre sainte mère l'Église. »

Mais on a beau passer par notre sainte mère l'Église! Si on y trouve l'espoir en Dieu, on n'y trouve pas les joies du cœur.

Comment La Grange, cet ami familial de Molière, n'a-t-il pas empêché sa veuve d'effacer ainsi de son front ce nom immortel? Que pensa-t-il de ce mariage? se demande M. Édouard Thierry : « Il ne l'a pas écrit. Mais La Grange avait certains signes pour s'entendre avec lui-même sans écrire; entre autres signes, un petit cercle colorié en bleu, symbole des beaux jours, un losange noir pour les mauvais. Le jour où eut lieu le mariage, le dimanche 30 mai, pensant Molière oublié, La Grange dessine d'abord son losange; mais disons tout, il le teinta en bleu. En même temps, et du même pinceau, il couvrit les trois mots : « mariage de Mlle Molière ». Ce nom de Mlle Molière allait disparaître, il l'effaçait lui-même avec tristesse; mais en ami, sous la couleur d'heureux présage. » Pourquoi?

Quand la veuve de Molière fut la femme à Guérin, il lui fallut rudement rabattre de son caquet; elle se trouva prise au trébuchet comme un oiseau capricieux qui se hasarde trop. Je ne doute pas qu'après la curiosité du second lit, elle ne voulut rouvrir la cage et s'envoler, car elle était née pour les atmosphères bleuâtres et dorées. Elle se ferma ainsi le ciel de l'imprévu : il n'y avait pas à rebrousser chemin; il lui restait les vanités et les distractions du théâtre, il lui restait aussi la maternité; mais on voit comment elle exilait de sa maison sa fille, la fille du grand Molière, pour l'habituer toute jeune au couvent, espérant bien qu'elle y ferait son salut : ainsi elle ne reviendrait pas marquer l'âge de sa mère, ni partager avec son frère; car Armande n'avait pas perdu de temps pour mettre au monde ce fils de Guérin, qui voulut plus tard continuer Molière.

Fut-ce pour donner l'air vif à cet enfant qu'elle acheta une maison à Meudon? fut-ce par un accès de misanthropie féminine? fut-ce parce que Molière qui s'était promené par là avec elle avait, comme on l'a dit, pensé à prendre cette maison? On a dit, fut-ce Guérin lui-même qui voulait quelque peu emprisonner les derniers caprices d'Armande? Et puis, quoiqu'il crût avoir quelque peu remplacé l'homme illustre, il n'osa pas sans doute aller vivre à Auteuil en face des amis de Molière, car Boileau avait rouvert *Le Portique*.

Dans sa maison de Meudon, dans cette solitude inspiratrice des grands bois, la veuve de Molière dut enfin descendre en elle-même et voir mieux le tableau de sa vie. Cette pâle et méditative figure, toute rayonnante d'intelligence et de beauté, devait lui apparaître avec l'amer sourire de ceux qui ont souffert. Comprit-elle, enfin, avec quelle gaieté de cœur elle avait, comme en se jouant, donné des coups de stylet, comme on donne des coups d'éventail ? Ou bien, dominée par l'égoïsme des coquettes, ne pleura-t-elle que sur elle-même ?

Nous donnerons ici pour ce qu'elle vaut l'opinion de l'auteur de la *Fameuse Comédienne* : « La Guérin eut des preuves essentielles, plus tost qu'elle ne pensoit, qu'il n'est point de mary qui conserve le caractère d'amant. Dans les premiers jours de leur mariage, il avoit eu des complaisances pour elle dont elle auroit esté fort satisfaite si elles eussent duré. Mais Guérin, qui s'aperçeut qu'elle en abusoit, luy fit sentir, un peu trop tard, qu'elle s'estoit donné un maistre. Elle souffrit impatiemment les premières obéissances où il voulut la soumettre ; elle luy reprocha mille fois qu'il n'estoit pas ce qu'elle avoit bien voulu le faire ; que néantmoins, il en agissoit d'une manière qui le rendoit indigne de ce qu'elle avoit fait pour luy, mais qu'elle sçavoit la vengeance dont une femme spirituelle se servoit, quand les mauvais traitemens d'un mary l'obligeoient à avoir recours à ces sortes de remesdes. »

Dès qu'on vit un comédien médiocre mettre ainsi la main sur cette reine, le prisme tomba ; tout le théâtre poussa le cri de la profanation. Elle avait bien pu jusque-là se donner corps et âme dans ses jours d'aveuglement, sans qu'on s'offensât trop autour d'elle, parce que le théâtre n'est pas précisément l'école des mœurs en deçà du rideau. Mais quand on tombe, encore faut-il bien tomber. Si Mme Molière tombait mal, lui était-il permis de perdre de gaieté de cœur le plus grand nom qu'une femme pût porter ? « Ah ! si je m'étais appelée Mme Molière ! » s'écriait un siècle après Mlle de Lespinasse. « Ah ! si je m'appelais Mme Molière ! » s'écrie aujourd'hui plus d'une enthousiaste de ce merveilleux génie. Et ainsi de siècle en siècle on reprochera à Mme Molière d'avoir abdiqué.

Il n'est pas douteux que si Mme Molière fit un pas de coquette vers Guérin, celui-ci fit deux pas de mari pour la conquérir. En effet, pour Guérin, c'était une double bonne fortune, que dis-je, une triple bonne fortune. Elle était belle, elle était riche, elle gouvernait la Comédie. Il ne l'aborda qu'avec des façons de gentilhomme. « Je ne suis pas un simple comédien, lui dit-il, mon nom patrimonial est d'Estriché ; je suis de bonne maison et bien digne de vous. » Mme Molière aurait pu lui répondre qu'ils étaient tous de la même race, puisque tout le monde jouait la comédie dans les deux familles. Sans doute elle se laissa prendre sans le savoir. Elle joua avec le feu, et le feu l'enfuma jusqu'à l'aveugler ; si bien qu'un jour il se trouva qu'elle avait donné ses trente-quatre printemps à ce comédien qui ne jouait guère au théâtre que les grandes utilités. « Encore, disait-on autour d'elle, si c'eût été pour un comédien qui joue les rois ou les amoureux ! »

Mme Molière eut beau prendre de grands airs de dignité quand elle fut remariée au comédien Guérin, qui lui-même prenait des airs de noblesse, elle n'en fut pas plus respectée pour cela. Tant que Molière lui donna son nom, même après sa mort, on la salua comme la femme de Molière ; mais dès qu'elle fut Mme Guérin, elle s'aperçut qu'elle n'était plus qu'une comédienne quelconque découronnée de son prestige.

Qu'était-ce que Guérin ? Pourquoi enleva-t-il pour toujours Armande Béjart, veuve de Molière, à ses adorateurs de Versailles et de Paris ? Je ne suppose pas que ce fut parce qu'il prit l'emploi de Molière dans *le Cocu imaginaire* et dans *le Malade imaginaire*. Ce qu'Armande Béjart aimait le moins en Molière, c'était le comédien. Mais Guérin avait débuté au théâtre du Marais en prenant des airs de gentilhomme ; il se disait sieur d'Estriché et de Bradane. Cela avait bon air sur les planches. Molière n'avait-il pas pris une fois le titre de *noble homme* et ne permettait-il pas à son libraire de publier les œuvres de

M. de Môlière? Quoique Armande Béjart fût très-vaine, j'ai dit qu'elle se laissa surtout prendre par Guérin, parce qu'il était jeune et qu'il avait de la figure. « Ce fut le mari de chair après le mari d'esprit. » Les femmes aiment les antithèses, l'amour d'ailleurs ne vit que de contrastes. Ce Guérin, après tout, pouvait rendre des points à Molière sur l'art de mener sa femme : d'abord parce qu'il ne l'aimait pas, ensuite parce que, faute d'idées, il avait une idée fixe, celle de la domination dans le ménage. Molière voulait dominer tout le monde par la force du génie et le charme de l'esprit; Guérin se contentait d'être un tyran domestique. Il ne s'en croyait pas moins un homme supérieur, car il était de ceux qui croient qu'au théâtre la pièce n'est rien et que le comédien est tout. Il jouait Molière; ne lui faisait-il pas beaucoup d'honneur? Il avait l'écriture de Molière, ce qui lui permettait de dire : « J'écris comme Molière. »

A force de volonté, il parvint à gouverner les deux maisons de Molière, la maison intime et la maison théâtrale. Après avoir mis la main sur la femme, sur la fortune, sur les manuscrits, il mit la main sur la direction de la Comédie-Française. Il avait à côté de lui des talents plus originaux, des artistes plus rares; mais ceux-là couraient toutes les aventures, tandis que lui ne courait que l'aventure du théâtre; et d'ailleurs ne se servait-il pas de l'ascendant de cette femme que Molière avait adorée et qui parlait haut encore devant l'aréopage?

Il commença donc par régner de par Mme Molière; plus tard il régna de par l'habitude de régner*.

Molière était mort sur la scène dans sa comédie. Guérin voulait aussi mourir sur la scène, puisqu'il jouait encore à quatre-vingt-deux ans. Le 25 juillet 1717, la Comédie-Française devait jouer *Héraclius* à l'Opéra. Guérin allait entrer en scène dans le rôle d'Exupère, lorsqu'il fut frappé d'une attaque d'apoplexie. On crut que c'était la seconde édition de la mort de Molière : on ne voulut pas jouer, on rendit l'argent. « Voilà, dit Baron, une belle oraison funèbre. » Mais Guérin ne voulut pas encore d'épitaphe. Il n'eut pas à son chevet deux sœurs de charité, mais deux médecins qui le sauvèrent; il vécut dix ans encore **, mais plus mort que vif.

Guérin mort, — après son fils, — le fils d'Armande, qui se croyait du sang de Molière pour la poésie, car il osa continuer *Mélicerte*, — tout ce qui restait de Molière, meubles et manuscrits, alla-t-il à des collatéraux qui auront trouvé que les meubles étaient de bonne prise, mais qui peut-être auront brûlé les manuscrits? Il faut espérer que ce sacrilège ne s'est pas accompli.

---

* Il ne passa pas moins de trente-sept années au Théâtre-Français, jouant les rôles à manteau et les confidents tragiques. Il a créé quelques rôles : le Marquis dans *le Muet*, Valin dans *le Distrait*, Chrysante dans *le Flatteur*, Simon dans *l'Andrienne*, Rutis des *Moulins*. Faut-il dire aussi qu'il créa Achitophel dans *Absalon*? Il avait la tradition de Molière. On l'aimait beaucoup dans l'*Avare*, le *Grondeur* et *Chrysale*. Le Mazurier, un de ses enthousiastes, par ouï-dire, s'émerveille de son art de réciter. Selon lui, il était admirable dans Théramène, et, à l'appui de cette admiration, voici ce qu'il dit : « Les acteurs tragiques portoient alors une large perruque à trois marteaux; or, toutes les fois que Guérin arrivait à ce vers :

J'ai vu, Seigneur, j'ai vu votre malheureux fils,

il ne manquoit pas de rejeter régulièrement derrière lui un de ses marteaux. » C'est sublime!

** Le 29 janvier 1728, enterrement d'Isaac-François Guérin, âgé d'environ quatre-vingt-douze ans, officier du roi, veuf d'Armande-Grésinde-Claire-Élisabeth Béjart, mort le jour précédent, rue des Fossés-Saint-Germain.

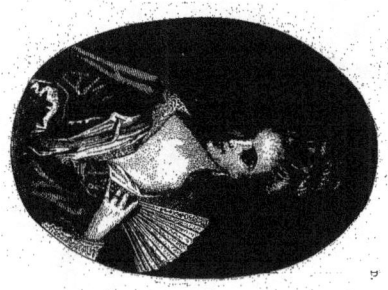

III

Il n'y a pas bien longtemps que M. Adrien de Longpérier, dans une séance de l'Académie des inscriptions et belles-lettres, conta spirituellement comment un de ses confrères, M. Dulaurier, était devenu propriétaire de l'ancienne, très-ancienne maison de Meudon, habitée par la femme et la fille de Molière. Une lettre fort gracieuse du nouveau propriétaire nous convia à visiter cette curiosité historique. Nous sommes donc allés en pérégrination à Meudon pour évoquer l'âme d'Armande Béjart dans la maison qu'elle s'était donnée, ou plutôt qu'elle s'était payée, rue des Pierres, nº 11. C'est une rue étroite et tortueuse qui aboutit dans la Grande Rue, non moins étroite, non moins tortueuse. Dès qu'on aperçoit la maison on reconnaît tout de suite qu'elle est là depuis deux siècles. Il y a déjà plus de deux cents ans que cette maison a été achetée par la veuve de Molière. La façade est demeurée telle quelle, à cela près des couches successives de badigeon. Sans doute, les fenêtres à petits carreaux, peut-être à guillotines ont disparu pour des fenêtres à grandes vitres; mais la porte cochère à plein cintre, avec ses pointes de bois, ses fers grossiers, sa serrure massive, est là comme au bon temps. Dès qu'on entre, on se sent en plein Louis XIV.

Voici le jardin où l'on taille encore l'if et le chèvrefeuille. Voici les allées de buis, tirées au cordeau; les espaliers, les charmilles, les berceaux de vigne. Il n'est pas douteux que cette vigne ne date de Noé, tant les ceps sont monstrueux. Je vois flotter au fond le fantôme de la belle Armande agitant son dernier éventail. Le vent m'apporte par bouffées les vives senteurs des lilas épanouis. J'ai la bonne fortune de rencontrer dans le maître de la maison un savant qui donnerait plus d'une de ses découvertes archéologiques pour trouver dans quelques recoins de cette maison un canapé ou un tabouret de Mme Molière. M. Dulaurier est le plus charmant homme du monde; je ne sais pas si c'est la maison qui veut cela, mais il ressemble à Molière et il est tout imprégné de l'esprit de Molière. Nous nous en sommes donné à cœur joie d'évoquer tous les souvenirs de Molière, d'Alceste, d'Armande et de Célimène. Après avoir erré dans le jardin dont j'ai fort admiré la grille ouvragée qui fait face à la porte cochère, après avoir étudié l'architecture intérieure de cette ancienne maison à deux ailes et à deux pavillons qui a gardé tout son caractère, nous sommes montés dans les appartements. Voilà bien l'escalier ancien, bois de chêne et carreaux rouges, forte rampe en bois avec balustres tournés. Le fétichisme y retrouverait sur les marches la trace du joli pied d'Armande. C'est bien là que la belle indolente, montant et descendant, traînait son soulier à haut talon ou sa pantoufle persane. Sa main paresseuse a mille fois caressé cette rampe massive. Nous entrons à droite dans l'appartement où non-seulement elle ne vient pas nous faire les honneurs, mais où rien d'elle n'est resté, si ce n'est une cheminée en marbre rouge surmontée d'une glace qui a perdu son trumeau.

Pourquoi les glaces n'ont-elles pas le génie de garder en toute vérité les airs de tête de toutes les belles créatures qui ont posé devant leurs cadres? comme l'écrivait Adrien de Longpérier, qui a lui-même fait sa visite historique en cette curieuse maison. Nous aurions Mme Molière telle qu'elle fut dans le jeu de ses coquetteries.

Mais les miroirs sont comme ce beau rivage chanté par le poëte antique : on y vient dans la jeunesse, mais si on y revient, on ne s'y retrouve plus.

Il n'est pas impossible aujourd'hui de reconstituer l'aspect primitif de l'appartement de Mme Molière; il faudrait pour cela y ramener quelques-uns des meubles retrouvés à Argenteuil et à Corneil depuis la mort de Mlle Molière. Mais où sont les tapisseries, ces belles verdures qui sans doute au temps de Molière ont servi au Théâtre-Français? Où sont les tableaux qui riaient aux yeux? Où est surtout la femme vivante qui était l'âme, on pourrait dire la chanson de la maison, puisque selon *le Mercure de France* Armande chantait comme un rossignol?

Parmi les trumeaux retrouvés à Meudon, il y en a un fort joli qui est peut-être de Watteau, qui d'ailleurs n'est pas contemporain de Mme Molière, puisqu'elle mourut en 1700. Mais il y en a un autre qui est bien du temps : c'est un Amour encadré, peint dans la manière de Simon Vouet. Si c'est l'amour de Mme Molière, je lui en fais mon compliment, car il est aussi joli qu'elle est belle : œil vif, bouche railleuse, joues épanouies avec des cheveux d'or ondulés.

Une seconde porte donne sur le palier; ici nous sommes dans l'ancienne galerie des tableaux aujourd'hui divisée en trois pièces inégales. Les tableaux tenaient une grande place chez Molière, chez sa mère, chez sa femme et chez sa fille; on peut juger d'ailleurs, si on étudie les prix à l'inventaire, qu'on ne payait pas alors un Meissonier 300.000 fr. : en effet, selon l'huissier-priseur, pour un louis d'or, on avait trois ou quatre chefs-d'œuvre.

Si nous étions en Angleterre, on classerait dans les monuments historiques la maison de Mme Molière, non pas seulement parce qu'elle a son caractère architectural, non pas seulement parce qu'elle fut habitée par une grande comédienne et par la fille de Molière, mais parce qu'on a découvert que Molière lui-même l'avait choisie un jour de misanthropie pour y vivre ses dernières années*. Sans doute là seulement, ce pauvre grand homme, toujours amoureux de cette railleuse insaisissable, espérait sans doute qu'il aurait sa femme à lui tout seul.

On comprend que Molière, qui aspirait aux horizons reposés après tant d'orages, qui rêvait pour son cœur blessé les joies pacifiques de l'intérieur, voulût mourir à Meudon. La rue Richelieu c'était l'enfer; la maison qu'il louait à Auteuil était trop bruyante encore; la maison de Meudon c'était la solitude dans les arbres, les vignes, les fleurs et les livres.

Or, là où Molière avait rêvé le bonheur, Armande ne pouvait être heureuse avec Guérin. Il y a des fatalités.

L'heure de la vengeance, on pourrait dire l'heure de la justice sonne souvent pour les âmes patientes, mais quelquefois trop tard. Quand Molière fut vengé, il n'était plus là. Dans l'histoire de *la Fameuse Comédienne*, on trouve cette pensée : « On peut aisément remarquer une certaine justice qui se trouve dans l'ordre des choses et qui nous fait presque toujours esprouver ce que nous avons fait souffrir aux autres. » Et le libelliste ajoute que « les duretés que Mme Molière a eues pour un mari d'un mérite singulier lui sont rendués

---

* Les ingénieurs aiment la ligne droite, si bien qu'ils menacent d'abattre la façade de cette maison historique qui dépasse d'un demi-mètre l'alignement officiel. O le carnaval des mots! Que dirait au génie civil l'homme de génie s'il en était coudoyé ? Il ne lui dirait pourtant pas : Retirez-vous de mon soleil.

avec uzure par un autre, qui est le rebut du genre humain; et pour surcroist de déplaisir elle se voit mesprisée de ses compagnes, qui s'estimoient autrefois trop heureuses d'avoir sa faveur ».

Une fois mariée, Mme Molière, que nous n'appellerons jamais Mme Guérin, fut à la première station de sa croix; jusque-là, même dans son veuvage de quatre années, elle avait eu tout le monde à ses pieds, elle avait joué de sa beauté comme d'un éventail qui miroite aux alouettes. Les plus fiers gentilshommes étaient pris à son sourire. Elle avait eu sa Cour, une Cour de Versailles à Paris. La *Fameuse Comédienne*, comme on l'appelait, avait marqué la souveraineté future des grandes actrices. C'est la première de la dynastie qui va jusqu'à Mlle Mars. Ses beaux dédains, ses cruautés railleuses, ses coquetteries diaboliques, avaient fait sa force et glorifié son règne absolu. Femme de Molière ou veuve de Molière, tout lui était permis parce qu'elle se permettait tout. Nul au théâtre ne songeait à contester sa tyrannie aux ongles roses. Quand Molière était là, il lui disait, pour montrer un fantôme de domination comme dans l'*Impromptu de Versailles* : « Taisez-vous, ma femme, vous êtes une bête. » Mais tout le monde savait bien que cette bête-là triomphait à tout propos de l'homme d'esprit.

Quand Molière ne fut plus là, elle se montra plus dominatrice encore. N'était-elle pas l'héritière de tous ses chefs-d'œuvre? Ne les jouait-elle pas avec le masque du maître? On avait la superstition que, grâce à elle, l'âme de Molière était encore au théâtre. Mais dès le lendemain de son mariage, elle ne fut plus que la première venue. C'est ainsi qu'on la voit, elle qui tenait la tête parmi les comédiennes, accepter le second rang sous Mlle de Champmeslé. C'est qu'elle n'est plus Mme Molière, elle est la Guérin! C'en est fait des vanités du nom, que dis-je? de la noblesse, car on avait fini par appeler Molière M. de Molière. Poquelin n'était plus un nom que pour les actes civils. Pourquoi ce nom disgracieux puisqu'il n'est devenu illustre que sous le nom euphonique de Molière? Ce n'est pas tout : on n'avait jamais dit la Molière, mais voilà qu'on dit la Guérin, comme on dit la Du Parc et la De Brie. C'est le troisième dessous. Et pour l'achever elle perd son public. « Heureusement, elle a un petit garçon qu'elle aime fort et qui sert à dissiper ses chagrins. Sa maison de Meudon, qu'elle a rendue fort propre par la dépense qu'elle y a faite, luy est d'un grand secours. Elle y passe une partie de l'année, c'est-à-dire les jours qu'elle ne joue pas, qui sont en assez grand nombre par l'inutilité dont elle est présentement dans la troupe, où elle ne fait plus aucune figure depuis la jonction des deux troupes. Et sans les pièces de son mary, où elle est encore inimitable, elle ne paroistroit plus qu'avec désagrément. »

C'est le commencement du supplice : Mme Molière porte sa croix à toutes les stations, elle va souffrir mille morts, elle arrivera au calvaire les pieds en sang, déchirée et maudite, ayant répandu sur sa route toutes les larmes des regrets. Dès que Guérin « mit la main sur elle », cette haute capricieuse fut matée. Ce fut vainement qu'elle voulut encore montrer sa force par des airs de domination; il ne la prit pas au mot. Il retourna contre elle toutes les brutalités des maris de Molière : on le voit d'ici mettre en prose les vers du maître. Il entend que sa femme soit sa femme :

Qu'aux discours des muguets elle ferme l'oreille
Et ne sorte jamais sans avoir qui la veille.

Adieu les beaux jours, adieu les jours de fête. Le premier mariage était le paradis ou le paradis perdu, qui est encore le paradis pour les pécheresses. Le second mariage c'est la prison. Si Molière n'était pas un amant, ce n'était pas non plus un maître ; c'était un ami souriant qui cachait son cœur et qui pardonnait. Guérin n'est autre chose qu'un mari absolu qui ne sait rien des douceurs de l'amour ni des délicatesses de la poésie.

Ç'a été une rude pénitence pour la seconde grande coquette du XVIIe siècle, car Mme de Montespan fut la première*. Il faut remarquer ici qu'elles furent terriblement punies toutes les deux; car je ne sais pas de soleil couchant plus triste pour ces femmes qui auraient voulu rattraper le passé.

Dans la pieuse solitude des Carmélites, Mlle de La Vallière a pu souvent se reposer en Dieu, sans être agitée encore par les orages du cœur ; mais Mme de Montespan s'est épuisée à chercher le rivage, trouvant toujours les vents contraires. Elle a essayé de fuir le monde et elle a eu peur d'elle-même dans sa solitude; elle a demandé la mort; elle a appelé Dieu et Dieu n'est pas venu à elle, parce qu'elle n'a eu ni la foi ni la douceur, parce qu'elle est restée sur le volcan des colères, parce que son cœur ne s'est humilié que sur celui de Mlle de La Vallière.

Pareillement, je suis sûr que Mme Molière n'aima son premier mari que le jour de l'*exil*, c'est-à-dire le jour de son second mariage, le jour où elle fut chassée de cet Élysée que Molière lui avait créé. Elle aussi pleura toutes ses larmes quand elle mesura la profondeur de sa chute, quand elle vit Molière dans le rayonnement à l'heure où Guérin ne lui apparaissait que dans la pénombre. Adieu les plaisirs de l'Ile enchantée, adieu les fêtes de Versailles et les fêtes de Paris. Le théâtre qui était le palais de sa beauté, va mettre devant elle des beautés plus resplendissantes. Les privilèges qu'elle avait, c'est Guérin qui les prend; c'est Guérin qui dispose de l'œuvre de Molière. Il n'est pas jusqu'à la fille de Molière sur laquelle cet homme ne jette son ombre.

Ceux qui ont vécu dans la vive lumière de l'intelligence, dans la gaieté sereine des choses de l'esprit, dans l'arc-en-ciel des choses du cœur, comprendront toute la sombre tristesse de cette femme qui tout d'un coup se trouve précipitée dans l'intérieur bourgeois d'un esprit vulgaire que ne relève pas le sentiment de l'amour.

La pauvre femme avait tout donné; lui n'apportait rien en cette communauté.

C'est en vain que pour excuser Mme Molière on s'efforce de relever le caractère de son second mari. C'est en vain qu'on prend à témoignage son beau-frère Aubry et son ami La Grange qui sont restés dans son intimité : fallait-il, parce que Mme Molière était malheureuse, qu'ils l'abandonnassent? Ce n'était certes pas pour Guérin qu'on les voyait à la maison; c'était pour la femme de Molière.

Et chaque année qui tombait dans le passé, emportait une dernière illusion parce qu'elle emportait la jeunesse, parce que c'était le déclin de la renommée, parce que c'était déjà l'oubli pour cette femme qui n'avait vécu que pour le bruit.

Elle se réfugie sous les grands arbres de Meudon, mais la nature ne console pas ces âmes troublées. La solitude n'est bonne qu'à ceux qui n'ont pas trop hanté la passion. Elle voudrait bien que la mère de famille lui fît oublier l'épouse; mais cette adorable petite

---

* Molière, qui a eu un coup de soleil pour Mme de Montespan, qui s'est passionné pour la Du Parc, qui a adoré Armande, s'est donc pris comme par miracle aux trois femmes les plus intraitables de son temps. Il aimait l'impossible.

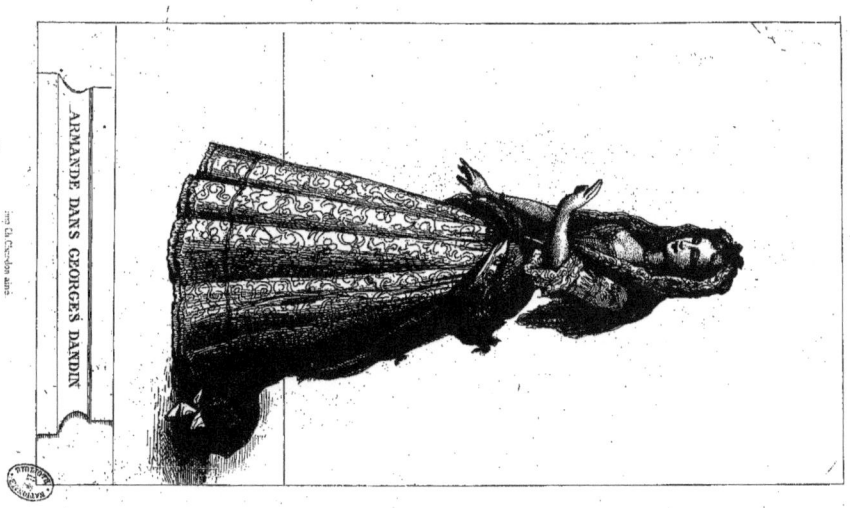

ARMANDE DANS GEORGES DANDIN

ARMANDE DANS LA PRINCESSE D'ÉLIDE

fille que lui a laissée Molière, cette image vivante d'un amour perdu, cette figure qui prend à la fois le caractère de la douceur et de l'esprit, elle est là comme un reproche du passé. Guérin n'aime pas cette petite fille d'un autre; Mme Molière, par une de ces monstruosités inexplicables de la nature, ne l'aime pas non plus. Elle est trop grande déjà; elle marque trop les années; elle fait ombre à l'autre enfant; car Armande a un fils de Guérin comme elle a une fille de Molière.

Pourquoi aime-t-elle mieux le fils que la fille? Est-ce parce que les mères aiment mieux les fils? Est-ce parce qu'il est tout petit, qu'il la rajeunit et qu'il ne la juge pas?

A défaut d'autre document, il faut bien découper ici cet alinéa de *la Fameuse Comédienne* : « Néanmoins l'espoir de faire de son fils un homme de conséquence en luy donnant tout le bien qui appartenoit à sa fille, dont elle s'étoit rendue tutrice par son adresse, l'auroit consolée de toutes ses disgraces, si le succès eust respondeu à ses intentions; mais sa fille ne s'est pas trouvée dans ces dispositions, et malgré le dégoust que la Guérin a tasché de luy inspirer pour le monde, elle a voulu suivre son inclination qui est entièrement opposée à la vie religieuse, et quoyque en beaucoup de rencontres elle aist eu lieu de remarquer la haine que sa mère avoit pour elle, elle s'est plustost résoleue d'essuyer toutes ces mauvaises humeurs que de rester davantage dans un couvent. »

Il faut en rabattre de cette calomnie contre Mme Molière, car, si on s'y laissait prendre, on trouverait que la vengeance est trop douce encore. Je vois plutôt dans ce désir de Mme Molière de jeter sa fille dans les bras de Dieu les réflexions d'une femme qui est épouvantée des misères mondaines. Elle n'ose faire une comédienne de Madeleine Molière; elle comprend que ce grand nom ne doit pas se hasarder sur le théâtre; mais quand elle envisage les tristesses de son second mariage, elle a peur pour la jeune fille. Le couvent n'est-il pas à ses yeux un refuge assuré contre l'orgueil et l'orage? A quel mari oserait-elle confier la fille de Molière? Pourquoi ne pas la donner à Jésus-Christ? Ne serait-ce pas réconcilier le grand comédien avec Dieu? Il faut juger Mme Molière avec les idées du XVIIe siècle sur le théâtre et sur la religion.

Mais Madeleine Molière, qui ne croyait pas que son père eût besoin d'un tel sacrifice pour être bien avec le bon Dieu, aima mieux vivre selon son cœur; nous la retrouverons tout à l'heure éprise d'un gentilhomme qui ne sera ni George Dandin, ni M. de Pourceaugnac. Quand Madeleine Molière quittera sa mère, elle laissera une tristesse de plus dans sa maison.

Encore si le fils d'Armande eût consolé sa mère en s'annonçant comme un esprit bien doué! Mais il ne fit pas grand bruit dans le monde. On ne voit nulle part se profiler la figure d'Armand-Martial Guérin; on n'a de ses nouvelles que le jour de sa mort[*].

Armande Béjart quitta le théâtre à cinquante et un ans, en 1694. Pour elle c'était mourir avant la mort. Son acte de décès, tiré des registres de Saint-Sulpice, nous apprend que « demoiselle Armande-Grésinde-Claire-Élisabeth Béjart, femme de François-Isaac Guérin, officier du Roy, âgée de cinquante-cinq ans, mourut le 30 novembre 1700, dans sa maison de la rue de Touraine ».

---

[*] « Le 8 mars 1708, enterrement d'Armand-Martial Guérin, bourgeois de Paris, âgé de trente ans, décédé le jour précédent, rue des Fossés-Saint-Germain, dans sa maison. »
On voit qu'Armand-Martial Guérin avait pris goût à la Comédie; sans doute c'était un des familiers de Procope, car Procope figura comme témoin à son acte de décès.

Les grandes coquettes ne se consolent pas de survivre à leur beauté. La mort de leur beauté, c'est déjà la mort visible pour elles. Le jour où le miroir est un ennemi, ce jour-là elles ressentent le froid du tombeau. Quelques-unes, parmi les comédiennes, s'obstinent au théâtre, parce qu'elles s'imaginent encore faire illusion : à force d'art, sous la lumière de la rampe, elles trompent le spectateur. Ainsi fit Mlle Mars. Armande n'eut pas cette dernière consolation. D'autres étaient venues, non pas plus belles, mais plus jeunes dans leur beauté. Elle aurait bien voulu lutter encore, mais là où l'on avait été cruel à Mlle De Brie, on fut cruel à Armande. On avait frappé la maîtresse de Molière, on frappa sa femme. Mais Mlle De Brie avait trouvé grâce, parce que le public l'avait rappelée dans « sa beauté mourante », tandis qu'il laissa froidement partir la femme à Guérin.

Mais même en ses dernières années théâtrales, elle avait subi toutes les disgrâces. Le public ne s'apercevait plus qu'elle entrait en scène, les beaux rôles du répertoire lui étaient repris peu à peu par les nouvelles venues, on ne lui confiait plus de personnages à créer dans les pièces en répétition ; ce qui la blessait peut-être plus encore, c'est qu'elle n'était plus appelée à Versailles, ni à Saint-Germain, ni ailleurs, quand la troupe allait jouer pour le roi. On en a le témoignage par les registres de La Grange.

Aussi celle qui avait été l'idolâtrie de Molière ne se survécut pas. Elle traîna à peine six ans l'ombre d'elle-même, ne pouvant vivre ni mourir. La vengeance vient lentement, mais elle vient, disent les Orientaux. Molière était vengé. Et s'il l'avait vue ainsi, ce grand cœur et ce grand philosophe, il eût été le premier à pleurer de ses larmes.

Quand Armande se sentit seule dans le silence de Meudon, errant comme une âme en peine dans son jardin ou s'enfermant dans sa chambre pour étudier par le miroir les ravages à sa beauté, sans doute elle évoquait celle qui jouait dans toute l'auréole de la jeunesse la Naïade, la Princesse d'Élide et Psyché. Ouvrait-elle encore ses armoires pour revoir ses habits de théâtre, ce beau costume de Psyché que le notaire décrit ainsi : « Jupe de toile d'or, garnie de trois dentelles d'argent, avec un corps en broderie et garni d'un tonnelet et manches d'or et d'argent fin ; une autre jupe de toile d'argent, dont le devant garni de plusieurs dentelles d'argent fin, avec une mante de crêpe garnie de pareille dentelle, et une autre jupe de moire vert et argent, garnie de dentelle, avec le corps en broderie ; le tonnelet et les manches garnies d'or et d'argent fin ; une autre jupe de taffetas d'Angleterre bleu, garnie de quatre dentelles d'argent fin, prisé le tout ensemble deux cent cinquante livres » ?

Et ses autres costumes, qui étaient l'éblouissement de Paris dans les grands jours où elle était la reine du théâtre : « *Item.* Une jupe de taffetas couleur de citron, garnie de guipure, huit corps de différentes garnitures et un petit corps de broderie or et argent fin de l'habit de *la Princesse d'Élide.* »

Et ce n'est pas seulement dans les costumes de princesse qu'elle ruisselait d'or et d'argent, Molière s'était fâché tout rouge avant la représentation de *Tartufe*, parce que sa femme, la femme de Chrysalde, arrivait en scène dans tout l'éclat d'une duchesse ou d'une femme de cour ; mais cette fâcherie ne la corrigea point : quel que fût son rôle, elle apparut toujours comme dans une féerie. Étudiez plutôt ses autres costumes :

« *Item.* L'habit du *Médecin malgré lui*, composé en une jupe de satin couleur de feu, avec trois guipures et trois volans, et le corps de toile d'argent et soie verte. Un habit d'Égyptienne du *Mariage forcé*, satin de plusieurs couleurs, la mante et la jupe. Deux corps de brocart couleur or et argent, une mante de satin.

LA DEVINERESSE

« *Item, item, item.* Ici, une jupe de satin blanc garnie de dentelles d'argent, une jupe de toile d'or « avec des agrémens », une jupe et un corps de brocart couleur de feu à fleurs blanches, le corps garni de dentelles, un devantier de satin blanc garni de dentelle d'or fin, trois manteaux de taffetas : le premier couleur de citron garni de point de Paris, le second de taffetas blanc à guipures, le troisième de satin de la Chine. »

Elle avait rêvé le luxe des quatre parties du monde, cette insatiable!

Son grand art de porter l'or, l'argent, le satin, les dentelles et « les agrémens », lui donnait le titre de reine de la mode; c'est que la grâce naturelle, c'est que son esprit toujours en éveil ne permettaient pas la critique, même à ses rivales. Elle régnait de par Molière, mais elle régnait aussi de par elle-même.

Que ferait-elle de toutes ces dépouilles condamnées? De plus jeunes étaient venues lui prendre le sceptre de la beauté. A quoi bon les laisser à sa fille qui n'aimait pas les souvenirs de ce théâtre où son père avait trop pleuré! Armande s'ensevelirait-elle donc avec ses robes bien-aimées?

Il vint un jour où la solitude lui fut trop dure. Sans doute Guérin, qui jouait toujours la comédie, la laissait se morfondre dans son allée de tilleuls et sous ses berceaux de vignes; elle avait bien la ressource de la forêt royale, puisque son jardin, par une faveur inconnue, avait une porte ouverte sur les grandes avenues; mais que trouverait-elle sous les arbres séculaires qui parlent de l'infini? Son âme, toute mondaine encore, avait trop d'attaches terrestres : ce n'était pas de bon cœur qu'elle avait abdiqué; ses camarades s'étaient vengées de son altière souveraineté en la condamnant à la retraite; la retraite pour elle c'était la fin de tout. Mais elle ne voulut pas mourir à Meudon; elle était trop Parisienne pour ne pas aimer le bruit de Paris jusqu'à sa dernière heure; la maison de campagne fut donc abandonnée pour un appartement au voisinage de la Comédie-Française; le théâtre était son pays natal, elle voulait mourir en regardant le théâtre. Célimène mourut de n'être plus belle!

LIVRE VII

LA FILLE DE MOLIÈRE

LES ENFANTS DE MOLIÈRE — MADELEINE DE MOLIÈRE CHEZ ELLE
LA FILLE DE MIGNARD
L'ENLÈVEMENT DE Mlle DE MOLIÈRE — LE MARIAGE DE MADELEINE
SA VIE A PARIS, SA MORT A ARGENTEUIL

I

ARMI les amis de Molière, Chapelle était resté le plus fidèle à la maison.
Il aimait trop Molière pour ne pas garder un vif souvenir de sa fille. Il ne la rencontrait pas sans s'attarder avec elle. — « Quel âge avez-vous, » Madeleine? lui demanda-t-il un jour! — « Quinze ans et demi, » lui répondit-elle. — Et souriant avec malice : « Mais n'en dites rien à maman. »
Ce mot charmant manque à la Comédie de Molière. Mais il ne l'a pas entendu ce mot qui peint la persistante coquetterie de la mère et la douceur enjouée de la fille.

LA FILLE DE MOLIÈRE

Voltaire a-t-il connu la fille de Molière? Il dit d'elle : « Elle avait beaucoup d'esprit. » S'il ne l'a connue que par ouï-dire, il fut, je n'en doute pas, bien renseigné, car ses ouï-dire étaient sérieux.

C'est avec un sentiment de mélancolie, le sentiment des abandons et des ingratitudes, que nous voyons Madeleine Molière suivre toute seule son chemin dans la vie sans le cortège des amis de son père et des admirations qui devaient la suivre partout, cette œuvre vivante du grand Molière, cette fille charmante douée de beauté et d'esprit qui eût si bien tenu sa place dans le beau monde de son temps, dans cette société polie, tout auréolée de littérature et d'art. Mais nul n'a souci d'elle. La mort tragique de son père semble l'avoir frappée d'un coup de linceul. L'incroyable mariage de la veuve de Molière l'a jetée hors de la maison paternelle, comme le nom qu'elle porte l'a jetée hors des salons dont toutes les portes auraient dû s'ouvrir devant elle à deux battants.

Madeleine souffre deux fois. Où ira-t-elle? Dans quelque coin obscur pour mieux oublier. La Comédie, qui est encore la maison de Molière, ne la verra pas plus que les salons, parce que sa mère, qui règne à la Comédie, ne s'appelle plus Mme Molière.

Croyez-vous que cette blessée de la vie n'a pas vu passer dans son imagination ce magnifique drame de Shakespeare qui a pour titre *Hamlet*? Sa mère, se mésalliant à ce comédien de troisième ordre, à cet homme qui lui prend son beau nom pour lui imposer le sien de par la loi! — de par l'amour! — n'est-elle pas cette reine de Danemark du poëte? n'a-t-elle pas empoisonné Molière par la fièvre amère de la jalousie? En épousant Guérin, n'a-t-elle pas déshérité sa fille de la couronne de son père? Oui, toutes les nobles fureurs d'Hamlet, toutes les soifs vengeresses, Madeleine les a eues au cœur.

Elle ne jouera pas le rôle du prince de Danemark, elle jouera plutôt le rôle d'Ophélie. Un jour de tristesse, elle s'en ira cueillir sur la rive du fleuve les pâles fleurs de la mort — de la mort dans la vie. — Et en effet, avant qu'elle ne descende au tombeau, on pourra écrire sur elle : *Ci-gît Madeleine Molière*.

Tristesse des tristesses! C'est en vain qu'on la voudrait voir heureuse sous ce nom de Molière qui est encore un éclat de rire quand il n'est pas un battement de cœur : on la voit traîner sa vie dans un horizon de vieille fille qui porte en pleine jeunesse le deuil de sa jeunesse. On la voit se cloîtrer tour à tour dans une maison de refuge ou dans un intérieur plus solitaire. On la voit, n'étant ni mondaine ni artiste, ne se consolant pas dans la vie passionnante du théâtre de n'avoir pas droit de cité dans le monde, se risquer dans un amour d'occasion, indigne de la fille de Molière. Voilà le crime des mères qui, au lieu de sauvegarder leurs filles, leur montrent l'exemple des déchéances.

Il faut bien dire que Madeleine Molière a vécu sa jeunesse dans la plus triste des périodes. Quand Louis XIV n'était plus le Roi-Soleil, mais le Roi-Maintenon, quand le siècle dix-septième était vieux, non-seulement par les années, mais par ses grands hommes, tout le monde alors faisait pénitence, même La Fontaine.

Et pourtant, on a le droit de s'étonner que ni La Fontaine, ni Boileau, ni aucun des amis de son père n'ait protégé Madeleine en lui créant des sympathies, en l'arrachant à sa solitude. C'est qu'Armande, qui avait fait le malheur du père, devait faire le malheur de la fille. Naturellement on laissait Madeleine à sa mère, quoique Armande fût toute au fils que lui avait donné Guérin, ce fils qui devait continuer Molière!

Et puis, pourquoi vouloir demander aux amitiés de ce monde ce qu'elles ne donnent pas? L'homme n'aime que lui-même, il s'aime dans son ami parce qu'il y retrouve des pages de sa jeunesse; une fois l'ami mort, on ne le cherche pas dans les siens. Pauvre Molière! pauvre Madeleine!

Il y a beaucoup de légendes dans l'histoire de Molière : je ne veux rappeler ici que celle de l'Oiseau envolé. Pour amuser sa fille, il avait déniché dans son jardin d'Auteuil un nid de fauvettes, pour le mettre en cage. Au bout de quelques jours, de toute la nichée il ne restait qu'une seule oiselle, un pauvre petite qui avait miraculeusement échappé aux griffes des chats de gouttières, ces chasseurs d'oiseaux. La mère, devenue presque familière, venait à toute heure lui donner la becquée; car on avait mis la cage en garde contre les chats.

Vint le temps où chanta l'oiselle; on sait comment chantent les fauvettes à tête noire — c'en était peut-être une — des miracles de mélodie qui montent comme des aspirations de tout ce qui est terrestre vers les sphères étoilées. La petite Madeleine était ravie. Molière lui-même passait des heures sous le berceau de vignes à écouter chanter la fauvette pendant que sa fille jouait à ses pieds.

Après une première rupture, Armande était revenue; la fauvette chantait plus joyeusement, comme si la beauté d'Armande lui donnât plus de voix, peut-être aussi parce que la femme de Molière chantait elle-même, tantôt à son clavecin, tantôt dans les allées du jardinet.

C'était au plus beau temps des chefs-d'œuvre de Molière; la calomnie s'était tue, les ennemis se cachaient : Molière respirait enfin la vie dans l'air vif, mais voilà qu'un jour la fauvette s'envola de la cage. Comment? on n'en sut rien. De belles larmes sur les joues de Madeleine. Molière embrassa sa fille. Et lui-même il pleura l'oiseau. « Qui donc nous l'a prise? pourquoi s'est-elle envolée? Cette fauvette chantait le bonheur de la maison, le bonheur va-t-il s'envoler aussi? » Le soir, la fauvette reparut et chanta sa chanson; elle sautillait sur la treille, jusque sur la cage; mais ce fut en vain que Madeleine voulut l'apprivoiser par sa voix la plus douce et par des grains de millet semés d'une main prodigue : la fauvette ne se laissa point approcher. Le lendemain ce fut le même jeu, les mêmes prières, les mêmes larmes; le surlendemain la fauvette reparut encore, toujours gaie et chantante, la cruelle! mais ce fut tout. On eut beau courir tout le voisinage, on ne la retrouva plus.

Molière, qui avait peur de tout dans ses jours de bonheur, pensa que cet oiseau échappé était une image de sa femme : elle s'envola pour la seconde fois, elle aussi alla chanter ailleurs les mélodies qui charmaient le cœur de Molière. Et un jour qu'il pleurait sur le cœur de son ami Rohaut, il lui dit tristement : « La femme est un oiseau. »

Et pourquoi l'aimait-il tant, cette femme qui ne l'aimait pas? Peut-être parce qu'elle ne l'aimait pas. Mais comment ne l'eût-il pas aimée, — cette Armande dont le sourire était un baiser, — et dont le regard était une étreinte?

II

Sans doute il pleura beaucoup ses enfants, le poëte qui pleurait les lamentations du père de Psyché, le poëte qui avait rêvé en sa maison les joies chanteuses de la famille, le poëte qui écrivait un beau sonnet à La Mothe Le Vayer sur la mort de son fils.
En ce sonnet c'est le cœur du père qui parle :

> *Aux larmes, Le Vayer, laisse tes yeux ouverts ;*
> *Ton deuil est raisonnable, encor qu'il soit extrême,*
> *Et lorsque pour toujours on perd ce que tu perds,*
> *La sagesse, crois-moi, doit pleurer elle-même.*
>
> *On se propose à tort cent préceptes divers.*
> *Pour vouloir d'un œil sec voir mourir ce qu'on aime,*
> *L'effort en est barbare aux yeux de l'univers,*
> *Et c'est brutalité plus que vertu suprême.*
>
> *On sait bien que les pleurs ne ramèneront pas*
> *Ce cher fils que t'enlève un imprévu trépas ;*
> *Mais la perte par là n'en est pas moins cruelle.*
>
> *Ses vertus de chacun le faisoient révérer ;*
> *Il avoit le cœur grand, l'esprit beau, l'âme belle,*
> *Et ce sont des sujets à toujours le pleurer.*

Mais c'est surtout dans *Psyché* que Molière ouvre son cœur pour montrer les douleurs du père. C'est là qu'il se noie dans l'amère volupté des larmes.

L'histoire du premier fils de Molière, qui n'a vécu que huit mois et demi, est écrite par son acte de baptême et par son acte de décès[*].

Ainsi s'en alla au cimetière le premier rêve de Molière. Un grand chagrin, puisque ce fils était désormais toute sa famille. L'enfant eût rattaché à la maison cette mère

---

[*] « Du jeudy 28ᵉ febvrier 1664 fut bapt. Louis, fils de M. Jean-Baptiste Molière, valet de chambre du Roy, et de damˡˡᵉ Armande-Grésinde Béjart, sa femme, vis-à-vis le Palais-Royal. Le par. haut et puissant seigneur, Mʳ Charles duc de Créquy, 1ᵉʳ gentilhomme de la chambre du Roy, ambassadeur à Rome, tenant pour Louis quatorzième, Roy de France et de Navarre ; la mar. dame Colombe Le Charron, épouse de Mʳ Cæsar de Choiseul, mareschal du Plessy, tenant pour Madame Henriette d'Angleterre, duchesse d'Orléans. L'enfant est né le 19ᵉ janvier au dit an. »
Le même registre porte, quelques pages plus bas :
« Le mardi 11ᵉ novembre 1664, convoy de Louis, fils de Jean-Baptiste Molière, comédien de Son Altesse Royale, près rue Saint-Thomas. Reçu pour moi seul 8 liv. »
« Du samedy 1ᵉʳ octobre 1672, fut baptizé Pierre-Jean-Baptiste Armand, né du jeudy 15ᵉ du mois passé, fils de Jean-Baptiste Poquelin Molière, valet de chambre et tapissier du Roy, et d'Armande-Claire-Élisabeth Béiart, sa femme, demeurant rue de Richelieu. Le parrain, messire Pierre Boileau, conseiller du Roy en ses conseils, intendant et contrôleur général de l'argenterie et des menus plaisirs et affaires de la chambre de Sa Majesté ; la marraine, Catherine-Marguerite Mignard, fille de Pierre Mignard, peintre du Roy... J.-B. Poquelin Molière, Boileau, Catherine Mignard. » Point d'acte mortuaire connu.

impatiente d'en sortir pour les distractions condamnées, si elle ne retrouvait plus chez elle les joies familiales.

O la tyrannie du théâtre! Molière devait jouer le jour de sa mort, mais n'était-il pas familiarisé à ces douloureuses oppositions de la comédie et de la tragédie? Il lui fallut donc jouer dans la première représentation de *la Princesse d'Élide* (je ne parle pas des représentations à Versailles), le jour même de la mort de son premier fils? Et le jour du convoi, il lui faut jouer encore, le cœur saignant, le rire aux lèvres. C'était déjà trop d'avoir fait relâche, huit jours auparavant, pour la mort de Gros-René. Ne semble-t-il pas vraiment que pour les comédiens le théâtre est la vie réelle, tandis que leur vie réelle n'est qu'un rêve et une illusion?

Le mardi, 11 octobre, le second fils de Molière meurt. Cette fois, le poëte ne peut s'arracher à l'abîme des larmes. Les comédiens sont moins affamés; ils permettront à Molière de ne point jouer ce jour-là : ils ne joueront pas eux-mêmes. Molière, qui s'est réconcilié avec Armande, passera la journée et la nuit devant le berceau de l'enfant mort, contemplant cette douce image qui lui fera aimer le tombeau, où l'appelle déjà son autre fils. Mais sa fille Madeleine ne le retient-elle pas à la vie? Armande elle-même ne va-t-elle pas le consoler en buvant ses larmes? La mère et la fille prient; le père s'abîme en méditations. Ses chefs-d'œuvre, ses triomphes, qu'est-ce que cela devant l'infini? Le rayon qui passe, le bruit du vent; puis la nuit, puis le silence. O Seigneur, pourquoi frappez-vous toujours les sommets?

Toute cette famille fut étrangement dispersée par la mort et dans la mort. Un des fils de Molière est enterré à Saint-Germain-l'Auxerrois; on ne sait où fut enterré le second fils, sans doute à Saint-Roch; Madeleine de Molière trouva un tombeau à Argenteuil; Molière alla au cimetière Saint-Joseph; la femme de Molière fut enterrée à Saint-Sulpice, tandis que sa mère, Madeleine Béjart, « a esté portée en carrosse » à l'église Saint-Paul « sous les charniers de ladicte église ».

Avait-on moins qu'aujourd'hui la religion du tombeau de famille, puisqu'on laissait aller les siens aux quatre points cardinaux? Ou bien, comme les corbeaux affamés, les prêtres des paroisses, toujours jalouses, s'arrachaient-ils les morts?

De toutes ces tombes que reste-t-il après deux siècles? cherchez, vous ne trouverez pas.

III

Le vendredi 7 août 1665, La Grange met en marge de son Registre ces mots : « Mlle Molière est accouchée d'une fille nommée Magdeleine. » Au-dessus de cette bonne nouvelle, il s'est amusé à dessiner la croix pattée des comtes de Toulouse. Pourquoi ce signe que nous retrouvons le vendredi 17 avril 1659 pour l'accouchement de Mlle De Brie, et à un autre vendredi de 1677 pour l'accouchement de Mlle Davilliers ? Il faut avouer d'ailleurs que les lunes et les losanges de La Grange demanderaient une sibylle pour les expliquer *.

Après l'acte de baptême, on ne retrouve la fille de Molière que vers sa cinq ou sixième année parmi les petits Amours du prologue de *Psyché*. Molière ne songeait sans doute pas à destiner sa fille au théâtre, car c'est là que les filles vont toutes seules. Mais il voulait amuser la fillette comme on fait les jours de carnaval. Voilà pourquoi on lit dans l'inventaire après la mort de Molière : « Un petit habit d'enfant pour la même pièce, consistant en une jupe couleur de rose et un corps de taffetas vert, garni de dentelle. »

Quelques historiens qui aiment à tout arranger, inventent que la mère et la fille ont vécu en bonne intelligence, tout esprit et tout cœur. Madeleine était trop fière pour pardonner à sa mère son second mariage, Armande était trop impérieuse pour pardonner un seul mot ou une seule grimace à sa fille. Si le sentiment familial eût existé de part et d'autre, il n'y aurait pas eu de contestations bruyantes à la majorité de Madeleine pour le partage de la succession de son père. Rien ne témoigne en faveur de l'amour de la fille pour la mère, non plus que de la mère pour la fille, quand elles sont devant arbitre. Madeleine ne demeure pas chez sa mère. Quand meurt sa mère, elle ne veut pas de la maison de Meudon; elle ira loin de là, à Argenteuil, respirer l'air vif. On ne voit jamais la mère avec la fille. Ce qui est certain, dit Eudore Soulié, c'est que Madeleine « Poquelin n'aima pas la manière dont sa fortune avait été gérée; elle n'accepta pas le compte de tutelle présenté le 9 mars 1691 devant le commissaire enquêteur et examinateur au Châtelet. Elle chargea son procureur de poursuivre les débats et contestations, après avoir renoncé à la continuation de la communauté comme lui « estant icelle plus onéreuse que profitable ». L'affaire fut longue, puisque, commencée en mars 1691, ce ne fut qu'en décembre 1692 que, par sentence du Châtelet, on nomma un arbitre; mais il se passa encore quelques années avant la transaction. Il fallait donc que ni Guérin, ni sa femme ne fussent disposés à la justice. Et pourtant Guérin jouait Molière tous les jours. Et pourtant sa femme n'était pas une belle-mère. Mais elle n'était mère que

---

* Par exemple, le vendredi 9 juin 1662, il marque une lune bleue devant le mot néant comme partage de parts, et quand « M. de Molière, en qualité de bel esprit, a esté couché sur l'estat, pour la somme de 1.000 livres», il dessine la même lune bleue. Cependant, à la mort des comédiens et des comédiennes, c'est le même losange violet, lequel figure encore lorsque la troupe de Molière est chassée de sa salle du Palais-Royal par l'ami de Molière, Lulli, « l'autre Jean-Baptiste ».

pour son fils — le fils de Guérin — et pas mère pour la fille de Molière. On a dit : « Néanmoins, l'espoir de faire de son fils un homme de conséquence en luy donnant tout le bien qui appartenoit à sa fille, l'auroit consolée de toutes ses disgrâces si les succès eussent respondeu à ses intentions; et malgré le desgoût que la Guérin a tasché de luy inspirer pour le monde, elle a vouleu suivre son inclination qui est entièrement opposée à la vie religieuse. »

La fin a démontré que l'homme « de conséquence » ne devait rien faire de bien; il avait l'ambition de la mère, mais il était trop le fils de son père. Aussi ne fit-il que gâter *Mélicerte* en retouchant l'œuvre de Molière dont il se croyait de la famille — par le génie.

Jusqu'ici, on ne connaissait pas de portraits de la fille de Molière : nous en avons trois sous les yeux. Mais deux de ces portraits la représentent trop jeune pour que nous puissions juger de sa figure comme femme. Le premier, qui est, à n'en pas douter, de Mignard, comme le portrait de Mme Molière en Célimène, représente la fille de Molière portant un placet au *Roy*. — *Molière au Roy*. — C'est la suscription.

Madeleine, toute blonde, a six à sept ans, des yeux bleus fort éveillés, une petite bouche malicieuse, des joues à croquer; elle porte la petite robe bleue et argent « garnie de fausses dentelles » que nous voyons figurer dans l'inventaire. Le fauteuil lui-même où est posé son chaperon à aigrette est un de ceux qui sont décrits par le notaire. Ce qui n'est pas décrit, c'est le petit épagneul qu'elle tient en laisse avec un petit ruban rouge. La figure se détache sur une tenture jaune qui eût ravi Henry Regnault.

Le second portrait est une gouache qu'on pourrait attribuer à Mlle Mignard, qui fut la belle comtesse de Feuquières. Mlle Mignard était déjà une grande personne quand Mlle Molière était encore une petite fille. Elle a peint sa jeune amie en petite Madeleine, plaisanterie inspirée par le nom de la fille de Molière. Elle joint ses petites mains, elle est dans une grotte consacrée, la cassolette et le crucifix sont indiqués au-dessus d'une touffe de chardons. La Madeleine pour rire s'appuie sur un livre d'Heures tout rouge qui a furieusement l'air d'être un livre de son père. C'est une fort jolie mascarade; Madeleine semble faire pénitence pour tout de bon.

Le troisième portrait est une peinture qui porte bien la date du commencement du XVIIIe siècle. Je l'ai trouvé parmi les tableaux venus d'Argenteuil à Cormeil. Au revers de la toile, on lit : « Mlle Molière. » Ici, on ne peut pas confondre la fille avec la mère par le costume. Armande était vieille ou morte quand les femmes se coiffaient ainsi, depuis la duchesse de Bourgogne jusqu'à la duchesse de Berry. Il y a d'ailleurs plus d'un point de ressemblance entre Armande et Madeleine; Madeleine porte à l'oreille la perle qui brille dans presque tous les portraits de sa mère. Il y a dans le costume quelque chose de l'apparat théâtral, mais la figure moins provocante est aussi plus pensive; la coquetterie éclate sur le masque d'Armande, tandis que le masque de Madeleine exprime la rêverie.

Dans ce front occupé, il y a je ne sais quoi de triste et de résigné. C'est pourtant le même œil, le même nez, la même bouche; mais d'autres sentiments ont éclairé ces yeux, soulevé ces narines et animé cette bouche; la physionomie est changée aussi par le menton plus prononcé. Tout bien regardé, on comprend que M. de Montaland ait enlevé Madeleine — et l'ait épousée. — On a dit que c'était pour son argent, pourquoi pas pour sa figure ?

Sur quatre tableaux de chevalet représentant les Quatre Saisons, j'ai lu une inscription en écriture bâtarde du temps de Louis XIV : A Mlle MOLIÈRE. — Or, ces Quatre Saisons ont toutes la même figure. La première a beau cueillir des fleurs, la seconde a beau moissonner une gerbe tout étoilée de coquelicots et de bleuets, la troisième courir les vignes et cueillir des raisins, la quatrième chauffer sa main gantée à un brasier que soutient un trépied de bronze, toutes ont la même physionomie. Peut-être la fille de Molière représente-t-elle le Printemps, la femme de Molière l'Été, en face de Madeleine et Geneviève Béjart représentant l'Automne et l'Hiver, ce qui expliquerait l'air de famille de ces quatre portraits. Elles sont vêtues théâtralement de riches habits brodés et frangés d'or. On n'a jamais vu de Saisons plus somptueuses et plus jolies; on voudrait courir avec les trois premières les parterres de roses, les blés dorés, les vignes rougies, pour se mieux reposer avec l'Hiver dont les yeux sont encore plus ardents que le brasier qui la force à détourner la tête. Quoi qu'il en soit, ces quatre portraits, qui sont très-bien peints, — dessin savant, palette opulente, — appartiennent à l'histoire de la famille de Molière.

On dira que la fille de Molière était trop jeune pour être peinte en Saison avant la mort de sa grand'mère Madeleine Béjart. Mais peut-être ces Saisons n'ont-elles été faites que plus tard, sur la volonté d'Armande, qui voulait réunir ainsi les portraits de toute la famille.

On a dit que Madeleine Molière n'était pas belle, mais s'il est difficile de s'entendre sur la vertu il n'est pas moins difficile de s'entendre sur la beauté. N'être pas belle au XVIIe siècle, c'est peut-être belle au XIXe. Au XVIIe siècle, si on en juge par les succès de Ninon, de Mme de Montespan, de la femme de Scarron, la beauté ce n'était pas la beauté des lignes : le fameux vers de La Fontaine fut appliqué à Armande Béjart :

Et la grâce plus belle encor que la beauté !

Peut-être Madeleine Molière, quoique « grande et bien faite », n'avait-elle pas cette grâce toute féminine qui était le charme de sa mère. Et puisqu'il n'est pas douteux qu'elle fût la fille de Molière, on peut juger par la tête de son père, tête intelligente, bien construite, d'un profil correct, avec le plus beau sourire du monde, qu'elle devait être belle puisque les filles ressemblent surtout à leur père.

On plaignit d'abord beaucoup Madeleine Molière de perdre sa grand'mère Madeleine Béjart, qui était bien plus sa mère par la tendresse et la sollicitude que ne le fut jamais Armande Béjart. Quand mourut Molière, on plaignit un peu plus encore la toute jeune fille. Mais quand Armande Béjart se remaria, ce fut une tristesse profonde chez tous les amis de Molière. Ceux-là mêmes qui ne s'offensaient pas de voir la veuve de Molière devenir la femme de Guérin, s'émurent pour Madeleine Molière, qui allait être forcée de donner le nom de *père* à un autre qu'à Molière.

Mais on ne connaissait pas l'enfant; elle avait déjà la fierté d'une fille de race, aussi n'appela-t-elle jamais Guérin son père, malgré les réprimandes maternelles. Il lui fallut subir le couvent, presque sans entr'acte. Quand une femme comme Armande se remarie par amour, elle répudie son passé et elle étouffe en elle les plus douces émotions de la maternité. Du reste, Armande allait redevenir mère et, faut-il le dire, elle devait aimer le fils de Guérin, bien mieux qu'elle n'avait aimé la fille de Molière!

Ce nouveau venu prit donc la meilleure place; il fut le véritable enfant de la maison jusqu'à sa mort, puisque c'est à lui que furent remis les papiers de Molière. Il se croyait même un peu le fils du grand homme, puisqu'il tentait de continuer ses pièces inachevées. C'est donc à lui, comme à La Grange, qu'il faut en vouloir d'avoir gaspillé un pareil trésor; à moins toutefois que la fille de Molière n'ait ressaisi chez lui les papiers de son père.

La pauvre petite Madeleine avait encore un oncle, un Béjart, celui-là qui n'avait figuré ni au contrat, ni à l'acte de mariage. Peut-être se montrerait-il dans les jours difficiles? Point; il mourut un an après. Du côté de son père, il lui restait André Boudet, veuf de la sœur de Molière; c'était son subrogé-tuteur, mais celui-là aussi mourut. Guérin devint donc, comme sa femme l'avait prévu dans le contrat de mariage, « tuteur conjointement avec elle ».

Dès le contrat de mariage, cette tutelle ne s'annonçait ni maternelle, ni paternelle, car il est dit que « Esprit-Madeleine sera nourrie, entretenue et fait instruire selon sa condition, jusqu'à l'âge de vingt ans, aux dépens de la communauté, sur le revenu de son bien, sans lui en faire aucun autre profit jusqu'audit âge de vingt ans ».

Si Guérin eût été un galant homme, il n'eût pas ainsi mis la main sur la fortune de Molière.

Les actes authentiques sont les seuls qui de loin en loin mettent en scène la fille de Molière; tout à l'heure, il faudra nous contenter de la tradition.

Ce fut le 9 mars 1691 que la mère de Madeleine et son mari rendirent leurs comptes de tutelle « à Esprit-Madeleine Poquelin, fille majeure, usant et jouissant de ses biens et droits, comme fille unique et seule héritière du défunt sieur Jean-Baptiste Poquelin, son père, et légataire substituée de damoiselle Madeleine Béjart, sa tante ».

Où était alors Mlle Molière? l'acte ne le dit pas; mais on sait que dans sa renonciation à la communauté entre elle et sa mère, le 30 juin de la même année, elle demeurait comme pensionnaire au couvent des dames religieuses de la Conception, rue Saint-Honoré. La mère et la fille ne se voyaient pas.

Mlle Molière fait constater « comme lui étant icelle continuation de communauté avec sa mère, plus onéreuse que profitable ».

Le 6 janvier de l'année suivante, elle signe une procuration à Claude Duprez, pour que les débats des comptes de tutelle soient décidés, réglés et terminés à l'amiable. Mais pour arriver à cet « amiable », combien de menaces de part et d'autre : revendication par-ci, revendication par-là, tout le grimoire des hommes de loi ! On ne parle que quatre à la fois. Enfin l'arbitre, un ancien procureur au Châtelet, maître François Pillon, propose une transaction qui terminera les « contestations d'entre damoiselle Esprit-Madeleine Poquelin de Molière, le sieur Isaac-François Guérin et damoiselle Armande-Grésinde-Claire-Élisabeth Béjart ». Je remarque que dans la plupart de ces actes Mlle Molière ne signe pas de ce beau nom de Molière, quoique chacun de ces actes lui attribue ce nom.

On sait déjà que le 30 mars 1676, Armande acheta une maison avec jardin à Meudon. Par l'acte de partage du 29 novembre 1703, entre la fille de Molière et le fils de Guérin, on voit que Mlle Molière n'a pas la religion de cette maison de sa mère, car il est décidé qu'on la vendra.

Mlle Molière quitta le couvent des dames de la Conception pour la rue du Petit-Lion-Saint-Sulpice. C'est là que la connut Grimarest. Selon lui, « Mlle Poquelin fait voir, par l'arrangement de sa conduite et par la solidité et l'agrément de sa conversation, qu'elle a moins hérité des biens de son père que de ses bonnes qualités ».

Magdeleine Molière par C. Mignard.

Madeleine, qui n'avait plus de famille, avait une amie. C'était la fille de Mignard qui fut cette belle Mme de Feuquières dont le portrait est historique.

La fille de Mignard ne fut pas, comme Armande Béjart, la beauté dans la coquetterie. Elle fut la beauté par la grande expression de l'âme. Il est impossible de voir le portrait de Mme de Feuquières par Mignard sans aimer tout à la fois le père et la fille, parce que le père fut là un grand peintre* par le sentiment, parce que la fille prend le cœur par son beau regard et par son divin sourire. Certes, Molière a dû se trouver emparadisé dans cette atmosphère de l'atelier de Mignard, où il trouvait à la fois un ami et une amie, où, pendant ses douces causeries avec l'artiste, il reposait les yeux sur cette jeune fille si belle parmi les plus belles. Là, au moins, ce n'était plus la comédie : la femme se montrait dans toute la noble simplicité de la femme. Elle ne jouait point de rôle, si ce n'est le sien. Et avec quelle grâce, quelle candeur, quelle chasteté ! Mais Molière ne pouvait regarder que de loin cet adorable tableau : pareil au voyageur qui s'arrête à la porte d'un beau parc où tout est souriant, mais où la grille fermée lui dit : Le bonheur est peut-être là, mais tu n'as pas le droit d'entrer.

Ceux qui ont couru les aventures des enfants prodigues, comme Molière, ont tous à leur dernier regain, — à l'été de la Saint-Martin, — un profond regret des blanches visions de la jeunesse qu'ils ne peuvent plus saisir. Molière était alors ce passager que la tempête a jeté sur le rivage et qui voit partir sans lui le navire pavoisé des passions !

IV

Si l'on entre chez Madeleine, rue du Petit-Lion-Saint-Sulpice, on la trouve très-bien installée; par exemple, si c'est l'heure du dîner, la salle à manger frappe notre regard par cinq tableaux de famille qui sont, à n'en pas douter, Molière, Mme Molière, Madeleine Béjart, peut-être Geneviève Béjart, peut-être aussi une sœur de Molière. La salle est tendue de tapisseries de futaine, les dix chaises en bois de noyer sont recouvertes de velours à la turque. Il y a des faïences, des candélabres dorés, une fontaine en cuivre rouge, des portières de serge verte drapée.

Mais pourquoi y trouve-t-on « un petit lit en tombeau avec son entour de serge verte drapée » ? Je ne suppose pas que c'est un lit de repos. Dans le corridor, on salue encore un portrait de famille. Le notaire avait estimé les quatre autres cinquante livres, celui-ci n'est estimé que deux livres : qui donc est-ce ? Peut-être Guérin. Mais entrons tête découverte « dans la chambre où couche ladite demoiselle ».

Cette chambre est tendue de serge bleue; les six chaises, les deux fauteuils, les deux tabourets en bois de noyer tourné, sont pareillement couverts de serge bleue, une couleur de jeune fille en ce temps-là. La tapisserie de serge bleue est garnie par bandes de petits rubans blancs, pareillement les portières. Voici le lit : un lit à la duchesse « garni de son enfonçoir ou sommier de crin couvert de toile bleue »; c'est une orgie de bleu.

---

* La critique a mis trop bas Mignard — peut-être à cause de son nom. Les grandes choses de Mignard sont de belles choses.

« Deux matelas de laine bleue, lit de plume, traversin, trois petits oreillers, deux couvertures de laine blanche fine, un couvre-pied de toile indienne piqué dessus et dessous, un autre couvre-pied de satin blanc piqué, doublé de soie couleur de rose. Le tour du lit est orné de falbalas avec les soubassements ornés de rubans blancs. »

Il paraît que Mlle Molière était fort coquette dans son sommeil ; mais tout cela est bleu et blanc, couleur des anges. Savez-vous ce que valait un pareil lit en ce temps? 450 livres, à peu près 2.500 francs d'aujourd'hui.

Quand on est belle, il faut le savoir : il y a des miroirs partout ; dans la chambre on en désigne deux, dont un miroir de Venise « à bordure à glace ».

Ce qui frappe encore dans cette chambre, ce sont six paysages où sans doute Madeleine voyageait dans le bleu. S'agenouillait-elle pour ses péchés devant cette belle sainte Madeleine, de Mignard, qui est en face du lit?

On reconnaît que ladite demoiselle avait du goût, puisqu'elle regardait l'heure à une petite pendule, « ouvrage de Claude Raillart, de Paris ».

La chambre doit être grande, car je vois trois petites consoles de bois doré, « à l'une desquelles est une pagode et aux deux autres des rouleaux de faïence de Hollande ». On voit encore çà et là « une urne, deux tasses de porcelaine, deux tasses de métal doré sur leurs piédestaux de bois doré, un pot à thé, des petits bras de cheminée de cuivre argenté ».

Vous voyez qu'on peut faire une gracieuse station dans la chambre de Madeleine. Cette chambre se continue par un petit cabinet. Soulevons, pour y mieux voir, deux rideaux de fenêtre de taffetas bleu à falbalas. Cabinet de toilette ou boudoir, comme il vous plaira. La garniture de la cheminée se compose « d'un seau de faïence et de onze pièces de porcelaine rare ».

Il y a là encore un petit lit de repos avec son matelas de tapisserie de point à la turque et les parements de point d'Angleterre. Pareillement sont le traversin et le dossier; pareillement deux chaises et deux tabourets. Le cabinet est tendu de huit aunes de tapisserie d'étoffe de soie fond céladon et couleur de feu, par bandes de tapisserie de point d'Angleterre.

La table de toilette est ornée d'un dessous d'étoffe de soie, avec un dessus de mousseline à falbalas. « C'est du dernier bien, dirait une précieuse. Voici le miroir au-dessus. Les deux boîtes à poudre, une boîte de la Chine, un petit coffret, deux flacons garnis d'argent. » A ce trône de la beauté, il y a un dôme, « le dessus de toilette d'étoffe de soie bleue en broderie des Indes » ! Un point d'exclamation.

On voit qu'Esprit Madeleine est moins Esprit que Madeleine. Et pourtant il y a une petite bibliothèque de marqueterie de cuivre fond d'écaille à deux volets, renfermant à clef soixante volumes traitant de plusieurs sujets. Sans doute qu'il y avait là, peut-être en double, les œuvres de Molière, mais peut-être aussi les Contes de son camarade La Fontaine?

Comme Molière, Madeleine aimait la nature : voici un grand tableau peint sur toile, représentant un paysage. Voici en regard un autre tableau, portrait d'enfant, portrait de famille. Voici quatre miniatures représentant aussi des portraits de famille.

Et maintenant nous passerons dans le salon pour causer un peu avec Madeleine. Elle commence par nous expliquer que cette belle tenture de tapisserie très-fine, verdure de Flandre, à petits personnages, quatre pièces, de treize aunes de cours sur deux aunes un tiers de haut, c'est la tapisserie de Molière. Madeleine a été élevée sous les yeux de ces gais Flamands, qui lui faisaient croire que la vie est une fête. Les portières retombent sur nous ; asseyons-nous dans un des six fauteuils recouverts de tapisserie ; le jour qui vient des deux fenêtres est égayé par des rideaux de taffetas cramoisi que protégent des rideaux de toile damassée. Mlle Molière est assise sur un canapé ; elle a devant elle, outre les six fauteuils, quatre chaises et quatre tabourets pour les amis ; tout en causant, elle ne dédaigne pas de se voir dans le trumeau de trois glaces fines encadrées de deux autres en retour dans leur bordure de bois doré.

Nous saluons Molière, car il est là, dans ce tableau représentant l'*Escole des Maris* ; Mlle Molière nous rappelle avec une voix émue « que ce gai Sganarelle qui cache son génie est son père, que Léonor c'est sa mère, que Lisette c'est sa tante Madeleine ».

Elle ne tient pas à nommer les autres personnages. Mais comme nous reconnaissons Mlle De Brie sous la figure d'Isabelle, nous nous hasardons à la trouver jolie. Sur cette remarque, Mlle Molière nous dit que « son père aussi la trouvoit jolie », avec un sourire à la fois railleur et mélancolique. Madeleine n'aime pas sa mère, mais elle ne pardonne qu'à moitié à Mlle De Brie d'avoir consolé son père. La causerie devient plus intime. Madeleine veut bien nous communiquer des souvenirs de son père, elle a des lettres de lui qui sont renfermées là, dans ce petit bureau d'écaille de tortue. Chaque tiroir nous révèle un sentiment de Molière. Tout son amour pour sa femme était retourné à sa fille en sa dernière année. Il ne croyait pas mourir, il espérait revivre dans cette enfant. Elle a gardé ses lettres comme dans un reliquaire. Elle ne peut les toucher sans avoir des larmes dans les yeux.

Parlerons-nous maintenant du surplus des meubles ? Les hardes à l'usage de ladite demoiselle ne sont pas décrites, nous retrouverons plus tard l'argenterie à Argenteuil. Voici une bague en or qu'elle porte au doigt, le diamant est jaune, mais Me Gaillardie l'estime pourtant 800 livres. Elle porte aussi une ceinture d'argent qui vaut bien une ceinture dorée, car à la boucle sont enchâssés six gros diamants et seize petits. Ce n'est pas tout, quand elle a ouvert les tiroirs de son cabinet d'ébène à l'antique, nous avons vu beaucoup d'autres diamants, rubis et autres pierres précieuses.

Ne parlons ni du service de table, ni du service du lit, ni des « quatre douzaines de torchons », le tout estimé 385 livres ; mais remarquons en passant cet autre lit, garni d'une courte-pointe de taffetas des Indes. En vérité, voilà bien des lits d'apparat pour une personne seule ! A qui pouvait-elle bien donner l'hospitalité, elle qui n'avait plus de famille ?

V

Monsieur de Montaland, qui épousa Madeleine de Molière après lui avoir tourné la tête par sa musique, était un rude homme, car il avait quarante-quatre ans quand il la rencontra et il mourut presque centenaire. Ce Don Juan chantait dans le monde la musique de Lulli et à l'église la musique sacrée : on a dit que ce fut grâce à la musique sacrée qu'il s'introduisit dans le couvent où était Madeleine de Molière et d'où il l'enleva.

Je ne crois pas du tout à cet enlèvement, quoique le bruit en soit venu jusqu'à nous. Serait-il possible que M. de Montaland, Don Juan suranné, eût enlevé ainsi la fille de Molière? C'était, il est vrai, la mode du temps. Il n'y avait pas d'amour romanesque sans un enlèvement romanesque *. Madeleine aurait pu choisir un Don Juan plus vert; mais pourtant elle ne mourut pas jeune et il lui survécut longtemps encore.

Rachel de Montaland, né en 1645, mort en 1738, est presque entré dans l'histoire littéraire grâce à l'amour qu'il inspira à la fille de Molière. On ne savait pas en son temps d'où il venait, peut-être d'Argenteuil, peut-être de Cormeil-en-Parisis, où se trouve encore le nom de Montaland, quoiqu'il n'eût point d'héritier de son nom. Le maire de Cormeil-en-Parisis est un Montaland. C'est à Cormeil même que des meubles, des tableaux, des tapisseries et des livres de Molière ont été retrouvés au petit château habité un instant par le critique théâtral Charles Maurice.

M. de Montaland avait épousé la fille d'un procureur au Parlement, Mlle Anne-Marie Alliamet, qui lui donna quatre enfants. Jal marque par la date de 1685 la rencontre de Montaland et de la fille de Molière; lui aussi dit qu'il l'enleva et qu'il ne put, même après l'enlèvement, « obtenir le consentement d'Armande à un mariage espéré par Madeleine, depuis revenue des enivremens de l'amour ». Il fallut donc attendre la mort d'Armande pour aller à l'église « faire légitimer un amour coupable ». Jal, ce grand chercheur de dates, s'est trompé ici; il était impossible d'abord que Montaland jouât le rôle de Don Juan en 1685, l'année de la mort de sa femme; ensuite, si Madeleine avait en si grande hâte la consécration d'un amour illégitime, pourquoi attendait-elle cinq années après la mort de sa mère? Ce sont là les mystères du temps et du cœur. Ce qui est hors de doute, c'est que, selon les registres de Saint-Sulpice, « le 5 août 1705, Rachel de Montaland, âgé de cinquante-neuf ans, veuf de d^{lle} Anne-Marie Alliamet, épousa d^{lle} Esprit-Madeleine Pocquelin de Mollière (sic), âgée de quarante ans, dem^t rue du Petit-Lion, chez le s^r Frontier, m^e sellier ».

Selon Jules Taschereau, « Mlle Molière se trouvait au couvent au temps du second mariage de sa mère, qui espérait l'y voir rester à jamais. Comme elle avait témoigné une aversion insurmontable pour l'état religieux, la femme de Guérin fut obligée de l'en

---

* Aujourd'hui encore plus d'une affolée ne veut s'embarquer pour l'inconnu que par ce sentier rapide. J'ai été le même jour, presque à la même heure, le témoin officiel de deux jeunes épousées du beau monde qui n'avaient voulu arriver au sacrement que par ce chemin risqué.

retirer; ce fut un grand crève-cœur pour sa coquetterie. Lasse d'attendre un parti du choix de sa mère, Madeleine se laissa enlever vers 1685 ou 1686, à la veille de sa majorité, par le sieur Rachel de Montaland, veuf avec quatre enfants ».

Il fallait que ce Rachel de Montaland, qui n'avait pas le sou, fût un grand coquin, très-bon preneur de filles, pour enjôler Mlle Molière, car elle avait trop d'esprit pour se laisser conquérir comme la première venue. C'est l'éternelle comédie de l'amour.

Où l'historien de Molière avait-il trouvé cette histoire de l'enlèvement? Cizeron Rival avait dit aussi : « Madeleine Poquelin Molière était grande et bien faite, peu jolie, mais elle réparait ce défaut par beaucoup d'esprit. Lassée d'attendre un parti du choix de sa mère, elle se laissa enlever par le sieur Claude de Rachel, écuyer, sieur de Montaland. »

Molière, s'il eût encore été là, eût-il crié à sa fille comme Harpagon : « Ah! fille scélérate, fille indigne d'un père comme moi, c'est ainsi que tu pratiques les leçons que je t'ai données. Quatre bonnes murailles me répondront de ta conduite. » Mais certes Molière n'eût pas dit à M. de Montaland : « Une bonne potence me fera raison de ton audace. » Molière connaissait trop les hommes et les femmes pour ne point pardonner; il a pardonné à Mme Molière, il eût pardonné à Mlle Molière.

A propos de l'enterrement de Madeleine de Molière, on a parlé d'un roman : *Les Aventures d'Henriette-Sylvie de Molière*. Mme de Montaland venait de mourir; le bruit se répandit que c'était un peu l'histoire de la fille de Molière; mais c'est à peine si dans ce bavardage d'un des pires bas-bleus du XVIIe siècle, on peut trouver quelques pages qui rappellent de loin Madeleine de Molière. Quelques pages aussi font ressouvenir d'Armande quand elle était petite fille dans le Midi.

L'héroïne parle de l'odieuse tyrannie qui l'enchaîne au couvent. Elle y trouve une amie qui sera de moitié dans un enlèvement prémédité. Les deux gentilshommes qui préparent le coup ont séduit la tourière. « Je consentis à me rendre au jardin sur le minuit, ce que nous fîmes assez subtilement. Nous n'y eûmes pas à attendre un demi quart d'heure que nous ouïsmes le signal. » Et là-dessus, les deux gentilshommes enjambent le mur; ils descendent sur les espaliers; celles qu'on va enlever « étoient dix fois plus saisies que la religieuse quoiqu'elles courussent bien moins de risques ». C'est alors qu'on fit la courte échelle pour ces demoiselles qui ne firent pas de façons pour monter tour à tour sur les mains, sur l'épaule, jusque sur la tête des amoureux. De l'autre côté du mur on trouva des chevaux, des chapeaux et de grands manteaux « qui couvroient toutes les jupes. Ce fut dans cet équipage que nous sortimes cavalièrement de la ville ».

Roman, mais où est l'histoire? Comment Madeleine connut-elle M. de Montaland? Encore une fois, comment se laissa-t-elle prendre à ce Léandre qui aurait pu jouer les manteaux au théâtre de son père? Mlle Molière allait-elle écouter l'organiste et se faisait-elle paroissienne d'une autre paroisse que la sienne par amour de la musique?

Elle était elle-même musicienne; de tout l'héritage de sa mère, ce qu'elle semble aimer le mieux ce fut le clavecin qui chantait encore les doux airs de Lulli; elle prenait plaisir sans doute, dans ses jours de rêverie, à jouer ces vieilles chansons qui avaient réjoui Molière et égayé ses comédies.

La tradition, si calomnieuse pour la femme de Molière, a donc atteint sa fille elle-même; on a parlé de la jeunesse désordonnée de Madeleine, ses enlèvements, ses voyages, ses repentirs, — sorties furtives de couvents, rentrées mystérieuses, — la recherche de l'inconnu comme chez toutes les natures violentes, affamées d'amour et d'idéal.

Tout en repoussant la tradition, on se demande s'il est possible que Mlle Molière, fort riche au moment de son mariage, eût épousé M. de Montaland qui n'avait rien et qui était vieux, s'ils ne se fussent connus plus tôt. Réparait-elle une faute commise avec lui, ou une faute commise avec un autre ?

Achetait-elle un nom, dans un temps où la noblesse passait avant le génie ? Le nom de Molière lui paraissait-il moins beau que le nom de Montaland ? Avait-elle l'effroi de rester vieille fille, elle qui n'avait pas de famille ? Autant de points d'interrogation auxquels personne ne répondra s'il ne surgit des documents nouveaux. Comment n'a-t-on pas trouvé une seule lettre de cette fille de tant d'esprit !

Selon le contrat de mariage, il semble que c'est Mlle Molière qui commande : « Premièrement il n'y aura aucune communauté de biens entre lesdits sieur et damoiselle, futurs époux, nonobstant la coutume de cette ville de Paris, sans la présence et consente dudit sieur futur époux, icelle damoiselle future épouse, en est et demeure autorisée, comme, pour le surplus, de la régie et administration de tous ses biens. »

Et plus loin, après avoir renié les dettes l'un de l'autre, car Mlle Molière a sans doute peur des dettes anciennes de l'organiste, elle déclare qu'elle tiendra à loyer « la maison qui sera convenable pour l'habitation commune et fera la dépense du ménage de ses deniers et à ses frais ».

Donc la femme « ne veut pas être commune en biens, étant une des clauses les plus expresses, sous les conditions desquelles ladite damoiselle future épouse entend contracter ledit mariage, mais sans laquelle condition elle n'y auroit consenti ». Mais Mlle Molière est bonne princesse ; par le même contrat, elle donne à son mari « tous les biens meubles et immeubles qu'elle possédera au jour de son décès, s'il ne vient pas d'enfans ». Il était un peu tard !

Le contrat de mariage est du 29 juillet 1705, l'acte de mariage est du 5 août, « les fiançailles ayant été faites le jour précédent, — peut-être longtemps auparavant, — un ban publié avec dispense des deux autres obtenue de Son Éminence Monseigneur le cardinal de Noailles ».

Hélas ! à cet acte de mariage, quoique ce soit à peine trente-deux ans après la mort de Molière, il ne reste plus personne des familles Poquelin et Béjart. C'est en vain que ces fécondes mères de famille auront mis au monde tant d'enfants, tout s'est évanoui dans la mort ! La fille de Molière a pour témoins messire Pierre d'Argouges, écuyer, sieur de Saint-Malo, et maître Claude Duprez, procureur au Châtelet de Paris, « amis de l'épouse ». Ce jour-là encore Mlle Molière ne signe pas du nom de son père, elle signe seulement Esprit-Madeleine Poquelin, bien que l'acte de mariage l'appelle Esprit-Madeleine Poquelin de Molière.

A la suite du contrat de mariage, Madeleine fait constater sa fortune mobilière et immobilière. Sa fortune immobilière s'élève à 65.775 livres 15 sols 6 deniers*. Ce capital se compose de la succession de Madeleine Béjart pour la somme de 15.930 livres, de la succession de son père et de son grand-père pour 16.000 livres, de la succession de sa

---

* Environ 300.000 francs d'aujourd'hui. M. de Montaland n'apportait que 500 livres de rentes viagères. Je ne parle pas de ses quatre enfants qui avaient eu le temps de faire leur chemin pour ne pas se jeter à la traverse de leur belle-mère.

mère, ce qui était encore la succession de son père; total, 22.190 livres 27 sols 6 deniers.
    Le reste se compose des biens acquis par ladite demoiselle : 300 livres de rente viagère sur les aides et gabelles qui naturellement n'entrent pas en compte; 100 livres de rente au capital de 2.000 livres, enfin 121 livres 8 sols 6 deniers de rente héréditaire et viagère et de rente de la tontine. Le surplus est représenté par le mobilier.
    Après le mariage, où se passa la lune de miel? La Grange n'était plus là pour dessiner la lune bleue. Mme de Montaland ne change pas de paroisse, elle change d'appartement; où va-t-elle ? rue des Fossoyeurs. C'est là que nous la retrouvons dans sa transaction avec les héritiers Poquelin pour la maison des piliers des Halles; c'est un des derniers actes authentiques connus où Madeleine appose sa signature; et cette fois encore, bien que la transaction lui donne le nom de Molière, elle ne signe que « Esprit-Madeleine Poquelin », ce dont je lui en veux.
    L'inventaire, après la mort de M. de Montaland, constate une expédition en parchemin d'un contrat passé devant Courtois et Dupuis, notaires à Paris, le 1er octobre 1713, insinué à Argenteuil le 5 du même mois, portant vente par le curateur de la succession d'André Baudouin, gentilhomme servant de Mme la duchesse d'Orléans, au profit de dame Esprit-Madeleine Poquelin de Molière, « de deux maisons joignantes l'une l'autre et jardin derrière, rue de Calais, moyennant la somme de 4.000 livres * ».
    C'est dans la plus grande de ces deux maisons que la fille de Molière ira mourir; comme cette maison n'existe plus, je ne puis vous en donner d'autre description. Mais vous la voyez d'ici si vous voulez bien vous souvenir de ces anciennes maisons de campagne des environs de Paris : architecture composite; çà et là le caractère du style Louis XIII et Louis XIV. Un jardin à la française, riche en treilles et en espaliers, bordures de buis, puits profond, parterre de roses, arbres fruitiers dominant les arbres d'agrément, charmilles, ifs en quinconce. Le jardin de Molière et de Boileau à Auteuil.
    Avant d'aller à Argenteuil, comment se passa la vie conjugale rue des Fossoyeurs? Il m'est impossible de m'imaginer qu'on fût bien heureux là dedans. Que faire en un tel gîte, à moins que l'on n'y songe? Tant que Mlle Molière fut fille, elle pouvait rêver ; mais une fois mariée à M. de Montaland, le rêve avait brisé ses ailes ; c'était la prison perpétuelle du mariage, sans les échappées de la jeunesse, puisqu'elle avait quarante ans et qu'il avait soixante ans. Elle se retrouvait comme sa mère avec Molière ; mais sa mère jouait la comédie et mettait des enfants dans la maison. Et puis Molière, tout attristé qu'il fût, n'était pas un organiste de Saint-André-des-Arts.
    Quelle femme voudrait tous les hasards de la vie, rue des Fossoyeurs, avec cet homme revenu de l'amour où il était trop allé? Don Juan sillonné de rides, édenté, endormi sous sa perruque.
    Mlle Molière devait aller souvent à la comédie, qui était dans son voisinage; mais la comédie n'était qu'un entr'acte à la pièce ennuyeuse de sa vie. Elle finit même, à n'en pas douter, par ne plus s'amuser à la comédie, où d'ailleurs on ne jouait plus guère les

---

* M. de Montaland a fait bâtir dans la plus petite des deux maisons une chapelle sous l'invocation du Saint-Esprit. Comme il mit dans cette chapelle deux peintures de la Madeleine, entre autres celle que nous avons déjà vue dans la chambre de la fille de Molière, il n'est pas douteux qu'il n'ait bâti cette chapelle en souvenir de celle qui s'appelait « Esprit-Madeleine ».

chefs-d'œuvre de son père. Un autre monde était venu, qui déjà n'était plus le monde de Mlle Molière. Ses rares amitiés devinrent plus rares encore. Ce fut alors qu'elle se retira du monde dans cette maison d'Argenteuil, où du moins elle cultiverait des roses pour oublier.

Argenteuil, en ce temps-là, était bien loin de Paris par les habitudes. On y allait à peine au temps des vendanges, comme on irait aujourd'hui en Champagne ou en Bourgogne; on y allait aussi dans la semaine sainte « pour voir la robe de Notre-Seigneur »; mais c'était tout. On n'avait les nouvelles de Paris que par un écho lointain : huit jours, quinze jours, un mois après.

Espérons que Madeleine voisina un peu dans ce nouveau pays, où elle n'avait pas d'amitiés. Comme elle était bonne musicienne, comme elle avait de l'esprit, comme elle portait un nom illustre, à moins qu'elle ne cachât son nom sous celui de son mari, — pour lui complaire, car le bonhomme était furieusement dévot, — sans doute elle fut aimée de cette société de bourgeois gentilshommes et de gentilshommes bourgeois qui faisaient la pluie et le beau temps à Argenteuil. De vagues souvenirs sont restés dans le village et aux alentours, ainsi que l'a témoigné Charles Maurice qui habita le château de Cormeil. Mme de Montaland fut adorée pour ses œuvres de charité. Au bout de bien peu de temps, elle dut se sentir mieux à Argenteuil qu'à Paris. A Paris elle ne se retrouvait plus, tandis qu'à Argenteuil elle se sentait bien chez elle, devant un jardin où elle vivait presque toujours, non loin d'une église où elle priait chaque matin.

Son père aussi était là par ses portraits, par ses lettres, ses tableaux, ses tapisseries, ses meubles, enfin tous les souvenirs qu'elle avait pu arracher à l'oubli.

Elle connaissait trop bien le théâtre pour ne pas se jouer à elle-même les comédies de son père rien qu'en feuilletant ses œuvres.

Ce fut ainsi qu'elle s'achemina vers la mort. Ne la plaignons pas : Dieu était avec elle, qui avait pardonné à sa mère ; qui sait si elle ne la retrouverait bientôt avec son père, qui avait pardonné aussi?

VI

SI vous voulez pénétrer dans l'intérieur de Madeleine à Argenteuil, comme vous avez pénétré chez elle, rue du Petit-Lion-Saint-Sulpice, il vous faut prendre en main l'inventaire qui a suivi la mort de son mari. Comme il n'avait rien quand il l'a épousée, il n'est pas douteux que presque tous les meubles que vous allez rencontrer sont les meubles de la fille de Molière.

A la mort de Madeleine de Molière, 23 mai 1723, M. de Montaland, légataire universel, fut dispensé de l'inventaire. Heureusement — pour l'histoire — qu'à sa mort, le 4 juin 1728, ses héritiers firent inventorier tout ce qui restait des épaves de Molière. Qu'on essaie donc de retrouver encore un vague souvenir de cette grande figure dans cette description notariale.

Sourions dans le vestibule à la chaise à porteurs de Madeleine, fleurs à ramages roses et blancs. Nous passerons vite dans l'appartement réservé à M. de Montaland; nous

ne nous arrêterons que dans le salon et la chambre à coucher de la fille de Molière, tout en rappelant çà et là les tableaux épars. Dans le petit salon sur le jardin, voici justement trois tableaux, un *Amour sonnant du cor* pour appeler les chiens, — *l'Étude*, symbolisée par une figure et des livres, — *Leda*, peinture vénitienne venue jusqu'à nous. Ce salon est tendu de cinq morceaux de tapisserie verdure d'Auvergne. Autre salon, « salon de conversation », faïences de Hollande, miroirs, lustres à huit branches en bois doré, petites commodes, tables octogones, sièges de trois places, chaises couvertes de tapisseries à l'aiguille. Dans une office à côté, deux vieilles épinettes et un petit clavecin, deux tableaux : *Fleurs et Fruits, Bergers et Bergères*; dans un cabinet : 225 volumes, « œuvres de Molière et autres livres qui ne méritent pas description ». Ces notaires n'y vont pas par quatre chemins ! Mais dans ce cabinet le notaire ôte son chapeau, quand sonnent sept cent vingt-cinq louis d'or de vingt-quatre livres pièce, faisant ensemble la somme de dix-sept mille quatre cents livres, et en écus de six et trois livres la somme de mille six cent deux livres.

M. de Montaland ne voulait pas être pris sans vert. Voici la chapelle ; nous n'avons pas salué l'or, saluons Dieu. Là, sans doute, Madeleine est venue souvent prier « devant cet autel de moire rose garni de dentelles ». Il y a là un Saint-Esprit d'argent, beaucoup de tableaux, les Anges, la Vierge, l'Enfant Jésus, la Crèche, le Christ, saint Antoine, deux Magdeleines : n'oublions pas que c'était la patronne de la fille de Molière.

Voici les deux chambres de Madeleine*, l'une tendue en tapisserie à personnages fabrique d'Anvers, représentant Persée et Andromède ; l'autre une tapisserie verdure d'Auvergne. Dans la première, voici un petit bureau couvert d'écaille à deux corps de tiroirs. Un clavecin (c'est celui de Molière), « clavecin à clavier sur son pied antique », une couche à colonnes, courte-pointe de satin piqué, pentes, soubassements et bonnes grâces en tapisseries à l'aiguille, comme les grands rideaux, pommes sur l'impériale garnie de plumes. Dans l'autre chambre, beaucoup de tableaux et de miniatures ; parmi les miniatures, *l'Enlèvement de Proserpine*, un homme à cheval, une femme au bain, une dormeuse, une danse de village, un portrait d'homme lisant « Molière » peut-être. Les tableaux représentent une Nativité, un Ange, une femme de cour, saint Joseph et Jésus, une *Charité chrétienne*, une dame avec une Mauresque, une *Sainte Famille*, une *Conversion de saint Paul*, — le sacré avec le profane.

Au second étage, M. de Montaland avait relégué beaucoup de tableaux, par exemple cette fameuse toile toujours regrettée représentant *l'École des Maris*. Près de *l'École des Maris*, trois portraits de famille : peut-être Molière, Mme Molière et Mlle Molière.

Le notaire dit, après avoir indiqué un tableau représentant des *Gueux à table :* « Il n'a été fait aucune description ni prisée de quatre autres tableaux, attendu que ce sont encore des portraits de famille, le plus grand desquels représentant feue Mme de Montaland. » Les trois autres représentaient encore, à n'en pas douter, des figures de la

---

*La chambre de M. de Montaland est indiquée ailleurs « chambre où ledit sieur est décédé sur le jardin ». Rien n'y indique le luxe : ni le lit, ni les meubles, « ni la tapisserie en serge bleue ». Sans doute, M. de Montaland avait respecté le souvenir de Madeleine en laissant son petit salon et sa chambre comme avant sa mort.

famille de Molière*, M. de Montaland n'ayant apporté dans le mobilier d'Argenteuil que sa personne, un monument historique. Ses meubles étaient restés à Paris, dans le pied-à-terre où il mourut.

Dans l'inventaire des papiers, on ne trouve que des contrats ou des titres de rente. « A la fin, il y a deux liasses formant ensemble deux cent quatre pièces qui sont des titres concernant la filiation de M. de Montaland, des mémoires, quittances et autres. » Là, peut-être, se trouvaient encore des papiers de Molière, mais on sait que les notaires auraient dédaigné d'inventorier des comédies, des ébauches de pièces, des correspondances, même de Molière : tout cela en ce temps-là n'étant pas digne de la marque notariale. Peut-être a-t-on confondu tout ce qui pouvait rester de Molière dans les 225 volumes où l'on a désigné ses œuvres. On se demande s'il était possible que Mme de Montaland n'eût pas conservé précieusement ce qui lui restait de son père.

VII

Singulière destinée! la femme de Molière est désespérée d'avoir épousé un homme qui a deux fois son âge; la fille de Molière se prend à la passion d'un homme beaucoup plus vieux; mais elle ne suit pas l'exemple de sa mère : elle est fidèle à son amour, elle pleure sa faute et la répare, elle se résigne à vivre dans la retraite avec un homme qui pleure ses péchés, qui porte les cierges à la procession, qui ne pense qu'à son salut.

Ainsi devait s'effacer de ce monde la dernière expression de Molière. Après tout, si son âme descendait çà et là des sphères radieuses pour revoir sa fille bien-aimée, peut-être ne la plaignait-il pas d'avoir échappé à toutes les stériles agitations du monde; elle était sur le rivage, après un premier naufrage sur la mer des passions; elle pensait à Dieu en cultivant son jardin; elle était bonne aux pauvres, n'en doutons pas; elle voyait Dieu à l'horizon. C'était le renoncement avant l'heure, mais c'est quelque chose déjà que la quiétude de l'esprit et la sérénité de l'âme.

Les gazettes du temps de la Régence, non plus que les autographes retrouvés, ne parlent pas de la fille de Molière, sans doute déjà bien oubliée sous le pavillon Montaland. Le bouquiniste de l'arcade Colbert, qui était un curieux et qui m'a vendu de précieux documents sur les hommes du xviiie siècle, avait vu passer sous ses yeux des lettres de « Madeleine-Esprit Poquelin de Molière »; il croyait les avoir toujours dans son capharnaüm, mais il ne les a pas retrouvées. Il semble que la fatalité se soit amusée à détruire tout ce qui était de Molière : Molière intime, Molière dans sa femme, Molière dans sa fille. Ne désespérons pas. Ainsi il m'est tombé sous la main, au presbytère de Bruyères, une

---

* C'est aussi au second étage qu'on trouve la vaisselle d'argent qui n'est pas du tout en rapport avec la fortune de M. de Montaland. On n'inventorie, en effet, que douze cuillères et douze fourchettes, une grande cuillère, un plat, un réchaud, deux petits chandeliers de toilette, une poivrière, une tasse à deux anses, deux gobelets, six manches de couteau, une tasse de vermeil et un tire-moelle !

brochure pareille à toutes les plaquettes qui autrefois se vendaient à la porte des églises. J'y ai vu apparaître la figure de Mme de Montaland. Cette brochure à couverture bleue, imprimée à Paris, à la Renommée et à la Prudence*, porte en titre : *Pèlerinage aux Saintes Reliques d'Argenteuil*. Pas de nom d'auteur. Un prêtre peut-être, un croyant sans doute. Après vingt pages consacrées à la description de l'église et des reliques, le narrateur se promène avec un ami qu'il a retrouvé là. C'est au temps des vendanges; quoiqu'on soit en pèlerinage, on peut bien se risquer dans les vignes : c'est ce que font les deux amis. Voilà pourquoi notre pèlerin, après avoir cité quelques personnages d'Argenteuil qu'il rencontre sur son chemin, entre autres un La Rochefoucauld, parle ainsi de Monsieur et de « Madame de Montalant » :

« Comme j'étois au pied des vignes avec mon amy, je vis descendre du sentier un vieux monsieur qui levoit haut la tête avec une dame encore jeune qui paroissoit plus grande que luy. J'ai remarqué chez l'un comme chez l'autre un air de commandement. Mon amy me dit : 'Ne prenez pas garde, c'est la fille du fameux Molière. On n'a pas besoin d'aller à la comédie pour connoître cet auteur célèbre qui a été si coupable envers la religion. Quoique fière, elle nous a salués avec douceur et avec un signe de main. Elle avoit des gants avec de grandes franges, ce qui prouvoit bien qu'elle n'avoit pas vendangé. On ne luy voyoit rien sur elle qui ne fust de prix. Ses porteurs l'attendoient avec sa chaise à roues (?).

« Son époux luy dit un mot et continua sa promenade d'un autre côté, tandis qu'elle rentroit à Argenteuil. Pour luy il est bien cassé et il doit avoir en idée le tribut qu'un chacun rend à la mort et à Notre-Seigneur. J'ai appris avec un vrai contentement qu'on les voyoit souvent tous les deux dans les églises ; on aime mieux sçavoir cette dame à l'église qu'au théâtre comme son père. Mon amy faisoit cette réflexion que presque toujours il y a dans les familles des manières de vivre toutes contraires ; c'est bien heureux de penser qu'une telle dame ne soit pas perdue avec les comédiens. On dit pourtant qu'elle a commencé par jouer la comédie, mais sans doute pour obéyr à ses père et mère.

« Nous ouïmes la messe paroissiale qui me parut trop courte quoique nous eûmes la procession, l'eau bénite et le prône. Dans la procession, je reconnus portant un cierge le Monsieur Moutalant, suivi d'une manière de laquais. Il avoit au doigt un diamant de cinquante louis. On nous dit que dans sa jeunesse il n'alloit pas à la procession. L'essentiel est de bien finir. J'ai reconnu aussi son épouse qui sembloit pénétrée de la sainteté de l'office divin. Elle avoit toujours un air d'une femme de qualité fort relevée. Il faudroit d'ailleurs n'avoir pas de sentimens pour n'être pas touché de la grâce devant les saintes reliques d'Argenteuil. On m'a pourtant dit que ce pays étoit plein d'aveugles. Mon amy m'avoit donné la veille un volume de Molière. Je n'y ai pas vu tant de mal que j'y croyois trouver ; au contraire, il y a des sentences qui ne seroient pas déplacées dans de meilleurs livres. »

Ce n'est pour ainsi dire qu'une vague apparition de la vie à Argenteuil de la fille de Molière. C'est peu, mais c'est quelque chose ; on retrouve en elle la fierté native, qui « porte la tête haute » ; il semble que Madeleine, sans vouloir s'enorgueillir de sa naissance, défend pied à pied le souvenir de son père contre tous ces gens à préjugés qui croyaient en 1719, surtout dans les provinces, qu'un comédien, fût-il un homme de génie, était un homme d'un autre monde. Rappelez-vous ces mots : « Ne prenez pas garde, c'est la fille du fameux Molière. » Le pèlerin avoue que, quoique fière, elle a salué « avec douceur et avec un signe de main ». Pourquoi ce signe de main ? Sans doute elle connaissait l'ami de celui qui écrivait ceci. Pourquoi cet ami n'a-t-il pas parlé à Madeleine ? Nous aurions peut-être, en quelques mots, une expression mieux marquée de cette existence qui allait bientôt finir.

Du Fresny, qui, en ce temps-là, a conté si gaiement les vendanges d'Argenteuil, a sans doute mordu à la grappe avec quelque brune vendangeuse, mais il n'a pas vu dans les vignes la fille de son maître Molière.

On a dit qu'on pourrait trouver encore dans ce mauvais roman, *Sylvie de Molière*,

---

* Chaubert, quai des Augustins, en MDCCXIX. Cette date n'est peut-être pas celle du pèlerinage. Toutefois, on peut croire que la brochure ne fut pas imprimée bien longtemps après.

quelque page de la vie de Mme de Montaland : par exemple, comme il y avait à Argenteuil, en ce temps-là, un M. de Montchevreuil, peut-être fut-il quelque peu galant avec elle; mais à coup sûr M. de Montaland ne joua jamais les maris de Molière. Voyez : « Le chevalier de Montchevreuil ne manqua pas de venir me voir. Il s'amusoit volontiers avec moi, et bien qu'il fût plus amoureux du jeu que des femmes, il se divertissoit à quelques badinages; mais cet amusement n'a jamais tourné sur le pied de galanterie sérieuse. Je disois en riant au chevalier, quand il avoit passé toute une après-dînée chez moi, qu'il me devoit tout l'argent qu'il n'avoit pas perdu. Et il me répondoit en riant aussi qu'il avoit donc fait plus d'un gain, et qu'il espéroit être récompensé de m'avoir empêchée pendant tout cela de songer à mon mari. Je prenois un air sévère et je lui défendois avec un grand sérieux de mettre mon mari dans ses discours. »

Ce sont là des tableaux d'intérieur qui sont de toutes les époques. Mais celui-ci prouverait que la fille de Molière ne voulait pas se faire enlever une seconde fois.

Après cela plus rien, sinon l'acte mortuaire dont le maire d'Argenteuil m'a donné la copie. « Le lundi 24 mai 1723, Esprit-Madeleine Poquelin de Molière, âgée de cinquante-sept ans et demi, épouse de M. Claude Rachel, écuyer, sieur de Montaland, décédée le jour précédent en sa maison d'Argenteuil, rue de Calé, a été inhumée dans l'église dudit lieu, en présence d'André Pothron, maçon de la maison, soussigné. »

Tout finit tristement, même quand tout finit bien : cette petite fille du marquis de Modène et de Madeleine Béjart, cette fille de Molière et d'Armande Béjart, née aux beaux temps des triomphes de son père et de sa mère, cette jolie fillette que Louis XIV embrassait sans doute à Versailles quand elle lui portait des placets, comme on voit dans un tableau de Mignard, fut mise en terre, sans autre cérémonie, en présence d'un seul témoin, le maçon de la maison! Croyons pourtant qu'elle eut d'autres amis à ses funérailles, mais des amis qui sans doute ne s'attardèrent pas pour voir descendre le cercueil de Madeleine de Molière dans le royaume des morts.

FIN

APPENDICE

PAGES TOMBÉES DU LIVRE

DES LÉGENDES MOLIÉRESQUES

'EST-CE pas aussi par les légendes de sa vie que Molière restera dans le souvenir du public? La curiosité ne s'attachera pas seulement au poète et au comédien, elle poursuivra l'homme. Le mystère même de sa vie sera une attache de plus. Première légende imprimée par Scarron : le Chariot du Roman comique avec toutes ses aventures. Deuxième légende : le Fauteuil de Pézenas, d'où Molière étudie quelques types de la comédie humaine. Troisième légende : Louis XIV travaillant aux comédies de Molière par le personnage du grand veneur dans les Fâcheux. Puis la leçon du silence donnée à Chapelle à propos de l'aventure des Minimes. Puis la harangue de Molière apaisant les Mousquetaires. Puis le déjeuner de Louis XIV, découpant un poulet pour le déjeuner de Molière. Puis Louis XIV et Mme Henriette d'Angleterre, parrain et marraine d'un fils de Molière pour braver les calomnies... Puis le pauvre qui croit que Molière s'est trompé en lui donnant un louis : Où la vertu va-t-elle se nicher? Puis

Molière, sauvant ses amis qui se sont grisés chez lui et qui vont se jeter à la Seine*. Puis Molière consultant sa servante, non pas sur son appétit, mais sur ses comédies. Puis la femme de Molière le forçant de jouer au naturel le rôle de Sganarelle. Enfin Molière, le représentant de la libre-pensée, mourant entre deux sœurs de charité. De toutes ces légendes, il y en a bien deux qui sont discutables : la servante de Molière jugeant ses pièces et les amis de Molière qui vont se jeter à l'eau par surcroît de philosophie. La cuisinière jugeant le ragoût de la poésie n'était déjà plus une nouvelle invention au temps de Molière : Malherbe, et avant lui le poëte L'Estoile, ne finissaient pas une ode sans crier à Margot de monter pour leur dire « son sentiment sur l'idée et sur la rime ». Voyez-vous d'ici le pompeux Malherbe lisant ces beaux vers à sa cuisinière normande pendant que le feu happe le rôti :

> Elle était de ce monde où les plus belles choses
> Ont le pire destin ;
> Et rose elle a vécu ce que vivent les roses,
> L'espace d'un matin.

Certes, si la cuisinière normande s'appelait Rose, elle a dû battre des deux mains, mais si elle s'appelait Gertrude, a-t-elle compris tout le sublime de ces quatre beaux vers ? La fille Vanier, servante de Molière, Bourguignonne ou Champenoise, n'avait pas à juger si haut en écoutant les scènes de Molière, car je crois bien que son maître ne lui lisait pas le Misanthrope, peut-être le Médecin malgré lui, ou l'Avare, ou le Malade imaginaire. Il voulait savoir seulement s'il avait frappé juste, si l'on riait, peut-être même si l'on pleurait à son spectacle. Ce qui donne d'ailleurs du crédit à la légende, c'est que, selon Mlle Poisson, « quand il lisait ses pièces aux comédiens, il voulait qu'ils y amenassent leurs enfants pour tirer des conjectures de leurs mouvements naturels** ».

La légende des amis de Molière qui vont se jeter à la Seine n'est qu'une forfanterie de philosophes revenus des joies de ce monde, s'encourageant les uns les autres d'en finir par un coup de maître. On dirait que Don Juan est de la fête. C'est le souper du Commandeur. Mais rassurez-vous. Si Molière ne les eût pas rappelés à l'ordre et à la raison, ils se fussent d'eux-mêmes arrêtés en

---

* Voltaire rejette ce conte populaire qui met en scène ridiculement des hommes comme Boileau, La Fontaine et Chapelle, se traînant, ivres-morts, pour se jeter à la rivière. « Le duc de Sully, le dernier prince de Vendôme, l'abbé de Chaulieu, qui avaient beaucoup vécu avec Chapelle », avaient dit à Voltaire que c'était un conte de la *Mère l'Oie*.

Mais pourquoi Voltaire a-t-il consacré, en le reproduisant, ce mot que Molière n'a pas dit : « Messieurs, nous allions vous donner le *Tartufe*, mais Monsieur le Président ne veut pas qu'on le joue ? » Certes, jamais Molière n'eût parlé ainsi de Lamoignon, car le premier Président, ami des gens de lettres, était trop ami de Molière pour défendre la cause de Tartufe contre celui qui le démasquait.

** Molière a bien pu çà et là dire à La Forest de rester réuns quand il lisait une pièce à la Béjart, à la De Brie et à la Molière, ou bien encore quand c'était à Chapelle, à Mignard ou à Boileau ; mais Molière, tout en faisant ses pièces pour tout le monde, ne pouvait pas se contenter de l'opinion de sa servante. Passe encore à la scène où la comédie est en action, mais pour ouïr seulement une comédie sans la voir, il faut d'autres juges pour réconforter un auteur ; ceci dit sans vouloir le moins du monde renvoyer La Forest à la cuisine. D'ailleurs il est reconnu que Molière essayait toutes les scènes au théâtre avant de terminer sa pièce.

Je crois bien, par exemple, que quelques-unes avaient voix au chapitre, que ce fût Madeleine Béjart, Thérèse Du Parc, Catherine De Brie, ou Armande Béjart, car celles-là, qui ne savaient sans doute pas faire la cuisine, savaient leur métier de comédiennes.

Et pourtant, comme a dit en si beaux vers Alfred de Musset :

Ah ! pauvre La Forêt qui ne savais pas lire,	Il ne te lisait pas, dit-on, les vers d'Alceste ;
Quels vigoureux soufflets ton nom seul a donnés	Si je les avais faits, je te les aurais lus.
Au peuple travailleur des discuteurs damnés !	L'esprit et les bons mots auraient été perdus ;
Molière t'écoutait lorsqu'il venait d'écrire.	Mais les meilleurs accords de l'instrument céleste
Quel mépris des humains, dans le simple et gros rire	Seraient allés au cœur comme ils en sont venus.
Dont tu lui baptisais ses hardis nouveau-nés !	J'aurais dit aux bavards du siècle : « A vous le reste. »

chemin. Ce qui est curieux en ceci, c'est que le seul convive qui alors fût près de la mort, c'était Molière. Le seul qui ne fût pas heureux dans la vie, c'était Molière.

Je ne crois pas beaucoup à l'histoire de la brouette. Un jour que Molière était en retard, il prit une brouette au Cours-la-Reine. Mais cette « vinaigrette » allait si lentement qu'il en sortit très-irrité pour la pousser par derrière. Il ne s'aperçut de sa distraction qu'en voyant rire le brouetteur du rire inextinguible des dieux. Si Molière eût été capable de cette distraction, il eût fait le Distrait.

LES COMÉDIES QUE MOLIÈRE A VUES ET N'A PAS FAITES

Molière n'a pas écrit toutes les comédies qu'il a vues, toutes comédies en action qui s'ébauchaient autour de lui. Par exemple, si je crois fermement que ses amis du fameux dîner d'Auteuil ne sont pas allés sur la Seine pour s'y noyer, je crois que, sans avoir le moins du monde envie de passer de vie à trépas, ils ont débité toutes les sentences désespérées qui sont venues jusqu'à nous. N'est-ce pas là le premier acte d'une comédie, en montrant dans les actes suivants les joies de la vie à tous ceux qui ont voulu mourir, mais en les forçant d'y renoncer, sous prétexte qu'ils sont trop philosophes pour tomber dans ces niaiseries-là ?

L'avocat qui se fait comédien et le comédien qui se fait avocat, n'est-ce pas une belle scène de raisonneurs ? La vie de Scaramouche ne donnait-elle pas à Molière un acte dramatique ? ce gai comédien, qui se retire du théâtre en France pour rentrer chez lui en Italie, pour savourer les joies de la famille, mais qui ne trouve dans sa maison qu'une femme et des enfants rebelles. « Non-seulement ils le reçurent comme un étranger, mais encore ils le maltraitèrent. Il fut battu plusieurs fois par sa femme aidée de ses enfants qui ne voulaient point partager avec lui la fortune qu'il leur avait faite. » Si bien que Scaramouche revint en France, ce qui ne fit pas l'affaire à la troupe de Molière. « Pendant plus de six mois, pour revoir Scaramouche, la comédie de Molière fut négligée. On ne gagnait plus rien. Les comédiens étaient prêts à se révolter contre leur chef. Ils murmuraient hautement contre Molière : « Pourquoi ne faites-vous pas des ouvrages qui nous soutiennent ? Faut-il que ces farceurs d'Italiens « nous enlèvent tout Paris ? » Chacun des acteurs méditait de prendre un parti violent. » Molière révolté dit « à la Du Parc et à la Béjart, qui le tourmentaient le plus, qu'il ne savait qu'un moyen pour l'emporter sur Scaramouche, c'était de s'en aller comme il avait fait ». Dès que Molière eut ainsi parlé, tout le monde se regroupa autour de lui.

La Raisin, qui se ruinait avec des gentilshommes, était encore une figure à prendre. Et quelle jolie scène quand son ami Bernier, revenant du Mogol, s'en fut le voir à Auteuil ! Ce fut là que le tout jeune Baron montra sa haute impertinence. Bernier, après une aussi longue absence, ne dit pas un mot à Molière du grand Molière, il ne lui parla que de l'empereur du Mogol. — « J'ai été médecin du premier ministre; mais je n'ai pas voulu l'être de l'empereur lui-même, parce que quand il meurt on enterre aussi le médecin avec lui. » Comme Molière paraissait souffrant, Bernier lui offrit ses services. « Prenez garde, s'écria Baron, qui s'était déjà fort moqué du voyageur, à moins de convenir que l'on vous enterrera avec Molière, je ne lui conseille pas de vous confier sa santé. »

Faut-il rappeler le frère lai qui avait pris place dans le bateau de Molière ? N'est-ce pas l'éternelle scène qui se passe dans le monde devant les écouteurs qui n'ont point d'oreilles ? C'est l'histoire des gens qui regardent jouer aux échecs et qui ne savent pas le jeu.

Injustice des temps, injustice des hommes, injustice des comédiens, Molière, une fois mort, fut presque oublié comme comédien, que dis-je, comme poëte comique. On se retourna vers Montfleury, vers Boursault, vers Thomas Corneille, qui mit Don Juan en vers. On fut sur le point de prendre au sérieux le second mari d'Armande Béjart. Un moment, Guérin fut un personnage qui marcha le front haut, avec ses coudées franches dans les avenues du théâtre. Armande Béjart fut plus fière de lui qu'elle ne l'avait été de Molière, le pauvre Molière, le grand Molière. Et dans les journaux du temps aucune voix indignée ne crie à l'injure. On laisse l'oubli filer sa trame sur le tombeau de l'immortel Molière. Mais patience, le mort ressuscitera, l'homme sera demi-dieu. Il reviendra un jour dans sa maison pour jeter par la fenêtre tous ces faux rieurs et tous ces faux moralistes qui osent se pavaner sur la scène illustre. L'opinion semble une fille soumise à toutes les variations de l'atmosphère. Ce n'est pas l'intelligence qui la gouverne, c'est l'occasion. Les plus grands siècles ont leur jour de déchéance, où les nuées cachent le soleil. Tout tombe dans le demi-jour : ce sont les périodes de repos. L'esprit s'escrime en vain, il lui faut remettre la lame au fourreau jusqu'au jour où il pourra fièrement dégainer.

Qui le croirait ? on vit alors des hommes, comme Marivaux, nier Molière, ne voyant que la farce dans la comédie du maître des maîtres. Boileau avait dit :

> Dans ce sac ridicule où Scapin s'enveloppe,
> Je ne reconnais point l'auteur du *Misanthrope*.

Marivaux, non plus que Fontenelle et Lamotte, ne reconnaissait pas du tout Molière.

Un autre misanthrope, Saint-Simon, parle en toute désinvolture du grand Molière sans s'indigner des menaces d'un grand seigneur qui avait osé dire qu'il ferait « mourir sous le bâton » l'auteur du chef-d'œuvre des chefs-d'œuvre.

« *Le Misanthrope*, dit Saint-Simon dans ses notes sur le Journal de Dangeau, fit grand bruit et eut un grand succès à Paris avant d'être joué à la Cour. Chacun reconnut M. de Montausier, qui le sut et s'emporta jusqu'à faire menacer Molière de le faire mourir sous le bâton. Enfin le roi voulut voir *le Misanthrope* et les frayeurs de Molière redoublèrent. »

Pas un mot de vérité. M. de Montausier ne fut jamais le misanthrope de Molière. Voilà comment les ducs parlaient de Molière. Et pourtant les ducs étaient aussi les valets de chambre du roi, puisqu'ils passaient la chemise à Sa Majesté.

La Bruyère n'est pas tendre pour Molière. « Il ne manquait à Molière que d'éviter le jargon et d'écrire purement », et cependant La Bruyère n'avait pas écrit le Misanthrope. Boileau lui-même ne fut pas bien doux à son illustre ami quand il fut couché dans le tombeau :

> Étudiez la Cour et connaissez la Ville !
> L'une et l'autre est toujours en modèles fertile ;
> C'est par là que Molière, illustrant ses écrits,
> Peut-être de son art eût remporté le prix,
> Si, moins aimé du peuple en ses doctes peintures,
> Il n'eût point fait souvent grimacer ses figures,
> Quitté, pour le bouffon, l'agréable et le fin,
> Et, sans honte, à Térence allié Tabarin.
> Dans ce sac ridicule où Scapin s'enveloppe,
> Je ne reconnais point l'auteur du *Misanthrope*.

Boileau voulait donc que Molière fît toujours le misanthrope ? le génie de Molière n'éclatait pas seulement dans la comédie de haut rire : il avait ses coudées franches toutes gauloises. La Bruyère cite Térence comme le parfait modèle. On a essayé de mettre Térence au théâtre, mais on se morfondait sur la scène, et il n'y avait personne dans la salle.

Quelques bons esprits, comme M. Jules David, regrettent encore aujourd'hui que Molière ait été comédien. Nous nous en réjouissons pour son œuvre, sinon pour lui, parce que le comédien a servi l'auteur dramatique. Jouant lui-même, il sentait bien mieux les fautes de l'auteur comme il sentait bien mieux les situations qui frappent le parterre. On me dira que Corneille ne jouait pas la tragédie et que plus d'un bon comédien a fait une mauvaise comédie ; d'accord, mais on peut répondre que les grands effets tragiques saisissent l'âme, même à la lecture d'une pièce, tandis que les comédies sont faites pour être jouées et non pour être lues. Je répondrai aussi que les bons comédiens qui ont fait de mauvaises comédies n'avaient aucun génie pour en faire de bonnes : les Molière ne courent pas les théâtres.

QUELQUES DATES INCERTAINES

L'histoire, qui sait tout, ne sait pas la date de la naissance de Molière, non plus que celle de la naissance de sa femme. Molière fut baptisé le 15 janvier 1622 ; mais qui sait si le baptême suivit de près la naissance ? il faudrait deux grandes pages pour signaler les contradictions des historiens et des portraitistes de Molière. Perrault et Voltaire le font naître en 1620, 1621, 1622, comme les peintres Mignard et Bourdon, si l'inscription écrite sur les portraits de Molière est de leur pinceau. L'inventaire, après la mort de Molière, est le seul acte qui donne une date authentique ; en effet, le père de Molière « y figure » tant en son nom personnel que comme tuteur de son premier fils, âgé de onze ans. Or, cet inventaire, étant du 19 janvier 1633, prouve que Molière était né en 1622, ou tout au moins vers la fin de 1621. Voilà qui est certain pour la naissance de Molière, mais on n'en peut pas dire autant pour celle de sa femme. On ne retrouve pas son acte de baptême, il faut donc se contenter d'un à peu près et fixer sa naissance entre 1639 (si on ne la confond pas avec sa sœur Françoise) et 1643, si l'on en croit son acte mortuaire.

Selon la Fameuse Comédienne, Mme Molière se hâta de se remarier par respect pour les bienséances. Comme on n'a pas l'acte de naissance du fils de Guérin et d'Armande, il serait injuste d'accuser sa mère de l'avoir eu trop précipitamment. Selon l'extrait mortuaire du 30 mars 1708, il était âgé de trente ans, ce qui le fit naître en 1678 ; Mme Molière s'étant remariée en 1677, elle est donc dans son droit. Mais pourquoi n'a-t-on pas retrouvé l'acte de naissance ?

LA TOURELLE ET MADAME MOLIÈRE

En regard des dates de septembre-octobre 1675, nous trouvons cette note de La Grange :

« Sentence pour Mlle de Molière contre le sieur Lescot, président à Grenoble, condamné de luy faire réparation des discours injurieux et voyes de faict dont il a usé envers elle ; par acte délivré à la demoiselle Molière, Jeanne Ledoux et Marie Simonnet, femme de Hervé de la Tourelle ; la première pour avoir produit ladite Simonnet, et celle-cy pour avoir pris le nom de la demoiselle Molière, condamnées à estre fustigées de verges devant la maison et en 20 livres d'amendes. Confirmé par arrêt du 17 octobre 1675 en vacations. Exécuté le 24. »

Ces lignes renferment les vagues indications d'une comédie qui a échappé jusqu'ici aux romanciers comme aux poëtes dramatiques. La voici contée par un avocat au Parlement de Paris :

« Le président Lescot, du Parlement de Grenoble, étoit amoureux de Mlle Molière. Il aimoit le théâtre et les dames de la scène ; mais comment arriver à Mlle Molière, quoiqu'on lui eût dit qu'elle étoit fort galante ? Comme une femme de mauvaise vie qui s'appeloit la Ledoux, une arrangeuse à la mode, lui donnoit beaucoup de filles de sa main, il lui demanda Mlle Molière, paroissant ne pas marchander ses faveurs. La Ledoux avoit sous la main une belle courtisane quasi femme du monde, elle lui proposa de jouer avec le président le rôle de la comédienne. La Tourelle ne doutoit de rien, elle connoissoit la Molière, elle jura que le président y seroit pris. Le rendez-vous fut convenu pour le lendemain ; le président auroit bien voulu que ce fût chez Molière, mais la Ledoux lui dit que cette comédienne respectoit sa maison, c'étoit déjà beaucoup qu'elle vînt chez elle. La Tourelle fit tout de suite illusion quand elle arriva noire et voilée, comme une femme mystérieuse ; elle imita les grands airs, les coquetteries, jusqu'à la voix de la femme de Molière. « Comment suis-je venue ici ? dit-elle en abandonnant sa main au président. — Oh ! je vous jure le secret. Je suis si amoureux de vous, que vous pouvez me demander tous les sacrifices. » Naturellement, la dame se récria contre l'argent ; mais elle demanda un collier de perles, il n'y avoit pas loin pour aller au quai des Orfèvres. Le président Lescot y court, achète un collier ; il en pare lui-même la belle mystérieuse, en lui disant qu'il n'a jamais été aussi heureux. La dame s'oublie, elle s'indigne contre elle-même, mais elle s'abandonne avec un air de passion. « Pourquoi ce voile ? » Elle arrache tout, et elle promet de revenir. Elle ne doutoit pas que le président n'ajoutât un rang à son collier de perles. Mais surtout, dit-elle, pas un mot si vous voulez me revoir. Elle revint, le président l'attendoit ; on reparla du collier, on y mettra deux rangs, trois rangs, quatre rangs, chaque perles marquera un baiser ! Le président étoit aux anges.

« Les jours de théâtre, il étoit au parterre, toujours enthousiaste ; il auroit voulu être petit oiseau pour voler sur l'épaule de Circé, car c'étoit le rôle que jouoit alors Armande Béjart, puisqu'elle jouoit la magicienne. Il disoit à la Tourelle chez la Ledoux : Magicienne que vous êtes ! pourquoi ne me rendez-vous pas invisible dans vos maléfices ? je serois toujours sur vos pas.

« Mais voilà qu'un jour la Tourelle ne vint pas chez la Ledoux à l'heure dite, vers trois heures ; ni le lendemain, ni le surlendemain : comme la Molière jouoit ce jour-là à 4 1/2, Lescot court au théâtre, monte sur la scène au lieu de rester au parterre, ou d'être spectateur dans une loge. L'actrice étoit fort entourée par les gentilshommes, il eut toutes les peines du monde à lui dire qu'elle n'avoit jamais été si belle. « Si je n'étois pas amoureux de vous, je le deviendrois aujourd'hui même. » Mlle Molière lui sourit comme aux autres, mais de son grand air dédaigneux. Le président attendit la fin de la pièce ; décidé à tout braver, il entra résolûment dans la loge en vainqueur, sans se faire annoncer. Il le reprit un de ces jours de bonheur. Mlle Molière le regarda de haut sans comprendre. Il y eut là une explication, où ni lui ni elle ne s'entendirent ; quoique la déshabilleuse fût là, le président s'indigna. « Si vous ne jouez pas la comédie, comment pouvez-vous être si abandonnée chez la Ledoux et si altière ici ? Vous avez donc assez de perles à votre collier ? »

« Mlle Molière appela au secours, car le président, dans sa colère, avoit voulu prendre le collier de Mlle Molière qui étoit tout semblable à celui de la Tourelle. Les comédiens accoururent, on appela la garde, on mit le président en prison pour avoir outragé la veuve de Molière. Tout fut étrange dans cette histoire, car on faillit donner raison au président, tant la comédie avoit été bien jouée par la Tourelle. Croiroit-on que l'orfèvre déclara d'abord qu'il reconnoissoit Mlle Molière pour être allée chez lui avec Lescot et que les perles de son collier étoient bien celles qu'il avoit vendues !

« Mais enfin on parvint à découvrir la Ledoux et la Tourelle qui s'étoient bien cachées. De là cette cause célèbre qui mit tout Paris en émoi.

« Par une sentence du Châtelet, du 17 septembre 1665, le président Lescot fut condamné :

« 1° A déclarer au greffe, en présence de la dame Molière et de quatre personnes qu'il lui plairoit de choisir, que, par inadvertance et par méprise, il auroit usé de voies de fait contre elle, et tenu des discours injurieux mentionnés au procès, l'ayant prise pour une autre personne ; de laquelle déclaration acte seroit délivré par le greffier à ladite Molière.

« 2° En deux cents livres de dommages-intérêts, etc.

« 3° Les deux femmes condamnées à la peine du fouet, qu'elles subiroient, nues, devant la principale porte du Châtelet et devant la maison de la dame Molière.

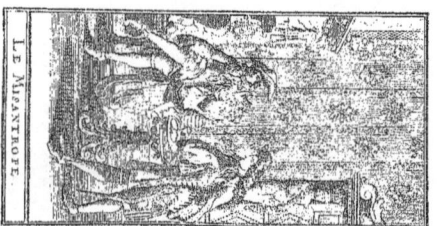

LE MALADE IMAGINAIRE.

LES AMANS MAGNIFIQUES.

« 4° Bannies de Paris pour trois ans, et condamnées de plus en vingt livres d'amende et cent livres de dommages-intérêts envers ladite dame Molière.

« La Ledoux appela de la sentence, mais un arrêt du Parlement du 17 octobre suivant la confirma.

Arrêt de la Cour du Parlement de Paris.

« A la requête de M*me* veuve Molière, sur le procès criminel intenté contre M. François Lescot, Jeanne Ledoux, veuve de Pierre Ledoux, Marie Simonnet, se disant femme de Hervé de la Tourelle.

« Vu par la Chambre des vacations le procès criminel fait par le lieutenant criminel du nouveau Châtelet, à la requête de demoiselle Claire-Armande-Grésinde-Élisabeth Béjart, veuve de Jean Poquelin, sieur de Molière, demanderesse et accusatrice; contre M. François Lescot, conseiller du Roy, président au Parlement de Grenoble; Jeanne Ledoux, veuve de Pierre Ledoux, et Marie Simonnet, se disant femme de Hervé de la Tourelle, défendeurs et accusés. Ladite Ledoux, prisonnière ès-prisons de la Conciergerie du Palais, appelante de la sentence contre elle rendue le 17 septembre 1675, par laquelle ladite Ledoux auroit été déclarée duement atteinte et convaincue d'avoir produit sous le nom de ladite Molière ladite Simonnet, et ladite Simonnet d'avoir pris le nom de ladite Molière pour raison de ladite prostitution; pour réparation de quoi condamnées d'être fustigées, nues, de verges au devant de la principale porte du Châtelet, et devant la maison de ladite Molière. Ce fait, bannies pour trois ans de la ville, prévôté et vicomté de Paris; et solidairement en 20 liv. d'amende envers le Roy, 100 livres de réparation civile, dommages et intérêts envers ladite Molière.

« Il sera dit que ladite Chambre, à l'égard de ladite Jeanne Ledoux, a mis et met l'appellation par elle interjetée au néant; ordonne que la sentence dont est appel sortira effet; la condamne ès-dépens de la cause d'appel; et, pour faire mettre le présent arrêt à exécution, ladite Chambre a renvoyé, renvoie icelle Ledoux pensionnaire pardevant ledit lieutenant criminel du nouveau Châtelet.

« *Signé* DELONGUEIL, *président*. — DEVERT HAIMON, *rapporteur.* »

*Le président se prit à aimer la Tourelle qui lui avait donné l'illusion de M*me* Molière. C'était la même femme, sinon la même vertu; il la fit évader et la cacha chez lui pour reprendre son illusion.*

Ce coureur de filles menait la vie la plus aventureuse. Une lettre de Guy Patin, du 25 septembre 1665, dit qu'il fut roué de coups et laissé pour mort dans les rues de Paris. Ceci prouve d'ailleurs qu'il connaissait bien les mœurs nocturnes.

*L'appareilleuse subit-elle seule son jugement? Elle fut fustigée toute nue devant la maison de M*me* Molière. Ce ne fut certes pas M*me* Molière qui tint les verges, mais elle crut son bonheur vengé. Ce fut sans doute pour elle un vif désappointement de ne pas voir le châtiment de la Tourelle. On a dit que si elle eût été « une vraie femme de vertu », M*me* Molière n'aurait pas voulu d'un tel spectacle : elle eût fait grâce. On lui fit même un crime du procès; mais chacun défend sa vertu comme il l'entend. Il faut plutôt croire que si M*me* Molière n'eût pratiqué le péché, elle ne se fût pas indignée jusque-là.*

*Nous ne dirons pas, comme M*lle* du Croisy, que M*me* Molière n'était furieuse que parce qu'elle n'avait pas eu le collier. Mais nous dirons qu'elle eut raison de s'indigner pour elle, pour sa fille, pour la mémoire de Molière.*

Selon La Grange, la sentence fut exécutée contre les deux coquines, ce qui dut être un spectacle fort curieux pour messieurs les comédiens, peut-être même pour mesdames les comédiennes.

LES MOLIÉRISTES

Étudier dans les livres la vie de Molière, c'est étudier toutes les contradictions; mais la lumière y jaillit çà et là. Tous ceux qui ont écrit sur Molière méritent d'être écoutés, parce que tous sont partis du même sentiment, « l'admiration de l'homme et du poëte ». Il faut remercier tout haut

M. Monval, archiviste de la Comédie-Française, d'avoir créé un journal, le Moliériste, qui s'enrichira peu à peu des plus sérieux documents sur cette noble existence et sur ce merveilleux théâtre. Voici les noms des rédacteurs : E. Campardon, P. Chéron, J. Claretie, F. Coppée, B. Fillon, Febvre, V. Fournel, Got, A. Houssaye, Paul Lacroix, C. Livet, J. Loiseleur, L. Moland, E. Noel, C. Nuitter, E. Picot, La Pijardière, La Pommeraye, Régnier, F. Sarcey, Dr Schweitzer, E. Thierry, E. Thoinan, A. Vitu.

À ces noms combien d'autres il faut ajouter, entre autres M. Paul de Saint-Victor et M. Théodore de Banville !

M. Paul de Saint-Victor, qui a toujours trouvé le mot sur tout homme et sur toute chose, a cent fois parlé de Molière et de sa comédie dans son beau langage toujours imprévu, toujours rayonnant.

M. Théodore de Banville ne veut pas se laisser prendre, lui non plus, à ce beau paradoxe de la vertu de Mme Molière ; il maintient la tradition, parce qu'il connaît les femmes. Il y a de lui tout un petit chef-d'œuvre sur les amours de Psyché et de Cupidon, c'est-à-dire Mme Molière et Baron :

« Ils jouent le plus grand poëme qu'ait inventé la Grèce maternelle, l'histoire de l'Ame domptée par le Désir et domptant le Désir. Ils sont Psyché aux tremblantes ailes de papillon et le cruel Eros à la chevelure d'or. Dévorés, baisés, divinisés par les regards qui les enveloppent ; unis, rapprochés, embrassés, mêlant leurs jeunes corps, leur sueur, leur haleine ; emportés par ces vers ailés et fulgurants de Corneille dans la folie, dans l'ivresse du succès, de l'amour idéal, de la poésie ; ployant sous l'invincible main de la Muse qui impérieusement unit leurs lèvres, ne sont-ils pas alors mariés par quelque chose de supérieur à toutes les fictions humaines ?

« Quoi donc! il serait possible que dans son propre domaine, sous les orangers en fleur de Cypre, ce Désir ne fût pas le maître de cette Ame! Vous voudriez que ces deux êtres faits l'un pour l'autre, semblables l'un à l'autre, étreints par le même rêve, ne fussent pas deux amants! Ils le sont, quand même ils ne le voudraient pas, par la force du feu qui brille dans toutes les prunelles, qui brûle toutes les poitrines, par l'émotion de tous les spectateurs qui leur crie : Aimez-vous ! »

C'est l'opinion de M. Ludovic Halévy, qui s'est moqué avec tant d'esprit de la comédie des endoctrinés de Mme Molière.

Parmi ceux qui ont pénétré Molière par l'esprit comme par la science, M. Charles Livet doit être aussi nommé ici, pour son édition très-commentée de l'histoire de la Fameuse Comédienne, où il exprime son opinion sur la mère d'Armande et sur la vertu de « la Fameuse Comédienne ». Selon lui, la mère d'Armande c'est Madeleine Béjart, mais selon lui la vertu d'Armande est inattaquable.

C'est la nouvelle école. Est-ce par amour du paradoxe? Est-ce parce que cette nouvelle école n'a pas assez lu La Rochefoucauld et n'a pas assez vécu avec les comédiennes? Ces ingénieux historiens ou commentateurs s'imaginent trop aisément que les Célimènes sont impeccables ; je m'imagine plus aisément encore que Célimène ne lève si haut son éventail que parce qu'elle l'a laissé tomber.

Selon l'inventaire dressé par Me Levasseur, si nous montons « dans l'une des chambres de l'appartement de ladite demoiselle veuve » nous franchissons le seuil et nous voyons les deux lits où Molière redevenait plus ou moins le mari de sa femme.

L'huissier-priseur les décrit ainsi : « Deux lits de six pieds de long, de bois verni façon de Chine, garnis chacun de deux matelas, dont l'un à côtés, rempli de crin et bordé de satin à fleurs à fond bleu, et l'autre entièrement couvert de pareil satin, rempli de laine et crin et deux traversins aussi chacun de pareil satin. » Ces deux lits ennemis mariés par le commissaire-priseur ! c'étaient là des lits de petites maîtresses, matelas de satin à fleurs sur fond bleu ! Bleu de ciel sans doute, mais

*point de ciel de lit! Il y aurait eu trop de nuages. Était-ce dans ce lit de petite maîtresse que Molière tout éveillé, quand dormait Armande, rimait ces stances douloureuses que j'ai eu la bonne fortune de découvrir, écrites sur la plus ancienne édition de l'*Escole des maris »:

Pour l'honneur du Théâtre, en vain je me prodigue :	Quelques jaloux esprits ont médité ma perte.
Je frappe la Sottise, en prose comme en vers.	Si ce n'est toi, qui donc aime la vérité?
Contre cet océan d'horreurs, la seule digue	Le Mensonge, à Paris, va tête découverte;
C'est mon mépris connu des sots et des pervers.	Quiconque calomnie est toujours écouté.
Despréaux, tu sais bien que mon cœur est sans crainte,	Le Roy seul me soutient, mais si je ne l'amuse,
Je n'ai jamais pâli devant ces acharnés :	N'écoutera-t-il pas ces vipères sifflant?
J'ai ri longtemps. Hélas! c'est une gaîté feinte,	Despréaux, sage ami, réconforte ma Muse,
Et les roses vont mal sur les fronts sillonnés.	Car, si mon cœur est fier, mon esprit est tremblant.

Oui, cela est bien signé J.-B.-P. MOLIÈRE. *Le bibliophile Jacob me dit que « les fronts sillonnés » ne sont pas du Louis XIV; mais j'ai indiqué déjà que la poésie de Molière était née sous Louis XIII, au temps des hardiesses et des bonnes fortunes d'expression. Ces beaux vers débordent de poésie et d'amertume : Grande âme, esprit superbe, mais cœur blessé. Sa femme, qui devrait baiser ses blessures comme un chien fidèle, ne le regarde qu'à travers son éventail.*

A PROPOS DES PORTRAITS GRAVÉS

Quand j'étais directeur du Théâtre-Français, je recherchais pieusement tout ce qui a été le cœur et l'esprit de Molière. Par malheur, la Bibliothèque, le Musée, les Archives ne m'ouvraient guère l'histoire du passé. Aux Archives, si ce n'est le Registre de La Grange et celui de La Thorillière, on n'a presque rien du temps de Molière; au Musée, à peine un portrait authentique de Molière; à la Bibliothèque, bien peu de livres du XVIIe siècle.

On m'apportait souvent des portraits plus ou moins apocryphes des comédiens et des comédiennes, surtout des figures du XVIIIe siècle; mais les portraits du temps de Molière sont rares. J'ai pourtant pu en acheter alors quelques-uns que je n'ai pris qu'après le contrôle le plus rigoureux par les dessins et les gravures. Provost, Samson, Beauvallet, Regnier, Geffroy, Got, qui tous savaient regarder par la tradition, m'ont beaucoup empêché de me tromper. Quand on se trouve en nombre pour voir de près un portrait, on sent mieux s'il est vrai ou s'il est faux. J'ai augmenté ma galerie à la vente de Roqueplan et à la vente Soleirol. Roqueplan, comme on dit, avait de l'œil pour les choses du théâtre, il ne se laissait pas mettre dedans, il avait le scepticisme d'un vrai trouveur. Au contraire, le bonhomme Soleirol était trop naïf; il se laissait empaumer par les marchands; mais dans ses innombrables portraits, il y en avait pourtant plus d'un qui criait la vérité.

Un peu plus tard, il m'est venu une première bonne fortune qu'on m'apporta pour rien, pour un billet de mille francs : cinq cents dessins aux trois crayons, à la sanguine, à la mine de plomb, portant la date certaine du temps de Louis XIV et de la Régence. Toute la troupe de Molière, tout l'opéra de Lulli, tout le Théâtre français, toute la Comédie italienne. Soixante-quinze dessins de Watteau! Une seconde bonne fortune ne fut pas moins miraculeuse : une femme du monde qui ne veut pas être nommée, mais qui est bien connue, m'a donné huit portraits qu'elle suppose venir de la fille de Molière : la dame en question habite un petit château non loin de Saint-Germain; elle sait par tradition que ce château a été meublé avec le mobilier vendu à la mort de M. de Montaland, mari et héritier de la fille de Molière, qui était allée mourir, comme on sait, à Argenteuil.

J'exposerai bientôt tous ces portraits, qui aujourd'hui sont de vraies pages de l'histoire dramatique. Beaucoup de mes amis les connaissent; j'en ai d'ailleurs donné quelques-uns pour le centenaire de

Molière au Théâtre-Ventadour. On a pu voir combien ils étaient vrais, non-seulement par les inscriptions, mais parce que la vérité parle tout haut.

Il y a beaucoup de portraits dissemblables de Molière parce qu'il jouait tous les rôles. Ce fut aussi parce qu'il traversa toutes les métamorphoses du génie et de la passion; mais c'est encore dans les portraits anciens, parmi tant de portraits modernes faits par à peu près, qu'on retrouve cette bonne, brave et belle figure. Même histoire pour sa femme et pour Madeleine. Jusqu'ici, la fille de Molière n'avait pas tenté les résurrecteurs de figures. Telle nous la voyons dans quatre anciens portraits — trois peintures et une gouache répétée par une miniature — telle on la donne ici.

L'historien de La Grange et de son Registre constate que les gravures ou images reproduisant les pièces de Molière au temps de Molière ont leur caractère de vérité. Par exemple, dans l'édition de l'École des Maris de 1661 : « Molière avec les moustaches en parenthèse, l'œil attendri et confiant, la fraise au cou, le bonnet plat sur la tête; Mlle De Brie, câline, inquiète, l'œil attaché sur l'Argus qu'elle affine, de la taille de la Vénus tragique qu'elle jouait dans Psyché; La Grange, jeune et mignon, perruque blonde, baudrier brodé, plumes et canons de beau volume, ravi, respectueux, incliné avec grâce, le véritable amoureux du théâtre des honnêtes gens et des amoureux par excellence. »

Et ce que dit Édouard Thierry des figures de l'École des Maris, on peut le dire de chacune des gravures que nous reproduisons dans ce livre pour donner toutes les figures et toutes les physionomies de Molière et de sa femme. On y verra en même temps les autres personnages. Les graveurs se sont évertués à la ressemblance par l'air de tête, le caractère et l'attitude. Ces gravures sont faites d'après les dessins du temps, inédits ou gravés, ceux de Brissart surtout, un ami de Molière, un fanatique de ses comédies. Quelques gravures paraîtront peut-être brutales, quelques personnages de ces gravures sembleront d'un dessin rudimentaire; mais on n'a pas voulu violer la vérité par des douceurs de touche, non plus que par des corrections de dessin. C'eût été atténuer le caractère.

Déjà nous avons dit un mot des artistes d'élite qui ont travaillé à cette édition, et nommé MM. Hédouin, Flameng, L-guillermie, Hanriot, de Montaut, Masson, Nargeot, Monsanto, Guilmet. Il ne faut pas les louer seulement pour leur talent, mais surtout parce qu'eux-mêmes sont des Moliéristes, voulant avec passion être des historiens par le burin ou l'eau-forte. M. Hanriot, par exemple, qui a couru les musées et les bibliothèques de Paris, de Versailles, de Fontainebleau, pour se mieux imprégner du caractère de la vérité.

Les lettres initiales, les en-tête et les culs-de-lampe appartiennent aux livres de la bibliothèque de Molière. Le Lion aux Abeilles a été photogravé d'après l'ex-libris de plusieurs volumes indiqués dans l'inventaire après la mort de Molière : n'est-ce pas en effet le symbolisme de sa force et de sa douceur? On a trouvé dans les mêmes volumes l'empreinte d'un cachet qui semble bien avoir appartenu à Molière, puisqu'il représente la tête d'Épicure. On a dit que c'était le cachet du maître de Molière; mais pourquoi Molière n'aurait-il pas gardé ce souvenir de Gassendi?

On ne possède pas une seule page écrite de Molière. On ne connaît son écriture que par une quittance de trois lignes et par des signatures. Voici d'abord les deux signatures les plus franches :

J. B. Poquelin Molière./

J. B. Molière./

Les historiens et les amis de Molière les regarderont encore avant de juger si la page ci-après est la reproduction fidèle par la photogravure du feuillet d'un Aristote qui a appartenu à Molière :

D'ARISTOTE. LIV. I. 99

leur, ou mesme tout ce qui aura esté souffert en se portant vaillamment, sera honneste.

On dira encore le méme de la Iustice & de tous ses effets, pourueu qu'on en excepte vne partie des choses qu'elle fait souffrir; car c'est de la Iustice seulement qu'il n'est pas toûjours vray de dire que ce qu'elle fait souffrir soit honneste, attendu qu'il est beaucoup plus honteux d'estre iustement puny, que de l'estre injustement. Au reste ce que nous remarquons icy de ces deux Vertus, se doit entendre également de toutes les autres.

Il faudra mettre encore au rang des choses honnestes,

Toutes les actions à qui l'Honneur sera proposé pour récompense.

Et pareillement,

Celles qui seront pour nous apporter beaucoup plus d'honneur que de profit.

Il en sera de même encore

De toutes les choses qui sont particulierement à souhaiter, & à rechercher pour soy, si vne personne vient à les faire, non point pour elle-méme, mais pour d'autres.

Le mesme encore se pourra dire

De celles qui seront bonnes simplement en general.

Par exemple tout ce qu'vne personne entreprendra

IX Prop.

Ce livre d'Aristote, édition de 1654, a été publié à Paris, par LOVIS CHAMHOVDRY, au palais « l'Image Saint Loüis, vis-à-vis la Sainte-Chappelle ». Voici la marque de l'éditeur :

APPENDICE

On peut voir, par la réflexion de Molière, que l'idée de la justice le préoccupait toujours. Il ne voulait pas permettre, même à Aristote, de déraisonner ainsi.

Voici maintenant la signature de la femme de Molière, que nous ne voulons pas séparer de son cher Isaac-François Guérin :

Armande gresinde Béjard

Izaac François guerin

L'histoire est trop digne de sa nature pour marier encore, ne fût-ce que par la signature, Molière à Armande.

Si nous ne donnons pas la signature de Madeleine de Molière, c'est encore par une vengeance de l'histoire, puisque Madeleine n'a jamais, nous l'avons dit déjà, signé de ce beau nom de Molière.

Il y a un livre à faire, un livre que j'ai commencé dans L'Artiste sur la poétique de Molière dans les lettres comme dans les arts. On n'a oublié ni ses préfaces ni son poëme du Val-de-Grâce qui est tout un art pictural.

Je ne serais pas surpris que Molière, qui avait l'œil du maître et qui touchait à tout si heureusement, n'eût mis la main çà et là aux décors de son théâtre, pareil à ce comédien de campagne qui, par son contrat de 1664, s'engageait à jouer les rôles comiques et à « travailler aux décorations des pièces pour les peintures qu'il y conviendra faire ». Ce comédien c'était Mirache.

Molière emmena en province une troupe qui s'égrena peu à peu comme un chapelet. Ce ne fut qu'à Lyon, après le succès de l'Étourdi, que les meilleurs comédiens qui lui sont restés vinrent à lui, La Grange, Du Croisy, Du Parc, Mlles De Brie et Du Parc. Il était parti avec les deux frères Béjart, les sœurs Béjart. Où était la petite Armande ? A Nîmes sans doute. Pourquoi lui donnait-on le nom de Menou ? Peut-être parce qu'elle avait bégayé ce mot en faisant ses dents. Des dents qui ont mordu !

Shakespeare eût bien compris Molière, lui qui disait dans un admirable sonnet :

« Disgracié de la fortune et des honneurs, je suis tout seul à pleurer ma condition de paria ; mais dans mon désespoir il m'arrive de penser à elle, et mon âme, pareille à l'alouette qui s'envole dès l'aube du morne sillon, va chanter aux portes du ciel des hymnes de reconnaissance, car le souvenir de son amour est si doux, que je dédaigne alors de changer mon sort contre celui des rois. »

Mais Armande aimait mieux les rois que les poëtes.

Pendant la lune de miel de Molière, quoique alors les recettes ne fussent pas brillantes, les comédiens voulaient avoir les bonnes grâces de Mme Molière. Le vendredi 2 juin, après avoir partagé seulement 90 livres à la représentation des Fascheux, La Grange met « douze louis entre les mains de Mlle Béjart pour M. de Molière ». — Deux jours après — « remis sept louis entre les mains, idem ». Que Mlle Béjart soit ici Armande ou Madeleine, c'est tout un, puisqu'on vivait ensemble.

APPENDICE

Après la mort de Madeleine Béjart, tout s'attrista à la Comédie en la dernière année de Molière : la femme de son cher La Grange mit au monde deux filles qui ne vécurent qu'un jour. A peine si la femme de Molière et la De Brie eurent le temps de les sauver du péché originel sur les fonts baptismaux.

A côté des tristesses du tombeau, il y eut les chagrins d'argent; un huissier enleva à Molière douze mille livres, sous prétexte de les toucher pour lui, en les arrachant des mains d'un mauvais débiteur. Toujours la comédie humaine.

Encore une scène tragi-comique que Molière a oubliée dans sa comédie : quand l'abbé de Richelieu, jaloux de voir que Lauzun ou de Guiche lui prend Armande, vient dire à Molière que, tout entier à son théâtre, il oublie que sa femme va lui échapper, Molière sans doute ne lui dit pas comme ce duc bien connu sous le dernier Empire : « Ah! mon ami, de grâce, allez rattraper ma femme. »

Mlle Poisson, dans son Molière à la plume, l'accuse de n'être pas un mari au triple talent, « quoiqu'il eût assez de penchant pour le sexe » :

« Il traitait l'engagement avec négligence et ses assiduités n'étaient pas trop fatigantes pour une femme. En huit jours, une petite conversation, c'était assez pour lui ; sans qu'il se mît en peine d'être aimé, excepté de sa femme, dont il aurait acheté la tendresse pour toute chose au monde. Mais ayant été malheureux de ce côté-là, il avait la prudence de n'en parler jamais qu'à ses amis. Encore fallait-il qu'il y fût indispensablement obligé. »

Eudore Soulié m'a dit qu'il partageait presque mon opinion sur la première maîtresse de Molière. Selon lui et selon moi, ce fut Geneviève Béjart et non Madeleine Béjart. Voici d'ailleurs ce que je retrouve de lui dans son livre de recherches sur Molière :

« Il est à remarquer que Geneviève Béjart ne figure ni dans ce contrat de mariage, ni dans la cérémonie religieuse célébrée un mois après à Saint-Germain-l'Auxerrois, et que, restée fille jusqu'à l'âge de quarante ans, elle ne se mariera que deux ans après sa sœur cadette. Bien qu'on n'eût jamais parlé de relations entre Molière et la seconde fille de Marie Hervé, ces circonstances donneraient lieu de penser que l'opposition faite, suivant Grimarest, au mariage de Molière pût venir de Geneviève et non de Madeleine. Peut-être même la liaison de Molière avec Geneviève remontait-elle jusqu'à son parti pris de se faire comédien, et ne fut-il jamais l'amant de Madeleine. »

Non, il ne fut jamais l'amant de Madeleine, voilà pourquoi ce fut une calomnie bâtie sur les nuages de l'appeler le mari de sa fille.

On a parlé de lettres de Mlle Poisson sur la fille de Molière, qui ont dû se rencontrer non-seulement à la Comédie, mais encore à Saint-Germain où s'était retirée Mlle Poisson et à Argenteuil où vivait Mme de Montaland. Retrouvera-t-on ces lettres qui ont été lues ou entrelues par quelques autographophiles? Selon l'une de ces lettres, Madeleine de Molière cherchait à se faire oublier, soit qu'elle se rappelât trop son enlèvement, soit qu'elle regrettât que Molière eût fait le Tartufe. Elle passait alors toute la belle saison à Argenteuil; elle y vécut même plusieurs hivers, très-bonne aux pauvres comme son père, marquant sa conversation par la douceur, mais en même temps par l'esprit. Elle s'était attristée sur la fin, mais elle avait encore des retours de gaieté native, non pas sans doute avec M. de Montaland, tout confit en dévotion, mais avec les rares amis qu'elle voyait de loin en loin. Elle était bien abandonnée quand elle est morte au temps où la tombe avait pris toute sa famille et tous les amis de son père.

APPENDICE

ARMOIRIES DE MOLIÈRE ET DE SA FEMME

POQUELIN DE MOLIÈRE

D'argent à cinq arbres de sinople, dont trois de haute tige et deux plus petits posés entre les trois, le tout sur une terrasse de sinople.

BÉJART

D'azur à la fasce d'argent, accompagnée de trois molettes d'or, deux en chef et une en pointe.

En ses derniers jours, *Armande Béjart*, qui ne voulait pas perdre pied dans les *vanités*, fit enregistrer dans l'Armorial d'Hozier d'autres armoiries pour elle et son second mari; elle déclara qu'elle portait « d'azur à un chevron d'or accompagné en chef de deux croissans de même et en pointe d'une gerbe d'or accostée de deux tourterelles d'argent, accolé d'azur, à la fasce d'argent accompagnée de trois molettes d'or, deux en chef et une en pointe ».

Voici les armoiries parlantes que Molière s'était composées : un écusson chargé de trois miroirs, avec deux singes pour supports et pour couronne un masque de théâtre. Il l'avait fait graver sur son service de vaisselle d'argent. Cet écusson se retrouve au bas de son portrait, dans le recueil des *Hommes illustres de Charles Perrault*. *De Visé* blasonne ainsi ces armes allégoriques : « Les miroirs montrent « qu'il voyoit tous ces singes, qu'il contrefaisoit bien tout ce qu'il voyoit; et ces masques, qu'il a bien « démasqué des gens, ou plutôt des vices qui se cachoient sous de faux masques. *Les armoiries parlantes* de Molière sont ses comédies.

TABLE DU TEXTE

	PAGES
PRÉFACE	I

LIVRE Ier

MOLIÈRE

LE POËTE. — LE PHILOSOPHE. — LE COMÉDIEN 1

LIVRE II

ARMANDE BÉJART

LA JEUNE FILLE ET LA FEMME. — LES JOCONDES ET LES CÉLIMENES. — LA FAMILLE D'ARMANDE BÉJART 23

LIVRE III

LES LARMES DE MOLIÈRE

LA VIE A VOL D'OISEAU. — LE MARIAGE DE MOLIÈRE. — DE LA VERTU DES COMÉDIENNES. — ARMANDE AU THÉATRE. — LES NUÉES. — LES ORAGES. — LES ARCS-EN-CIEL 51

TABLE DU TEXTE

LIVRE IV
MOLIÈRE PEINT PAR LUI-MÊME

PAGES

QUE MOLIÈRE FUT LE MEILLEUR HISTORIEN DE MOLIÈRE. 98

LIVRE V
LA MORT DE MOLIÈRE

LE MALADE IMAGINAIRE. — L'AGONIE. — LE TOMBEAU. 112

LIVRE VI
LES LARMES D'ARMANDE

LE VEUVAGE D'ARMANDE. — LA FEMME DE GUÉRIN. — LES PENITENCES D'UNE GRANDE COQUETTE. — LA FIN D'UNE COMÉDIENNE. 122

LIVRE VII
LA FILLE DE MOLIÈRE

LES ENFANTS DE MOLIÈRE. — MADELEINE DE MOLIÈRE CHEZ ELLE. — LA FILLE DE MIGNARD. — L'ENLÈVEMENT DE Mlle DE MOLIÈRE. — LE MARIAGE DE MADELEINE. — SA VIE A PARIS. — SA MORT A ARGENTEUIL. . . . 136

APPENDICE

PAGES TOMBÉES DU LIVRE 157

L'IMPROMPTU DE VERSAILLES.

TABLE DES GRAVURES

N ouvrant ce livre, on sera heureux de trouver l'œuvre d'un Moliériste de race.
C'est le célèbre tableau de Geffroy qui est une des richesses de la Comédie-Française. Grande création par la science, l'invention, le pittoresque : véritable œuvre de maître. Jamais la comédie de Molière n'a été si bien exprimée par ses caractères, ses figures, son esprit.
C'est tout un monde où s'épanouissent en liberté les passions humaines en habit de cour et en habit de ville, jusque sous le travestissement de la fantaisie.
Etudiez chaque figure en détail y compris celle de Molière, vous reconnaîtrez que toute sa comédie est là ! Aussi Laguillermie et Mosanio se sont-ils épris de cette page pour la graver en maîtres.

LES FRONTISPICES

FRONTISPICE DU TITRE

L'eau-forte reproduit ici une gravure au burin que Chauveau mit en tête d'une édition de Molière. Ce livre parut l'année même de la mort du poète.

FRONTISPICE DE LA PRÉFACE : TROIS MÉDAILLONS
Molière, sa femme et sa fille

D'après des peintures du temps attribuées à Mignard, à Bourdon, Saint-André, Sophie Chéron et Antoine Coypel.

FRONTISPICE DU LIVRE Ier
La première scène du Misanthrope, d'après une ancienne gravure

Molière et La Grange sur le premier plan ; Mme Molière sort et se retourne tout armée de son dédain.
Cette scène prouve une autre mise en scène beaucoup plus animée. Elle ne s'est pas perpétuée au théâtre, parce que Célimène ne veut pas disparaître sans avoir paru.

FRONTISPICE DU LIVRE II
Scène de la Critique de l'École des Femmes

Armande dans le rôle d'Élise, au premier plan, à côté de Brécourt qui joue Dorante. Plus loin Mlle De Brie, Mlle Du Parc et La Grange dans le rôle du marquis. Du Croisy, placé en avant, pérore dans le rôle du poète Lysidas.

FRONTISPICE DU LIVRE III
Portrait d'Armande Béjart

Ce portrait est d'une vive ressemblance. Le nez est un peu plus long que dans le dessin original, mais par amour pour la vérité, on le donne tel quel, craignant de ne pas ressaisir si bien la physionomie.

FRONTISPICE DU LIVRE IV
Le Brun, Sébastien Bourdon et Mignard

Ce sont les trois peintres officiels de Molière, trois amis qui avaient droit de cité dans un livre consacré à l'auteur du *Misanthrope*.

FRONTISPICE DU LIVRE V
La mort de Molière

Cette scène a été composée d'après le récit le plus vrai de la mort de Molière. Hanriot a rendu cette douleur de tous en véritable artiste.

174　　　　　TABLE DES GRAVURES

FRONTISPICE DU LIVRE VI

Les larmes d'Armande

Ce portrait de M™* Molière semble dater de la mort de Molière. Armande, couronnée d'un diadème, règne de par sa beauté. Elle est dans la belle insouciance des *Libertés amoureuses*; mais le souvenir des bonheurs perdus amènera bientôt des nuages sur son sourire.

FRONTISPICE DU LIVRE VII

M. de Montalant et Madeleine de Molière aux vendanges d'Argenteuil

C'est une eau-forte d'après le tableau à la plume d'un contemporain.

Les autres frontispices, les lettres ornées et les culs-de-lampe sont pris à des livres de la bibliothèque de Molière, retrouvés chez M. de Montalant.

LES PORTRAITS DE MOLIÈRE

LES BUSTES DE MOLIÈRE

Ces trois bustes de Molière le représentent sous trois physionomies. Le premier, celui de Houdon, est le seul consacré; mais les autres ont bien leur valeur historique : celui du Musée de Poitiers, qui est si fin, si penseur, si méditatif, si « contemplateur »; celui du cabinet Hidé, qui exprime surtout la puissance, on pourrait dire la brutalité : il semble que Molière a posé là dans la fierté de son génie en pensant à ses calomniateurs.

LES PORTRAITS PEINTS ET LES PORTRAITS GRAVÉS

I. Il n'y a pas loin de ce buste à ce portrait fort admiré au Théâtre-Français. C'est la même expression, le même homme, sûr de son cœur et de son esprit, défiant les sots et les jaloux.

II. Autre spectacle : Molière en Apollon, la main sur la lyre, le regard perdu dans la rêverie. Ici, Molière pose quelque peu, on dirait un pendant à Louis XIV. C'est que Molière a aussi son Versailles.

III. Ici Molière est bon camarade. C'est le simple comédien qui se laisse prendre dans le tableau des *Illustres Farceurs*. Sa figure en éclairée d'un rayon de bonté et d'un rayon de génie.

IV. Et maintenant, c'est le Molière railleur, le Molière comique; le vice et la sottise ont peur devant cette bouche qui va les dénoncer.

V. On a appelé ce portrait, le Molière à la plume : c'est que la plume est là, vaillante devant cette tête féconde et inspirée.

VI. Voilà le Molière Piquet, reproduction exacte d'une épreuve, avant la lettre, de la fameuse gravure.

VII. C'est le même portrait gravé au burin par un passionné de Molière et de Piquet.

VIII. Le portrait au huitain, photogravure qui donne une expression de Molière.

IX. J'aime mieux cette figure dessinée par Mignard, un pénétrant qui a mis là, non-seulement le génie, mais le cœur de Molière. Il y a un monde dans ce front. Mais sur cette bouche et dans ces yeux, il y a l'infini de la douleur. C'est l'âme d'un ami peignant l'âme qui souffre.

X. Ce portrait, couronné de lauriers, représente Molière en sa jeunesse, au temps des caravanes théâtrales. Ce n'est pas encore le grand poète, mais la prescience de son apothéose.

Pour les portraits de Molière, les moliéristes devront toujours consulter l'*Iconographie* de Paul Lacroix, le *Molière* de Jules Claretie, le *Musée de la Comédie-Française* de René Delorme. Il y a aussi de précieux documents dans le journal de M. George Monval, le *Moliériste*, comme dans les travaux de MM. Thierry, Vitu, H. de la Pommeraye, Moland, Fournel et Campardon.

XI. Molière en robe de chambre. Très-apprécié à l'exposition du centenaire.

LES PORTRAITS D'ARMANDE

LES PORTRAITS D'ARMANDE BÉJART

A. Reproduction d'un dessin au crayon rouge, représentant la femme de Molière, d'après une inscription authentique. Quoique la date soit bien effacée, on retrouve encore 16 5 : est-ce 1665, 1675, 1685 ? C'est plutôt 1675, quand M™* Molière avait trente ans. Le dessinateur a-t-il rendu tout l'esprit et toute la grâce du profil ? Figure mystérieuse comme la Joconde.

B. Portrait de M™* Molière costumée en Vénitienne. Ce portrait est authentiqué par l'inscription du temps qu'on peut lire encore au revers de la toile « M™* Molière », mais surtout par les lignes de la figure et par le caractère charmeur de la physionomie. La peinture n'a pas les hautes mignardises de Mignard : elle serait plutôt de Sébastien Bourdon. C'est une des raretés du Musée de Molière, excellemment traduite par Lagulllermie.

C. Portrait de M™* Molière en ses premières années de mariage, d'après un tableau du temps qui est au Musée Molière.

D. Portrait de M™* Molière au temps du procès de La Thourelle. Ce portrait a été gravé d'après celui qui est en tête d'une ancienne édition de *la Fameuse Comédienne* en opposition à celui de La Thourelle.

E. Portrait de La Thourelle, dans l'édition citée ci-dessus. On ne croit guère à l'authenticité de ces deux portraits, mais ils ont pourtant leur curiosité historique, puisque c'est ainsi qu'un contemporain les a vus. C'est au lecteur à juger de la ressemblance.

On sait que La Thourelle s'appelait *Aimée Jarluis* et que son anagramme était sur toutes les lèvres galantes : « *J'aime à haïer* ».

F. Pour mieux « illustrer » la vie de Molière, ne fallait-il pas représenter, dans les pages où il est peint à la Cour, la figure de

TABLE DES GRAVURES

sa femme en Néréide, disant à Fontainebleau le prologue des *Fâcheux*?

Cette figure plus ou moins authentique, dont on a déjà parlé en ce livre, est reproduite ici par M. Arsène Houssaye, qui a tenté les hasards de l'eau-forte, croyant mieux reproduire qu'un autre cette figure dont il a vu le dessin original chez Johannot.

G. Voici *Mélicerte* par Léopold Flameng, d'après une des gravures d'une édition tout à fait inconnue, une édition allemande du xviiie siècle. Ces gravures ont servi depuis à l'édition de Bâle 1741.

H. Mme Molière dans *les Plaisirs de l'Ile enchantée*.
I. Mme Molière dans *Psyché*.
J. Mme Molière dans *les Amants magnifiques*.
Ces trois gravures d'après Brissart, Chauveau, Sauvée.
L. Armande symbolisée par le printemps, un des quatre panneaux décoratifs dédiés à la famille Béjart, par un peintre inconnu.

M. N. O. A côté des portraits de Mme Molière, voici ceux de Madeleine Béjart, de Geneviève Béjart et Catherine De Brie. Les deux premiers sont gravés d'après deux portraits du temps, le dernier est repris à l'édition des *Comédiennes de Molière*.

P. Mme Molière dans *George Dandin*.

LES PORTRAITS DE LA FILLE DE MOLIÈRE

R. Le premier portrait retrouvé de la fille de Molière est peint par Mignard. C'est une petite fille de sept ans qui va présenter un placet de Molière au roi, et qui tient le ruban de son chien, symbole de la fidélité de Molière. Tableau du Musée Molière.

S. Le second portrait est peint par la fille de Mignard, qui s'est amusée sur un ivoire à représenter sa jeune amie Madeleine en petite Madeleine. C'était au temps où la fille de Molière était au couvent. Est-ce l'idée de Dieu, est-ce l'idée de son père qui prend l'esprit de cette religieuse pour rire?

T. Ce troisième portrait, qui appartient aussi au Musée Molière, représente Madeleine vers sa vingtième année. La blonde a bruni. Elle avait les cheveux d'Armande, elle a maintenant les cheveux de son père. La figure a pris une expression de volonté. Sa mère n'aura pas raison d'elle, elle se fera plutôt enlever par M. de Montaland.

U. C'est le dernier portrait de Madeleine, sans doute à l'époque de son mariage, peut-être celui dont il est parlé dans l'inventaire après la mort de M. de Montaland, car ce portrait vient d'Argenteuil.

LES SCÈNES DU THÉATRE DE MOLIÈRE

Ces scènes, que la gravure, l'eau-forte et la photogravure ont reproduites ici, sont prises dans les premières éditions du théâtre de Molière d'après Brissart, Chauveau et Sauvée, tous amis de Molière. C'est donc une peinture exacte de Molière en scène avec sa femme et ses camarades. Plus tard on a interprété avec beaucoup de variations la mise en scène de Molière changeant les types et les attitudes. Certes, Boucher et ceux qui l'ont suivi jusqu'à Foulquier, Leloir, Lalauze, Flameng et Hédouin, ont beaucoup mieux dessiné les scènes et les personnages, mais ils ont perdu l'accent de vérité. Voilà pourquoi l'histoire devait retourner jusqu'aux contemporains de Molière pour retrouver Molière et sa troupe.

L'ÉCOLE DES MARIS

Sganarelle, Valère et Léonor, joués par Molière, La Grange et Armande Béjart qui n'était pas encore Mme Molière et qui débuta dans ce rôle de Léonor, créé par Mlle De Brie.

Une autre planche répète cette scène d'après Brissart.

LA CRITIQUE DE L'ÉCOLE DES FEMMES

La gravure nous montre Mme Molière, Mlle De Brie, Mlle Du Parc, Brécourt, La Grange et Du Croisy, jouant Élise, Uranie, Climène, Dorante, le Marquis et le poëte Lysidas.

L'IMPROMPTU DE VERSAILLES

Molière, Mme Molière et La Grange occupent le premier plan. Au fond, ce sont Mlle Béjart, Mlle Du Parc, Mlle De Brie, Mlle Hervé, Brécourt, Du Croisy, La Thorillière et Béjart.

LE MISANTHROPE

C'est la scène du billet que jouent admirablement Molière et Armande.

LE MÉDECIN MALGRÉ LUI

Voici Molière avec Armande, Mlle De Brie, La Grange et Brécourt.

L'AMOUR PEINTRE

Voilà Mlle De Brie dans son rôle d'Isidore. La Grange fait le personnage d'Adraste; Molière et La Thorillière jouent Don Pèdre et Hali.

LE TARTUFE

Le grand rôle de Tartufe était confié à Du Croisy. Molière joue Orgon et sa femme joue Elmire.

AMPHITRYON

Alcmène, c'est Mme Molière. Sosie, Mercure, Amphitryon et Jupiter sont représentés par Molière, Du Croisy, La Grange et La Thorillière.

LES AMANTS MAGNIFIQUES

Mme Molière et Madeleine Béjart jouent Ériphile et Cléonice. Iphicrate, Timoclès, Clitidas et Anaxarque sont joués par La Grange, Du Croisy, Molière et Hubert.

LES FEMMES SAVANTES

Les rôles d'Henriette et d'Armande sont tenus par Mme Molière et Mlle De Brie, ceux de Chrysale et de Clitandre par Molière et La Grange.

LE MALADE IMAGINAIRE

C'est Armande qui interprète le rôle d'Angélique. Le personnage de Toinette est confié à Mlle Beauval. La Grange joue Cléante. Molière est assis dans le fauteuil d'Argan.

UNE SCÈNE DE LA DEVINERESSE

On a dit que Mme Molière avait joué tour à tour les deux femmes, la devineresse et la comtesse, dans la comédie de Thomas Corneille et de De Visé. Mais nous retrouvons bien mieux la figure d'Armande dans la comtesse, ainsi qu'on en peut juger.

PHOTOGRAVURES

L'École des Femmes. — L'Amour médecin. — Le Misanthrope. — George Dandin (deux gravures). — L'Avare. — Les Amants magnifiques. — Le Bourgeois gentilhomme. — L'Amour médecin. — Le Malade imaginaire. — M. de Pourceaugnac. Deux gravures. La seconde qui est de Boucher est donnée ici parce que c'est un vrai portrait de Molière quoique travesti par le costume.

Toutes ces photogravures sont dignes de reparaître devant les moliéristes, parce qu'elles sont le plus vif souvenir des premières éditions de Molière.

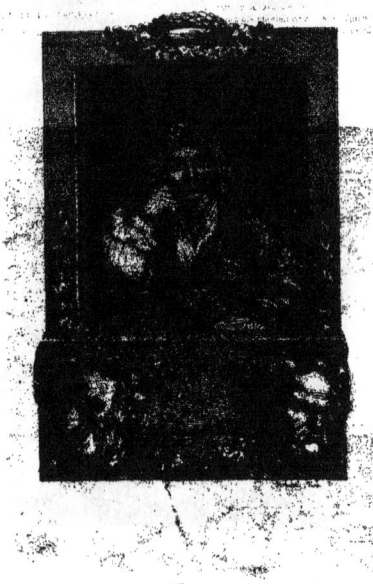

PARIS. — TYPOGRAPHIE P. DEBONS ET Cie, 16, RUE DU CROISSANT

PARIS. — TYPOGRAPHIE F. DEBONS ET Cie, 16, RUE DU CROISSANT